《中国西藏》杂志30年精选集

雪域人生

中国西藏杂志社 编

中国藏学出版社

《中国西藏》杂志 30 年精选集
编委会

总序

记录新时代　摹写现代西藏新故事
——写在《中国西藏》创刊30周年之际

今年是新中国成立70周年，也是西藏民主改革60周年。在中国共产党领导下，短短几十年，西藏发生了最广泛最深刻的社会变革，百万农奴翻身解放，成为国家和社会的主人。在中央政府和全国人民的大力支持下，西藏各族人民团结奋斗，把贫穷落后的旧西藏建设成为经济文化繁荣、社会全面进步、生态环境良好、人民生活幸福的新西藏。

在这个历史发展的最好时期，我们也迎来了《中国西藏》杂志创刊30周年。

对外宣传西藏工作，一直是中央关于西藏工作的重要内容之一。《中国西藏》杂志创刊于1989年，当时，境外分裂集团一方面把手伸进西藏，连续在拉萨策动骚乱，另一方面又倚重国际反华势力，制造涉藏谣言，散布“西藏独立”。正是在这种背景下，决定创办一种刊物，作为一种公众传媒，向海内外读者展示一个真实的西藏。

《中国西藏》杂志的历任主编、历辈编辑们没有辜负时代赋予的重任。他们以高度的政治敏锐性和责任感，团结广大藏学工作者，依靠活跃在西藏各条战线的各族各界普通劳动者，以饱满的热情为描绘西藏美好的明天提供了一片园地，为更前沿、更广泛的文化交流提供了一个窗口、展示了一片天地。在每期3本精美的刊物中，期期有主题，各文版、各栏目都有侧重，几乎每篇文章都显示出全体编审人员高度负责、精心组织的良苦用心，内容既体现了深层次的探索与思考，又注重展现西藏发展面貌及藏族百姓的多彩生活。

在中华人民共和国成立70周年、西藏民主改革60周年之际，我们启动编撰“《中国西藏》杂志30年精选集”的工作。精选集的编辑出版，既是为了记录西藏经济社会的发展变化，更是为了记录和讲述这片高天厚土上的多彩人生。精选集共9册，其中汉文5册：《藏地新生活》《人文高地》《史海遗珍》《极地风物》《雪域人生》，藏文2册：མཐོ་སྒང་གི་དཔྱིད་དཔལ།（《高原春光》上下）和英文2册：***People on the Qinghai-Tibet Plateau***（《青藏高原人物》）和 ***Life on the Qinghai-Tibet Plateau***（《青藏高原生活》）。

30年不长，却有许多的物是人非，也有许多的风景依旧。我们不敢保证已经把所有该萃取的珍珠都已摘取，也不能夸口入选的篇篇都是精品，但我们每一位编者，都是怀着无比的崇敬和虔诚，认真做着编选和校对。在这个过程中，我们更加感念我们的老领导、前辈编辑和记者、热心作者和读者，感恩他们当年的热忱和付出；更感恩于这个伟大的时代，感恩于我们从站起来、富起来，到强起来的伟大祖国！

中国特色社会主义已经进入新时代，信息社会更是进入全媒体时代。2016年，顺应时代潮流，《中国西藏》杂志与中国西藏网合并，开启用新媒体记录新时代、书写新时代、讴歌新时代，讲述现代西藏新故事的征程。

祝福祖国！祝福西藏！

《中国西藏》杂志30年精选集编委会
2019年8月27日

目　录

附录

十世班禅大师最后的西藏之行

耿军　伟翔

1989 年 1 月 9 日，十世班禅大师生前最后一次回藏区途中的机舱内留影。

1989 年 1 月 9 日清晨 7 时，北京西郊机场停机坪上，一架专机灯光通明，机务人员正在做紧张的起飞准备。

在机场接受记者采访

约 7 时 30 分，班禅大师乘坐的“红旗”轿车驶进机场，候机大楼即刻喧腾起来。在候机大厅里班禅大师接受了

1985 年 9 月，中央代表团参观西藏展览馆。（刘丽嘉摄）

记者的采访。大师说，我此行去西藏，主要是赴日喀则扎什伦布寺主持五世至九世班禅合葬灵塔“扎什南捷”的开光典礼。过去，每世班禅都有一座灵塔，但在“文革”期间被毁掉了。前世班禅都是我的祖先，修复灵塔是我不容推卸的责任。党的十一届三中全会以后，在西藏逐步落实民族、宗教政策，在党中央的关怀下，由西藏自治区人民政府资助、我主办的班禅东陵终于重建完工。我为五世至九世班禅合葬灵塔的重建感到高兴，此举充分体现了中国共产党勇于纠正自己的错误，表明了他们贯彻宗教政策是真诚的，重建“扎什南捷”也是对历代班禅历史功绩的肯定。对此，西藏广大群众和藏传佛教信徒也十分高兴。

班禅大师指着自己胸前佩戴的一枚“扎什南捷”灵塔开光纪念章告诉记者，纪念章中心部位是无量光佛像，历世班禅都是无量光

1982 年，班禅大师到哲蚌寺进行佛事活动。（刘丽嘉摄）

佛的化身。围绕佛像的五片花瓣上分别镌刻了五世至九世班禅的名字。说着，大师身边的工作人员摘下自己佩戴的纪念章送给记者。

8 时 40 分，班禅大师再次与前来送行的中共中央书记处书记、中央统战部部长阎明复，全国人大常委会副委员长阿沛 · 阿旺晋美、倪志福，新任中共西藏自治区党委书记胡锦涛握手告别，又为近百名僧侣一一摸顶后，健步登上专机。飞机徐徐滑入跑道，平稳地升空，向西南方飞去。

在专机上，大师穿过机舱，逐一与所有的随行人员打招呼，然后又找来机长，询问什么时候可以飞到拉萨，当地的气候怎么样。在前舱，大师与他的经师和父母坐在一起，微笑着让记者们拍照。

十世班禅在拉萨视察西藏自治区医院制药厂（刘丽嘉摄）

“我不是官僚主义吧”

自 1988 年 10 月底班禅大师访问玻利维亚、乌拉圭和巴西三国归来以后，就全力投入了“扎什南捷”开光典礼的最后筹备工作。班禅大师亲自设计了开光典礼使用的 16 开红色请柬，并提名邀请了中央有关部门的领导，西藏、青海、甘肃、四川、云南等省区的有关领导，藏区和内蒙古的许多活佛、格西等大批客人，去西藏日喀则扎什伦布寺参加灵塔开光。为接待好这些客人，许多物资需在北京采购。12 月下旬，班禅大师亲自审定了物资采购清单。待客用的瓷器、酒具、筷子等样品都一一经他过目。班禅大师还极为细心地向筹备组人员布置道：“要保证出席开光典礼的客人的饮食卫生，你们去买一些‘金鱼牌’洗涤灵，那是优质产品。买小瓶包装的费用高，而且会占用运输车内过多的空间，你们可以直接去北京日用化学二厂买 100 公斤。”为接待来自各地的众多客人，大师还安排从北京运去 500 把折叠软椅、500 副铁床架、500 套被褥。

从北京运往日喀则的全部物资需装 14 辆卡车，其中包括庆祝宴会上待客的啤酒。为防止这些啤酒在冬季长途运输中受损，运输车辆需装防冻防碰撞的泡沫板。班禅大师一一测量了运输车，并依据测量的数据，计算出可少用 1 块泡沫板，多装一些货物。班禅大师风趣而幽默地对工作人员说：“这是我亲自测量和计算的，我不是官僚主义吧。”

看望赵朴初

离京前，班禅大师专程到北京医院看望了中国佛教协会会长赵朴初。他将一份“扎什南捷”开光大典的请柬递到赵朴老手中。大师 14 岁就与赵朴初相识，近几年，他们两人曾多次联名致信中央领导，就制订法律、恢复宗教重要道场、兴办宗教文化教育事业等提出许多意见和建议，得到重视和支持。班禅大师对赵朴初说：“您年纪大了，身体又不好，我不想您远行入藏，但我还是以此表达我的心意。”

第 12 个花圈

大师很喜欢“10”这个钟点，许多重要活动都选定 10 时。1 月 8 日，即班禅大师离京的前一天上午 10 时整，大师来到天安门广场的人民英雄纪念碑前，缓步登上台阶，将一个用鲜花制作的花圈细心地安放在纪念碑的南侧。每年周恩来总理的祭日，大师都要献上一个花圈，这已经是第 12 个了。大师向纪念碑三鞠躬，心里涌动着对周恩来总理的深深怀念和敬意。

1951 年，周总理直接安排了护送班禅大师返回西藏的历史性行动。从进藏路线、后勤补给到干部配备、医疗队、电影队的组织等等，周总理都亲自过问，作了周密布置。“文革”初期，造反派批斗班禅大师时，又是周总理派人前去保护了他。班禅大师忘不了周总理，除了献花圈，每年春节的团拜会上，班禅都要向邓颖超大姐敬献一条吉祥哈达。

今年元旦，班禅大师还专程向李鹏、万里等党和国家领导人拜年，为了表达自己的心愿，他送给每家一只全羊、一副牛腿，并说，我要到西藏去了，如果春节前能回来，我还要给各位拜年；如果春节前回不来，就算提前向大家拜年了。

抵达拉萨

4 个小时的飞行，大师没有丝毫倦意，始终与家人、经师和随行人员谈笑风生。12 时 40 分，专机降落在拉萨贡嘎机场。在机场迎候的西藏自治区领导人热地、多吉才让、帕巴拉 · 格列朗杰等向大师献上洁白的哈达。随后，大师驱车前往他在拉萨的住地“雪林多吉颇章”。

“雪林多吉颇章”是 60 年代初为班禅大师兴建的，意为宝座林园金刚宫，这座宫殿具有浓厚的民族特色和宗教色彩，它的乳白色宫壁在黛色山峦映衬下显得格外醒目。班禅大师在宫殿前下车后，满面笑容地同等候在那里迎接他的自治区党政各部门领导干部数十人一一握手，并接受了他们献的哈达，又从门口摆放的“竹素切玛”中拈起糌粑撒向空中，然后又取出几颗炒麦粒放入口中，祈祷一切吉祥如意，预祝西藏风调雨顺。

1989 年 1 月 22 日开光典礼当天，十世班禅大师与工作人员、部分群众在扎什南捷殿门前合影留念。

到大昭寺朝拜释迦牟尼

按照惯例，班禅大师每次由北京到拉萨，首先到大昭寺朝拜释迦牟尼，他风趣地称这是“报到”。1 月 10 日上午，大昭寺内外香烟缭绕，上万名虔诚的信徒聚集在广场，等待大师的祝福。当班禅大师来到大昭寺时，人们纷纷拥向大师，献上条条哈达，大昭寺的喇嘛吹着法号，举着幡旗，点着藏香，为大师引路。大师叩拜了释迦牟尼佛像，在佛像前长时间地高诵安神经，祈祷佛法再弘扬，众生更安乐。

在欢迎宴会上发表讲话

当晚，班禅大师出席了自治区人民政府在迎宾馆举行的欢迎宴会。在热烈的气氛中班禅大师发表了讲话。他首先说明了此行来西藏的主要任务，历代班禅大师对维护祖国统一，增强汉藏民族团结，发展西藏的政治、宗教、民族文化作出了重大贡献。因此，在中央的关怀下，重建几位班禅大师的合葬灵塔，无论在宗教上还是政治上都有深远的意义。他希望西藏各族干部和群众在维护祖国统一和增强民族团结的伟大事业中不断地作出新贡献。

语重心长寄语藏族干部

宴会结束后，班禅大师不顾劳累，在雪林多吉颇章的卧室中，与西藏自治区党委副书记热地进行了三个多小时的交谈。大师语重心长地说，要从西藏的特殊情况出发，着重培养热爱祖国和民族，并能为本民族人民的利益着想、说话和办事的藏族干部。要充分行使宪法规定的民族区域自治权利，认真把握藏族群众的脉搏，继续落实西藏的宗教政策和经济建设战略。

在羊卓雍湖畔

1 月 13 日清晨，班禅大师乘“丰田”越野车离开拉萨，前往日喀则。他像往常一样习惯地坐在司机的右侧座位上。临近中午，车队盘旋驶上岗巴拉山。山顶处，巨大的玛尼堆上经幡猎猎。大师的车慢慢停稳在这前后藏的分界处，大师和他的经师冒着寒风走下汽车，在那里进行“煨桑”仪式。在高山路口上“煨桑”祭神，这是一个庄严的宗教仪式，大师每次路过这里，照例要亲自举行这一仪式。今天，大师将一把青稞粉扬撒向天空；将一瓶白酒倾倒在山巅，然后高声诵经，祈祷西藏风调雨顺，五谷丰登，吉祥如意。最后，大师高举双手，面对羊卓雍湖呼喊“一——切——顺——利！”

班禅大师在扎什伦布寺做佛事（刘丽嘉摄）

乘敞篷车进入日喀则

1月14日，对于日喀则市群众来讲是激动人心的一天。清晨，近3万名群众一个个穿着节日盛装，以发自内心的喜悦，自发地排列在市区道路两旁，手捧洁白的哈达，静静地等待着他们十分爱戴的班禅大师的到来。市区主要建筑物上彩旗飞扬。用藏汉两种文字书写着“欢迎班禅副委员长”的大型横幅标语凌空挂在街上，扎什伦布寺也挂上了彩色飘带。

地区行署在距日喀则4公里处的澎唐搭起了迎宾帐篷。当班禅大师抵达澎唐时，穿着节日盛装的日喀则农民代表迎上前去，向大师敬献“切玛”和青稞酒。地区党政军领导人列队向大师献了哈达。

中午时分，班禅大师乘坐敞篷车，缓缓驶进日喀则市区。顷刻间，道路两边的欢呼声、祈祷声、传统的“色玛卓”鼓声，少先队员的鼓号声，喇嘛仪仗队的法号声连成一片。人们手提香炉、挥动花束向班禅大师致意，无数条哈达像雪片一样飞向大师乘坐的敞篷车。

回到驻锡之地

班禅大师首先驱车前往扎什伦布寺。这是西藏格鲁派四大寺庙之一，也是班禅大师的驻锡之地。该寺位于日喀则城西都布山麓的日照峰之南，依山而筑，规模宏大。寺壁红白相间，寺顶金光熠熠。扎寺民主管理委员会主任恰扎·强巴赤列活佛引香开道。班禅大师在大经堂叩拜了释迦牟尼佛像，并吟诵安神经。

长时间的旅行，交谈和向群众祝福、示意，班禅大师饱满的前额上已沁出了汗珠，随行工作人员多次劝他坐下来休息，可他仍不停地走动和向信徒们祝福，直至下午，他才在佛宫“坚赞相波”休息，晚饭后他又召集有关人员开会布置各项工作。

安放灵骨

1 月 15 日一整天，班禅大师都忙于安置五世至九世班禅大师的灵骨。这是“文革”中一些信徒冒着生命危险保存下来的。1982 年以后，他们把它献给大师，并提出：“您是这些灵骨的唯一主人，务请在最短的时间内重建灵塔和祀殿，以便重新供奉。”这天晚上 9 时 30 分，班禅大师、经师以及几位德高望重的喇嘛，将五世至九世班禅的灵骨装进五只特制的紫檀香木箱。箱的正面，各自用黄色绸缎包裹，分别镌刻着每位班禅大师的坐像和名字。五位大师的灵骨放入箱内后，周围填放了香料和名贵的藏红花。安放灵骨的工作一直持续到 1 月 16 日凌晨 1 时才结束，警卫和秘书等工作人员一直守候在门外。

迎请灵骨

1 月 17 日上午，班禅大师听取了自治区政协副主席、区党委统战部部长郑英关于开光大典活动安排的汇报。下午，举行迎请五世至九世班禅灵骨入灵塔仪式。14 时整，法号齐鸣，香烟缭绕，班禅大师手持藏香，为迎请五位班禅大师灵骨的队伍引路。在喇嘛的护卫下，安放五世至九世班禅灵骨的五个檀香木箱从历代班禅居住的宫殿里迎请出来，在扎寺各主要殿堂转了一圈后，缓缓迎向班禅东陵“扎什南捷”。

班禅东陵庄严肃穆、金碧辉煌，是自 50 年代以来，国家投资最多、建筑规模最大的一座寺庙灵塔，总投资为 780 万人民币，中央政府拨款 670 万元，提供黄金 108.5 公斤，白银 1000 公斤，扎寺自筹 100 万元，此外，西藏自治区、日喀则地区捐赠了相当数量的珍珠、宝石。这座灵塔 1984 年开工，历时 3 年零 8 个月，于 1988

年 12 月 10 日竣工。灵塔建筑总面积 1933 平方米，高 33.17 米，殿内灵塔高 11 米。在长鸣的法号声中，班禅大师亲自把五世至九世班禅的灵骨迎请到灵塔二层的回廊殿，并一一向五位先师敬献了金黄和白色的两种哈达，然后庄重地一一安放进塔内。

亲自检查接待工作

长达 4 小时的迎请仪式结束后，班禅大师不顾劳累，又亲自前往日喀则饭店、地区招待所检查接待来宾的筹备工作。大师细心地掀开地毯，查看下面是否有尘土；翻开被褥查看是否清洁，检查房间是否置放了痰盂，甚至拿起脸盆用手抹几下，看看是否干净。班禅大师还针对准备工作中不足之处提出了严肃的批评。他说："我们这里的接待条件不如北京，但我们要用质朴的感情和周到的服务弥补条件的不足，让客人感到内心热乎乎的。"

最后一次接受采访

1 月 18 日下午 2 时 20 分，班禅大师在百忙中又抽出 20 分钟时间，在他的新宫中接受记者的采访，大师坐在黄色的宝座上，回答记者的提问。在简短的交谈中，他多次提到中央政府对重建灵塔的关怀，谈到他本人虽然在"文革"中蒙冤 9 年零 8 个月，但他仍坚信中国共产党的领导。大师说："'文革'期间五世至九世班禅灵塔遭到严重的破坏。现在共产党纠正了那个时期所犯的错误，这正体现了共产党的伟大。任何政党、组织和个人犯错误都是不可避免的。善于认识错误，勇于改正错误，这才是最重要的。"最后，他不无遗憾地对各位记者说，他实在太忙了，不能同记者们长时间交谈。应记者们的请求，大师高兴地与记者在新宫合影留念。

迎神安住仪式

1 月 19 日上午，迎神安住仪式在班禅东陵“扎什南捷”二层回廊殿举行。灵塔下方的正中佛台上千盏供灯齐明，灵塔四周摆满了供果，扎寺的密宗师和孜贡师等几百名喇嘛身穿袈裟，头戴僧帽，围坐在班禅大师的宝座周围。班禅大师在唢呐声中登上宝座，迎神安住仪式正式开始，法号长鸣，法铃叮咚，大师与众僧人一起高诵安神经，祝福祈祷，愿五位大师的灵魂在此安详长存。这个仪式持续了三天，大师亲自主持和参加了各种佛法活动。

澎唐桥头

1 月 20 日下午，班禅大师前往澎唐桥头迎接最后一批客人——中央有关部门领导人和胡锦涛等自治区党政领导人。那天风很大，大师坐在车里静静等待。看着此情此景，工作人员提请大师不要太劳累了，大师回答：“我要支持胡锦涛。”5 时左右，胡锦涛等乘坐的汽车刚刚抵达桥头，大师迎上前去欢迎，将客人迎至新宫。班禅大师对他们说：“参加开光典礼的客人很多，给区党委和人民政府添了不少麻烦。”胡锦涛说：“大师的客人也是我们的客人，咱们一家人不说两家话。”

最后的筹备

1 月 21 日，班禅大师又度过了繁忙的一天。

——大师对他在第二天开光大典上的讲话稿作了最后的修改，案头上，一本《新华字典》已磨得发黑。

——大师最后查看了会场的各项设施、各种准备。

——大师向工作人员叮嘱说：“按惯例，开光庆典要向群众分发

十世班禅

食品。过去，贵族们是站在高处将食品投向人群，看大家抢食品而取乐开心。现在，我们要改变这种做法，将食品逐一送到群众手中，以免因抢食品而踩伤或挤伤群众，请你们务必注意这个问题。”

——大师还去看望了一些年老体弱的客人，嘱咐他们注意饮食，好好休息。

隆重的开光典礼

1 月 22 日，是班禅大师亲自选定举行班禅东陵“扎什南捷”开光典礼庆祝大会的黄道吉日。按佛教仪轨，佛像或佛塔建成后，必须举行开光仪式，让智慧之神寄附其上。开光的目的，是将十万无数之神和菩萨们的才智和功德汇集于佛像或佛塔之上，供人们祈祷、敬奉、朝拜。

这一天，扎什伦布寺装点得庄严、肃穆、美丽。寺庙四周都挂上了经幡，象征着喜庆的五色“扎西查仁”在寺庙顶上随风飘扬。佛殿和扎仓的门窗上都换上了崭新的“香布”。

上午 11 时，班禅大师来到扎什伦布寺跳神院在宝座上就座，开始举行宗教祝贺仪式。12 时 30 分，扎什伦布寺民管会主任恰扎·强巴赤列活佛宣布开光典礼开始，班禅大师发表了长篇讲话。大师追述了班禅东陵重建的原因和过程，他说“文化大革命”是包括汉族在内的 56 个民族的共同灾难，并不是专门针对藏族或西藏的，更不能说是汉人消灭藏人的文化。因此，利用“文化大革命”的破坏，来煽动民族情绪、挑拨民族关系，纯属别有用心。有人甚至将其夸大成“种族灭绝”，那更是耸人听闻。

下午 3 时，开光典礼进入高潮。班禅大师和来宾们一起前往班禅东陵“扎什南捷”灵塔祀殿。班禅大师高诵吉祥经后，亲自解穗开门。顿时，数万名信教群众和僧人一片欢腾，共同庆祝开光大典圆满成功。在僧众的簇拥下，大师徐步来到灵堂内，亲自点燃灵塔前的金灯，向五位先师的造像敬献哈达，祈愿五位先师的灵塔波光生辉，永照人间。

在西藏既要反“左”又要反分裂

1 月 23 日，班禅大师抓紧时间召开了有 200 多名来自各个藏区的知名人士参加的座谈会。会上，大师作了近 50 分钟的长篇讲话，听取了来自不同藏区的领导干部对藏区文化、经济发展的意见和设想。班禅大师说，西藏现在还是社会主义初级阶段的初级阶段，在西藏既要反“左”又要反右。他认为，右目前已经演变为分裂主义，成为反动的东西，今后在反“左”的同时，要高举爱国主义的旗帜，维护祖国的统一，加强藏汉民族的团结。他希望各级干部，要珍惜中央给予西藏的各项优惠政策，不失时机地发展经济，为建设繁荣、昌盛的新西藏尽力。

了却一大心愿，渴望静心著书

1 月 24 日、25 日、26 日，大师与宾客留影，为远道的客人送行，为经师嘉雅活佛祝寿，将突然患病的父亲送去拉萨，又妥善处理了两起不幸发生的车祸，还为 2 万多名信教群众摸顶祝福。摸顶这天，大师感到后背有寒意，他让工作人员用热水袋贴在背上坚持摸顶。晚上，工作人员劝他早些休息，他却在翻看此行特意带上的日喀则地区发展的长远规划，他准备抽空与当地的干部群众商量，如何首先发展这一地区的能源，利用日喀则的地热优势，促进这里的经济发展。

在日喀则，班禅大师对身边的工作人员说：“合葬灵塔功德圆满，了却了我的一大心愿。宪法规定全国人大常委会副委员长可以连任两届，我的任期就快满了。今后，我可以静心写些书了。”

最后的时刻

1 月 27 日，像往常一样，日喀则的天亮得很晚。上午 9 时 30 分，班禅大师在他的新宫内进早餐。早餐后一个小时，大师为 20 多名有身份的信教群众摸顶，并同他们进行了亲切的交谈。

这天中午 12 时，大师召集西藏自治区有关部门的领导、扎什伦布寺的有关人员，听取灵塔祀殿工程竣工总结汇报。

正当会议进行时，室外刮起了扬天掘地的黄风。班禅大师拉开窗帘，看着窗外说："这么大的黄风，我还从来没见过。"

黄风一直在刮着。大师仍按预定的日程工作。13 时 15 分，班禅大师吃午餐。15 分钟后，继续听取灵塔工程的汇报，然后在会上发表了最后一次讲话。

他说，灵塔工程进展顺利，是藏汉人民团结合作的结晶。灵塔的建成是以实际行动落实了党的民族、宗教政策。班禅大师表示，在 30 日，他将对建设灵塔有功人员给予嘉奖。汇报会直到 16 时 20 分才结束。

18 时 30 分，班禅大师宴请日喀则地区领导及参加这项开光典礼的工作人员。约 300 多人参加了宴会，席间，班禅大师兴致极高，不时地与工作人员谈笑。

20 时 40 分，班禅大师在他的新宫院内举行篝火晚会。

22 时，大师回到新宫二楼他的住所，同秘书研究今后几天的活动日程，并决定第二天去日喀则军分区慰问解放军。

22 时 30 分，大师阅读报纸，收

十一世班禅在十世班禅画像前

信教群众在十世班禅大师灵塔前祈愿（赵耀摄）

听广播。深夜零时 30 分，班禅大师就寝。这是班禅大师此次进藏以来休息得最早的一天。

1989 年 1 月 28 日凌晨，大师发病，心电图显示急性下壁及广泛前壁心肌梗塞。随行医生来了，日喀则地区的医生来了，拉萨、北京的专家乘直升机直抵大师的新宫，进行紧急抢救。然而大师却走了。1 月 28 日 20 时 16 分，班禅大师在他的新宫溘然辞世了。

藏族人民不会忘记，党和政府不会忘记，不会忘记第十世班禅额尔德尼 · 确吉坚赞大师为藏族人民的发展进步、为祖国的统一团结而殚精竭虑、日夜操劳的一生，不会忘记十世班禅大师最后的西藏之行。

原载《中国西藏》1989 年第 2 期

末代德格女土司降央伯姆

蒋明学

闻名遐迩的末代德格女土司降央伯姆富于传奇色彩的一生，尚未有详细的文字记述。应《中国西藏》编辑部之约，笔者走访了一些熟悉这位已故女土司的老人，记下他们讲述的片断而珍贵的回忆，以为纪念。

囊谦土司的掌上明珠

1913 年 11 月 25 日，在澜沧江上游青海省囊谦县扎曲河畔，一个女婴“哇哇”哭着来到被称为“关外之王”的囊谦土司家中。她，就是降央伯姆。在这个以男性为中心的传统藏族家庭中，她来到这个世界上自然不会给囊谦土司带来什么超凡脱俗的梦想。但远亲近邻，仍然赶来参加庆贺仪式和宗教活动，农奴们也依旧支差和献敬。囊谦土司更视女儿如掌上明珠。小降央伯姆刚刚“咿呀”学语，就接受了藏族历史和文化的教育，加之家乡淳朴民风和壮美山川的陶治，降央伯姆身上浑然透射着藏民族的勤劳智慧和女性的细腻聪颖。

远嫁德格

扎曲水向南悄悄流去了 24 个春夏秋冬。降央伯姆在清澈的河边梳起了象征着成熟的一条条小辫，辫梢上系上了新娘的美丽饰物。在连接唐古拉北部山脉的广袤草原上，向无数伴着自己儿时的憧憬一同长大的温顺的马鹿、梅花鹿招手。降央伯姆挥泪惜别故乡和亲人，远嫁四川西部重镇德格，成为第五十代德格土司泽旺邓登的妻子。婚礼之隆重，典仪之盛大，除了炫耀统治阶级内婚制的严格和威风，更重要的是作为新郎的泽旺邓登，试图通过两大土司的联姻，重振德格土司的雄风。

据德格土司泽旺多吉仁增所著《历代德格法王简史》记载，德格土司最早的历史可追溯到唐代，但其势力则崛起于元代。第三十二世德格土司利用宗教影响和婚姻关系，发展自己的地方势力获得成功。明末清初，德格土司又利用中央政权的支持，一跃成为原西康省西北一大霸主，属地跨金沙江两岸，下辖包括今日四川省德格、白玉、江达、邓柯、石渠五县及甘孜县、青海玛多县的一部分，有“德格结考”（德格王国）之称。但是，到清末民国初时，自第四十四世德格土司起，内部出现分裂，争权夺利，械斗不休，致使德格土司的权势日渐衰落。泽旺邓登即位时，德格土司的实际统治范围只有德格、白玉、石渠、邓柯四县。颇有抱负的第五十世德格土司泽旺邓登当然不愿看到家族破落的悲剧发生在自己头上。他要利用在历史上曾给德格家族带来力量的联姻之策，巩固德格土司的势力范围。

面对土司继承权的危机

三年后，即 1940 年，泽旺邓登染上重病，带着满腹惆怅和遗憾谢世，撇下降央伯姆和年仅两岁的独生子乌呷。德格土司家族的世袭制度，历来是长子主持家庙更庆寺为寺主，次子继承土司职位为家主，其余各子随其长兄在家庙修行或外出修行。若是独子，则既主家庙又当土司，寺主兼家主，政教合一。可两岁的乌呷不能执政，怎么办？于是，围绕土司继承权问题再次发生激烈的权力纠纷。当时，德格土司属下的五大寺院和大、小头人代表在一起多次开会。一方提出要小乌呷继位，但暂不亲政，由其母降央伯姆摄政。理由是乾隆三十九年，第四十三世土司洛珠加措死后，其子亚吉得呷绒布因年幼不能执政，曾由母亲扎西旺姆摄政。另一方提出应由降央伯姆亲自掌握土司大权，理由是第四十五世土司泽旺多吉仁增在 13 岁前，其母惹吉布曾执政 8 年。反对者又认为，惹吉布掌政期间过分听信寺僧之言，招致世俗头人们集兵攻打，可见女人短视。双方各执一词，争论激烈。降央伯姆回忆这段经历时曾说，面对这种派系林立、尔虞我诈的局面，她当时真想抱起小乌呷回囊谦娘家，一走了之。但她最终并没这样做。

自嗣为第五十一世德格土司

究竟是什么原因使这位年仅 27 岁的少妇投身于险恶的封建政治漩涡之中，登上了土司权力的宝座呢？

降央伯姆回忆到，就在双方争执不下的时候，她怀着复杂而矛盾的心情，来到家庙更庆寺。这座已有 700 余年历史，极富萨迦派特色的寺院是由第三十三世德格土司洛珠刀登兴建的。当初是为了纪念其历代祖先信奉萨迦法王之世德。后来，更庆寺便成了德格土司的权力中心，并正式定名为“德格”，意为“吉祥之地”。更庆寺哲布经堂内的壁画，用奇特生动的造型、绚丽协调的色彩、华贵庄严的装饰再现了德格土司逐渐强盛的历史。“看到这些，你会为先辈们的杰出壮举激动得浑身发颤。”多少年后，降央伯姆都这么说。接着，她又来到著名的德格印经院，仰望着宫堡顶部平台上，清雍正皇帝御赐的金轮和金孔雀，泪流满面。她深深懂得，“天德格，地德格”，这象征着德格土司崇高的地位和权力的“天”和“地”，是因为中央政权的封赐和优容。此时此刻，降央伯姆感到了一种神圣的使命感，她无法回避也不能回避历史的抉择，毅然作出了自嗣为第五十一世德格土司的决定。从此她把自己推到了一个地方割据、危机四伏的封建政治舞台上。

十年惨淡经营，心力交瘁

面对错综复杂的局势，降央伯姆惨淡经营。她不但要行土司之职治理辖区，而且还要尽母亲之责抚养儿子。她吸取了惹吉布的教训，自己独揽大权，内外琐事交由下面办理，渐渐赢得了人们的赞誉，被称为“尊母”（王后），“结波”（德格王）。虽然如此，德格土司的内部矛盾并没有消除，大头人夏克刀登的势力咄咄逼人，公然提出要当摄政王，致使纷争械斗时有发生。降央伯姆说，她整整搏击了十年时间，这段不堪回首的日子几乎耗去了她一生的精力。

解放，也把她从困境中解脱出来

1949 年 10 月，传来了囊谦家乡解放的消息。降央伯姆即刻委托亲信总管俄马相子，星夜兼程赶赴玉树地区人民解放驻地，表示拥护解放。

1950 年春天，降央伯姆又请夏克刀登亲赴重庆，与刘伯承、邓小平等领导同志见了面，欢迎解放军进军康区，进而解放整个藏族地区。不久，解放军进军康区，降央伯姆派大头人布初初，以她的名义在康定城迎接解放军。回忆当时的情形，降央伯姆说："好像受到菩萨的启示和指点一样。"

康区的解放，不仅使广大藏族人民脱离苦海，也把降央伯姆从内部危机四起的困境中解脱出来。她忘不了，国民党反动派和少数分裂主义分子，利用她和夏克刀登的矛盾，到处制造谣言，一时人心浮动，社会极不安稳。党和政府着力调解她和夏克刀登的矛盾，有效地制止了德格历史上沿袭下来的冤家械斗，去掉了她的心头大病，也使她对共产党有了更深的认识。1950 年 11 月，降央伯姆担任了昌都解放委员会副主任和西康省人民政府委员，夏克刀登和布初初也担任了相应的职务。降央伯姆由衷地说："如果没有共产党，我不是被封建派系势力吞并，就是被国民党反动派吃掉，是共产党给了我今天。"

积极支援解放军进藏

降央伯姆利用自己的地位和号召力，积极支援解放军进军西藏。昌都解放前夕，降央伯姆派俄马相子涉过金沙江赶到宁静（今西藏芒康县），说服德格家的亲戚、藏军第九代本（团长）德格·格桑旺堆宣布起义。同时，降央伯姆向所辖地区的群众进行宣传动员，并同过去的"仇家"夏克刀登通力合作，组织起有 1 万多头牦牛的运输队，从德格的马尼干戈到昌都一线，在极恶劣的自然环境下，日夜为进军西藏以及修筑康藏公路的解放军运送给养和装备。人民解放军 18 军后方部队司令员兼政委陈明义将军回忆说，如果当时没有降央伯姆组织广大群众支前，如果德格地区的社会不稳定，势必影响解放军的行动。降央伯姆为西藏的和平解放作出了重要贡献。

1952 年，西康省藏族自治区组织参观团赴京参加同庆观礼。降央伯姆作为参观团的副团长，代表康区藏族同胞向中央人民政府毛泽东主席敬献了哈达。毛主席向代表们回赠了礼品，送给降央伯姆一件锦缎藏服。多年来，降央伯姆一直舍不得穿，十分珍爱，把这看成是自己的殊荣。当时，恰逢十世班禅派出的西藏致敬团到京，毛泽东在接见西藏致敬团和西康参观团时说，将来在藏区实行社会改革是和平解放西藏的十七条协议中规定的重要内容之一，它代表了百万农奴的根本利益，对藏区的发展有利，对加强民族团结有利。还说，改革是一定要进行的，但在什么时候进行，要根据将来的发展情况，由藏族的上层人士和人民群众共同协商确定。毛主席语重心长地叮嘱他们，一定要同人民群众站在一起，与中央同心同德，弃旧图新，走社会主义的康庄大道。降央伯姆说，听了毛主席的话，我对中国共产党的民族政策有了更进一步的了解。

协助政府进行民主改革

1955 年的岁末，在四川藏区按照和平协商的方针，开始了民主改革。民主改革的主要任务是实行土地改革，没收封建农奴主、地主多余的土地，分配给无地少地的贫苦农民，废除封建特权和封建剥削，彻底解放农奴和其他劳动人民。降央伯姆对这一天的到来已有思想准备，当上级有关领导同志向她详细解释了有关民主改革的方针、政策后，她带头交出了自己多余的土地和私人拥有的武装，解放了农奴，并把德格家族多年积存的余粮卖给国家。当然，民主改革对她来说并不是一个自发的、轻松的过程。事后降央伯姆也反省了自己，她说，由于自己出身于封建阶级家族，并且还享有土司的特权，对这些东西，从思想深处还是有所留恋的，因此脑子里曾一度产生过模糊念头。

周恩来约请她谈话

1956 年 12 月降央伯姆应邀出席了第一届全国人大第二次会议。会议期间，周恩来总理专门约请降央伯姆谈话。周恩来说：民主改革是为了改变藏族地区封建落后的生产关系，解放生产力；是为了使广大藏族人民彻底翻身，真正享有平等的地位和权利。作为爱国人士，一定要相信党的政策，起到桥梁作用，积极协助当地政府搞好民主改革。总理的话，澄清了降央伯姆的模糊认识，坚定了她跟着共产党、走社会主义道路的决心。

决不能干亲者痛、仇者快的事

从北京回到康区后，降央伯姆利用自己的影响，多次前往发生叛乱的地区，去劝说、争取那些被谣言蒙蔽而参加叛乱的人。降央伯姆对他们说，自从人民政府建立后，很快筑起了横跨“世界屋脊”的康藏、青藏公路，架起了金沙江大桥，不仅极大地方便了我们去拉萨朝佛，而且还运来了大批生产、生活物资，帮助我们发展生产，有许多解放军指战员为之献出了宝贵的生命。而国民党统治时期，也多次说过要修筑康青公路，但多年来除了强摊捐款、滥派民工、贪污腐败外，没有修通一寸公路。事实证明，只有共产党才是真心诚意帮助和支持藏族人民享有平等的地位和权利。我们决不能干亲者痛、仇者快，恩将仇报的事啊！

从末代土司到新中国的公民

四川藏区的民主改革胜利完成，封建农奴制度被废除，2 万多名毫无人身自由的奴隶获得了解放；延续了五十一代，从其始祖吐蕃赞普松赞干布的大臣禄东赞起，经历了唐、宋、元、明、清长达千年的德格土司制度，终于退出了历史舞台。降央伯姆激动万分地说，作为一个土司的历史结束了，但作为社会主义国家的一个公民，她将开始新的生活。而这才是值得她终身追求并为之奋斗的。

正是有了这种崇高的信念，降央伯姆在十年动乱中身处逆境，但她始终不消沉、不悲观、不动摇。

尽力多为人民做事

1978 年以后，降央伯姆继续当选为全国人大代表、全国人大民委委员、四川省政协副主席等职务。爱子乌呷也担任了甘孜藏族自治州政协常委。人民政府为照顾降央伯姆的身体，将她一家人由甘孜搬到成都居住，并调乌呷及其家属来她身边照顾。降央伯姆说："我是受党的政策恩惠最多的人，可我所做的与党和国家给予我的荣誉相比，差距太远了。我要在有生之年，尽力多为人民做事。"当她得知少数分裂主义分子在拉萨制造骚乱事件，极为愤慨。她说："西藏自古以来就是祖国不可分割的一部分，任何妄图分裂祖国的言行，都是极其错误的，是违背广大人民群众根本利益的，必定要遭到广大藏族人民的唾弃和反对。"降央伯姆给国外藏胞和亲友写信，消除他们的疑虑。她在一封信中写道：通过新旧两个社会的对比，我清楚地看到，在新中国成立后，在中国共产党的领导下，我们藏族才真正彻底地废除了民族压迫制度，砸碎了束缚在人民头上的枷锁。因此，只有中国共产党才是真正解放各族人民脱离苦难，为民谋幸福的政党。

1988 年 9 月，降央伯姆因病在成都逝世，享年 75 岁。同历史上扎西旺姆、惹吉布这两位曾执掌德格土司大权的妇女相比，降央伯姆是幸运的。这位末代德格女土司随着历史的脚步前进，作出了正确的选择，走完了自己坚持爱国、团结、进步的人生之路。人们尊敬她、怀念她。

原载《中国西藏》1990 年第 1 期

三十九族地区，有一位部落长

益西单增

我访问了一位 1951 年在丁青认识的老相识。当时他年轻英俊，身上全是力气。黑黑的脸庞，高大的个子，常常是微笑的表情，都给我留下了很深的印象。他是部落长，又是一方头人，喜欢解放军，欢迎共产党，常来丁青军分区办事处参加会议。我当时是一名解放军小战士，还没有步枪高。

三年前，西藏自治区召开人民代表大会时，我突然发现记忆中的布顿珠，抢上去拍了拍他的肩膀，他已是两鬓斑白、两眼昏花了。

我们总算互相认出来了，激动不已。我很难接受他的这种变化，人生多么短暂而又艰辛！一身蓝布制服，一双布鞋，压矮的帽子竟使他变成了退休老人的模样。手仍然大而有力，洁白的牙齿仿佛仍然是当年的。

几个月后，我到那曲镇出差公务，顺便去看他。

下了一场雪，雪在 7 月不很热的阳光下融化了一部分。空气中飘散着冷浸中枢神经的寒气。这是海拔近5000米的高寒地带。

山坡上长着一层寸把长的青草，顽强地拉开了夏天的帷幕。道路上浅浅的泥水中夹杂着未被消化的冰渣残雪。

四处空旷而这里集中了一大片房屋，天高云淡，宁静中显露出勃勃生机。

一目了然的大街后面是几条小巷，泥土的平顶房与砖瓦的脊背式的房屋交错。羊群和牛与小车并行，跟拉萨某些小街的风情相差无几。

他的住宅在一隐蔽处，四周有房但很寂静。矮墙围成的院子里除了几盆花便是浅黄色干净的泥土地面。住所门前坐着一条小黑狗，见我不叫。一年轻人把我引进室内。

布顿珠盘膝坐在床褥上，正在跟桌旁柱下的一位穿光板羊皮袍的中年男人说话。看到我，他礼节性地抬了抬屁股，端手平示请我坐在对面的褥垫上。

橱柜上有一台电视机。镇上可以发电和播放电视节目。除了两床铺在座位上的花纹卡垫外，其他家具都很普通。

他知道我喜欢吃生干牛羊肉，竹皮编织的四方形盒子里除了生牛羊肉还有一些油炸的酥饼。家人给我倒了一碗酥油茶，我先吃了几块干肉。

1925年，布顿珠出生在三十九族地区的布本每学的达加村，村中68户，均系元朝蒙古军人与当地妇女的后代。以村为自守部落，并与相同的其他部落结成联盟。语言是当地藏语，语调属藏北安多牧民腔。但不少习俗，如见面额头接触以表示亲热、过年过节赛马等，都保留了元朝蒙古军人的传统，生活中还有少量蒙古用语，如尊称大活佛或大喇嘛为呼图克图之类。

其父是部落长，主要的政事是兴办牧场，开发农业，调理民案，保护部落，按照西藏噶厦的摊派征收税捐。

噶厦的乌拉差役名目繁多又苛重。每头母牦牛每年上税 16 斤酥油，犏牛则是 32 斤。每头公牛上税 5 枚铜钱（可买 3 斤青稞）；每亩地上税 3 斗青稞，每人上耳朵税一块银元。部落每年上交 3 头犏牛，挖虫草贝母税 65 品（100 两为一品）藏银（不管你挖不挖）；不准打獐子税，上交 50 至 60 袋獐子毛；窗帘税，按织出的牛毛毯长度计算，6 米为一段，部落上交 18 段。还有兵役，噶厦每年要在部落里抽 15 名男子去当兵，还要上交这些兵全年的食饷费 225 品又 75 两藏银。此外，还有牛粪税、青草税、奶渣税、羊毛税等等。噶厦对部落还有一个特别的规定，凡是噶厦的官员和噶厦兵过往，都要无条件地出人出马出房出食出钱，以上宾款待，还要供给三至五名妇女陪宿，如陪宿妇女逃走要惩打部落长。噶厦摊派的牛羊不生不死税是最欺侮人的，如果在年前租给你一只羊，那么无论死活年年要上交规定的肉食和羊毛，不能作任何更改。除以上这些税外，牧民还要给当地寺庙缴纳几十种类似的钱物。

每户每年上贡一张羔皮、一斤酥油，这便是部落长职位的俸禄。噶厦则不给分文。

布顿珠 8 岁前牧羊，跟普通的孩子在一起，打赤脚，强烈的日光照晒肌肤。父亲给他请来了一位喇嘛，专教藏文。17 岁开始接替父亲当部落长，一直到 25 岁解放军进军西藏。

他对第一次来跟他联系的解放军指挥官产生了好感，并被邀请去参加了一次会议。不久，他被丁青办事处任命为三十九族地区建设委员会委员。1959 年，又被任命为丁青解放委员会副主任。他的主要工作是组织部落牧民搞运输，支援进藏人民解放军。他以热诚、积极、勇敢闻名，曾多次受到表彰。1957年，丁青解放委员会改为丁青中心县，下辖9个县，他担任中心县的秘书长。

1958年秋，趁他不在部落期间，有人搞策反，抬出寺庙首领夏仲喇嘛叫嚷脱离共产党的领导，举旗叛乱。一时部落人心惶惶，不知所从。他以部落长的身份，追踪溯源，讲明牧人与祖国的关系，稳住了阵脚，使部落98%的人回到了他的指挥下。百姓的信任加重了他的责任感，他表示：生死与部落同胞共命运，若不为同胞的利益效忠效力，宁愿死在乱枪之下。部队首长很感动，更加器重他。

他所在的达加部落很快被一群叛匪包围，他组织起一支精干的武装队伍，拒叛匪在部落十里以外。

如此固守总不能长久，他派出了能随机应变的信使雅戈，让他去联系解放军，请解放军出兵。

按照手下智慧喇嘛的主意，雅戈把布顿珠的密信缝在靴筒帮里，化装成一名流浪乞丐。两天后，雅戈在途中突然碰到从拉萨方向来的一股骑马的叛匪。雅戈抓一把糌粑抹在脸上，躺在路边挡风处脱去上衣假装捉虱子。一个首领模样的人注意了他，顿时生疑，靠近他进行盘问。

“你是干什么的？”

“要饭的。”

“要饭的，这时候来要饭，肯定不是好东西！”

“我要去丁青。”

“去找解放军，对吗？”

“去找我的弟弟白麻。他是卫教军的头头，跟你们一样。”

首领模样的人朝停步在几米以外的人马喊：“丁青卫教军的头头是不是叫白麻？”

骑在马上的一个老头应声："是的，是叫白麻。你问问他叫什么？"

"我叫阿布切巴。"这正是白麻弟弟的名字。

"不错。"老头说。

"你找他干什么？"

"想去投靠，现在要不到饭了，只好去投靠，跟弟弟一块干。"

"如果你不是说谎，那就跟我们一块儿走，我们正要去丁青，去包围丁青的解放军。"

当天歇脚的时候，这个叛匪首领很客气地让雅戈喝茶吃肉，只是为防备他跑了，两个大汉紧紧盯住他。三天后，雅戈睡到半夜，利用解手的机会，摸黑朝山沟里逃走。

解放军的首长让雅戈带领 20 多名本部落骑手突围出来，到解放军首长指定的那曲镇。在那曲镇休息治病，受到了解放军指战员的热情关怀。也就在这两三个月里，西藏反动上层发动了全面的武装叛乱。布顿珠不希望本部落和三十九族人被叛匪裹胁卷入，一再请求首长批准他回乡去做平息叛乱的工作。

两天后，布顿珠带领他亲自挑选的 15 名本部落青壮年在山坡上与一支平暴的解放军连队相遇，形成了误会中的紧张对峙状态。布顿珠首先下马，把背上的枪掷到地上，大步向解放军走去，边走边喊："请摸出我怀里的证明。"一解放军军官看到白纸黑字下页盖的那曲分工委公章，马上表示歉意。

几天后，在一片混乱中布顿珠和他的人马进驻索县，与 30 多名当地民兵和 120 多名当地筑路队、养路段的职工汇合，再加上 25 名兵站的解放军战士，组成了联合抗击叛匪的一支队伍。三人组成的领导小组由布顿珠担任总指挥。固守还是撤走，进行了一天的研究。最后决定以固守来安定民心，并争取时间，迎接解放军的到来。他们选择了镇上的一座三层大楼，加固外围的院墙，严密布防，严明纪律，与叛匪据点对峙，中间只相隔约百米。几天后，叛匪包围了大楼。

叛匪的头几次进攻确是十分厉害，大楼里的人死伤不少，但大楼的外围墙始终未被攻破。整整抵抗了 50 天，幸亏大楼里储存了足够的粮食，只是缺水，每次抢水都是一场激战。布顿珠身上几处受伤，在严重缺水的日子里他昏迷了好几次。50 天不脱衣服不能安心睡觉，个个面黄肌瘦，身上长满了虱子。为取水据守在楼内的人挖了长长的地道，但还是在水源处被叛匪打死了七八个人。

叛乱被迅速平息后，叛匪纷纷瓦解，有的开始逃亡。最后一次战斗双方各死亡 25 人，领导小组的那位解放军也牺牲了，子弹擦着布顿珠的耳朵，而布顿珠第一个欢呼胜利。

50 天里，叛匪洗劫了达加部落，杀死了布顿珠的妻子、儿子、弟弟、弟媳和他的亲戚，乱刀砍杀牛羊，砍碎了几百亩刚长出的青穗庄稼。

平叛后，人民政府给达加部落送来了 1700 头牦牛，还有粮食和衣物。

我问布顿珠："你这样无畏地对抗叛匪，难道没有想到失败吗？"

"我坚信人民的事业失败不了，假如我死了，还会有更多的西藏老百姓来干；我们终究要胜利。共产党好就好在为人民服务上，叛匪永远做不到这一点。"

1960 年，布顿珠被委任为那曲地区农牧局局长，参加了民主改革工作，1963 年又担任了那曲行署副专员。

"文化大革命"中，布顿珠也遭到了批判和斗争，但身处逆境并没有也不可能改变他的信仰和追求。他认为那不是真正的共产党人干的事。1973 年，他被恢复了政治名誉，并担任那曲地区政协副主席、行署副专员等职。

现在他患有高山型多血症、高血压、心脏病等，但是对本职工作仍孜孜不倦。为了支援家乡建设，他每年从自己积存的工资中拿出 360 元捐献。

当我了解到布顿珠这段经历后，我眼前的布顿珠不再是退休模样的老人，而是一块经过千锤百炼的优质钢。我从他的血肉之躯看到了西藏人的气质，坦诚、磊落、勇敢而积极，历史和现实都是光彩照人的。

原载《中国西藏》1990 年第 2 期

大器晚成　笔耕不辍
——访著名藏族学者恰白·次旦平措

巴桑罗布

掀开恰白先生家的门帘，只见他盘腿端坐在厚垫上，疾书文稿。摞着稿纸的薄木板放在双膝上，这就是他的“写字台”。先生披着件旧大氅，背后的墙上悬挂着两幅“唐卡”，画上的松赞干布和三怙主（文殊、金刚手和观音）栩栩如生。在这小小的房间里，除古色古香的摆设外，电冰箱、电视机和书架占据着很大的空间。我三言两语表明来意，讨下先生的简历和学术成果目录，约好下次访问时间之后，就告辞了，怕的是打乱他的思路，影响他写作。

一

第二次访问是个星期天，恰白先生正和他的孙女、曾孙们一起说笑。“院长，”他曾任社会科学院副院长，现在退下来当了顾问，但我们仍改不了口，“1980 年以前的作品怎么没有收入这个目录

恰白·次旦平措（旺久多吉摄）

单？”我指着长达5页的作品、论文目录问。先生苦笑了一下说：“那以前没能写什么东西，”他搓了搓布满老人斑的双手解释道，“过去虽然写过一些小东西，数量不算少，但没什么像样的，况且都失散了。”先生也许意在埋尘，未行表录。“太可惜了！”我不无惋惜地说。“可惜的是最好的年华被荒废了、耽搁了，现在已经快七十了。”先生顶近秃，鬓已秋，须皆白，已是古稀之人了。

根据我的请求，先生的孙女美朵吉从里屋搬出了个小黑箱，里面装的是各种聘书和奖状，是由国内许多文化团体和学术机构颁发

恰白先生旧照

的。这满满一箱，无不渗透着先生的心血、凝结着先生的智慧。这些作品不仅发表在《人民日报》《人民文学》等许多全国性的重要报刊上，有的还被译成外文，在国外发表。单纯从遗传角度讲，“奇才根因”是不足取的，然而耳濡目染、环境熏陶是不能否认的，因此，讨教了先生的身世。

“我于 1922 年，即藏历十五饶迥水狗年生于拉孜敏吉（拉敏）家族。从五世班禅起，历代祖辈均为扎什伦布寺‘拉让’之官员。论权贵，属祖父索朗次旦为最。长兄益西楚臣曾为扎寺‘札萨’，大弟钦绕明久为扎寺‘堪穷’。在扎寺，他俩的权势仅次于班禅。”拉敏·益西楚臣是著名学者，他和拉敏·钦绕旺久在学术和政坛上都是叱咤风云的名流。

恰白先生出身于煊赫隆盛之族，锦衣鼎食之家。8岁至20岁进私塾、投名师，受到良好的教育。17岁那年，同名门闺秀朵索·德钦曲吉成婚，生有一男一女。妻子为大文豪、大政治家朵卡·次仁旺杰（长篇小说《勋努达美》作者）之后裔。

先生的舅家是恰白，因家族无嗣，20岁那年，他便以恰白家族名分考官，走向仕途，从此，他的名字就冠以“恰白”二字。他曾在藏政府中任噶伦的内侍卫、财经执事，江孜、吉隆诸宗的宗本等职。

西藏和平解放后，他于1953年参加了工作。31岁的恰白先生在党的领导下，充满理想、抱负和生气，曾先后担任新建的日喀则小学主任、副校长，专区文教科科长等职。他回忆那段经历时说：“当时进藏的汉族同志一个劲地称我先生，特别尊重我。他们那身体力行的精神更是深深地影响着我，至今记忆犹新，历历在目。”这段经历对恰白先生以后能经住生活、精神上的种种磨难，在学术领域独辟蹊径最后获得殊荣，也许是至关重要的。

二

“您作为西藏社会科学院研究员、西藏文联副主席，能否谈谈藏族文化的继承和发展问题？”

“在继承的基础上求发展。继承是为了发展。”先生吐字清淡闲远，深沉舒展。“藏族古代文化是非常发达的。对于多方位、高水准和深层次的古代文化，我是非常推崇和敬仰的。然而，现在深感落

西藏大学的教师向著名藏学家、藏语文学家恰白·次旦平措讨教

伍了。不承认这两点是不科学的，也无从谈起继承和发展问题。”先生认为那种把藏族文化仅仅说成是宗教文化，或者甚至同宗教迷信混为一谈的观点都是不符合历史事实、不符合科学的。当然，一味崇尚古旧、因循迂腐，或拒不承认劣习与落伍，或只安于入乡随俗，也是错误和有害的。

老先生继续以诗人的灵性、哲人的睿智、现代人的灵感和学者的智慧谈论道：“人类发展到今天，没有一个民族、没有一种文化形态是不继承自己和周围历史文化而发展起来的，不了解历史文化、缺乏对深层文化的深刻分析和认识，就谈不上对其把握和继承，所谓发展也就成为无本之木、无源之水。虚无主义的根源就是无知，而无知的主张和言词都是苍白无力的。但是只了解古代文化。缺乏

恰白先生主持编著的《西藏通史》的藏汉版本（噶哇扎西摄）

科学的分析和正确的认识，也是不可能真正继承和发展的。那种认为有大小‘五明’就够了；书只能出经文型的长条版本；古籍中的明显错字也不能改，再版要原原本本，目录也不能编；别人触及一下古代文化中的糟粕、一些消极的东西，就当成大逆不道等等，这些观点和主张，其实是形而上学的，对继承古代文化、发展现代文化都是十分有害的。”

恰白先生认为上述两种倾向都只能使藏族文化萧索、凋敝，而无助于丰富和发展。

发展西藏文化应着眼于西藏人民、立足于西藏人民、服务于西藏人民。那种只顾及知识分子或干部小圈，甚至只热衷于满足西藏自治区外，乃至国外读者的猎奇心理，或浮光掠影，或离奇古怪，试图以雕虫小技去惊世骇俗，一鸣惊人，扬名于世，却是不足为取的。

十一届三中全会后，先生发表的第一个作品——“嘎协”体诗作《冬季高原》，以传统手法反映新的时代，努力探求民族形式和时代精神的结合，获得了很大成功。译成汉文在《人民文学》上发表，在全国引起了反响，荣获全国少数民族文学创作奖和西藏自治区文学创作一等奖，后来许多人机械模仿，一时间“嘎协”成风。于是乎有的东拼西凑，有的粗制滥造，使“嘎协”这一诗作形式庸俗化，变成现代西藏式的“八股”。后来先生写了《关于“嘎协”体写作问题》的评论文章，阐扬了基本理论。先生深有感触地说：“看来我们藏族文化之所以举步维艰，发展缓慢，长期没有出现突破性飞跃，是因为没有能发生像‘五四运动’那样的文化革命。”

恰白先生在创作活动和学术实践中的丰富经验和深切体会，内容极为丰富，在这里不能一一提及了。

三

当我问及先生近来的创作状况和学术研究时，他说：“我开始写点诗，后来就写小说。我喜欢小说这一文学体裁，它能更深刻地反映社会，表达人物的喜怒哀乐。但是因为藏族向来文史不分家，因此，近来我又在研究历史。”先生的众多文学作品和研究论文有待汇编成册，也有些出版部门主动找上门来相约，但恰白先生现在忙于编纂史书，无暇整理。“有生之年先把该写的东西写出来，这太要紧了。至于汇集成册，推后无妨。”看着先生戴着老花镜，枯槁的手挥笔疾书的情景，就能感受到一种强烈的紧迫感。

这几年，恰白的大多数时间用于编纂《西藏简明通史》。该通史上、中、下三卷，上卷1989年问世，中卷1990年出版，全书计150万字，1991年出齐，为西藏和平解放40周年献礼。

当我和他谈及《西藏简明通史》时，先生说：“你对通史作过介绍，太过奖了。”是的，笔者在《往事知多少，汗青映千秋》中曾作过粗浅评介，但所列四条研究特点主要是根据已出之上卷而论，无法以一概全。然而恰白先生老骥伏枥、潜心治学的精神是能够窥见一斑的。

四

“近来先生致力于文史研究，勤奋耕耘，是出于什么样的考虑？”“求真！”先生几乎不假思索地铿然回答，“通过对藏族客观历史事实的全面深入研究，将无可辩驳地证明当今西藏是中国的一部分，藏民族具有悠久的灿烂历史文化。与这两点相反，或将这两条对立起来的任何主张和观点，都是错误的、徒然无用的。”的确，恰白先生为此付出过牺牲和代价。“文革”中，先生被下放劳动期间，先后失去了长兄和大弟，甚至长子惨遭不幸之后，爱妻也因此于7年前离开人间。失亲的悲恸和鳏居的孤独凄怆，未能改变先生追求真理的决心。境内外各种非议，乃至亲朋至友的疏离，或他人的恶意攻击，也都未能减弱先生追求真理的热情。如今先生年迈体弱，心动过缓，疲劳过度，但是他仍然以惊人的毅力和速度，高质量地编纂史书。

原载《中国西藏》1992年第1期

夏克刀登传奇的一生

仁真洛色

夏克刀登，一个在康区近现代史上富有传奇色彩的人物。他周旋于德格土司、藏军和国民党军队之间，由一个德格土司属下的大头人发展到与土司分庭抗礼，左右康北几县的显赫人物。他由带兵阻击红军转变为担任“博巴政府”（即红军长征时建立的藏族自治政权）副主席，主动迎接解放军解放康区和积极支援西藏的和平解放，受到党和人民的信任与赞誉……

1982 年，笔者在德格与夏克刀登的哥哥夏克泽朗先生相处半月之久，听他讲述过夏克刀登传奇式的人生旅程……

夏克家名的来历

在德格第十八代土司泽多吉朗加（1817—1878 年）统治时，属下沙呷头人的侄女阿德玛与喂马的家奴私通，生下一个叫白玛伦珠的小男孩，阿德玛因此被赶出家门，流落到雀儿山下的日伯头人丹增彭措家为奴。日伯头人缺嗣，看到白玛伦珠少年英俊，将他认为义子，待其稍长，又把独女许配给他。日伯头人去世，白玛伦珠袭任头人，在一块老鹰状的岩峰下兴建新庄房。房建好后，根据地形的特点取房名为“夏克”——老鹰之意。从此，日伯头人变成了夏克头人，夏克·白玛伦珠就是夏克刀登的爷爷。

夏克刀登（仁真洛色提供）

爷爷、父亲均死于毒杀

白玛伦珠有勇有谋，在德格第十九代土司切麦打比多吉时代，由于新龙贡布郎加派兵侵扰德格并将土司全家劫往新龙。在保卫土司的战斗中，白玛伦珠徒手撞死两名新龙兵，反而受到新龙带兵长官鲁乌马的赏识，将他收为护卫亲兵。他利用亲兵的身份，暗中保护德格土司，和藏军里应外合，解救德格土司并使他重返德格。白玛伦珠因此受到土司信任，升任为土司衙门的“聂钦”（大管家），为土司处理日常公务。他自恃功高，干涉担任摄政的土司母亲与另一头人私通的事，被暗中下毒杀害。

白玛伦珠留有一儿一女。儿子夏克·扎西郎加继承了父亲的职位。他联合其他头人将土司和其母亲逼往成都。土司和母亲双双病死成都后，土司的儿子八巴和阿甲被迎回德格，兄弟俩为土司职位展开了十分激烈的争夺。因夏克·扎西郎加支持八巴，被支持阿甲的另一头人毒死。

七个孩子和能干的母亲

夏克·扎西郎加死后，留下四子三女七个孩子，最大的十多岁，小的刚断奶。夏克刀登1898年出生，排行老六（以后夏克刀登的三个姐姐出家为尼，两个哥哥也早逝，只留下他与哥哥夏克泽朗）。支撑全家的担子落在了能干的母亲泽旺志玛身上。当时泽旺志玛，与甘孜第七代土司拥金堪珠、新龙上占土千户甲日其麦志玛同被称为“康区三大魔女”。她承袭了丈夫的头人职位，指挥夏克家族的人支持八巴。当八巴被阿甲借清军赵尔丰部打败逃离德格时，泽旺志玛又将孩子们用背筐驮在牛背上，追随八巴逃往他乡。

流落西藏

由于甘肃拉卜楞寺的降央协巴活佛引见和托付，从内地返藏的十三世达赖喇嘛在藏北那曲草原划了一块草场，拨给八巴、夏克、赠伯三家。夏克刀登的童年就是在藏北那广袤而寒冷的原野上伴着离乡的凄苦度过的。

后来八巴被噶厦赐予四品爵位，从那曲迁到拉萨定居。夏克与赠伯两家也得到两个庄园和几十户差民。夏克刀登和哥哥一起进了西藏贵族学校读书。

返回德格

1922年夏克刀登从拉萨贵族学校毕业，与泽朗一起返回金沙江边的汪布顶，此时德格已完全被藏军控制。新上台的二十一代土司泽旺邓登的衣食住行也受到藏军代本的控制。夏克刀登投奔当时的代本穷朗，穷朗不喜欢他，碍于昌都总管的引荐，让他当了一个“邓果”，也就是一般的小头人。1929年穷朗代本返藏，新来德格的克墨代本常委派他处理一些公务。夏克刀登办事干练，引起克墨的重视，32 岁时，升任为聂钦，执掌处理德格日常公务的大权，夏克家东山再起的梦想成真。

入赘玉隆

夏克刀登能言善辩，能与各种人物巧妙周旋。深受藏军和德格土司头人的喜爱，地位逐步巩固。1933 年，藏军被刘文辉的二十四军赶到金沙江西，不受羁勒的夏克刀登开始在德格的政治舞台上崭露头角。1933 年，夏克刀登娶玉隆头人拉日伯格的大女儿四郎群措为妻，不久拉日伯格的独子骑马摔死，夏克刀登又以入赘的身份到玉隆为婿，并很快获取了玉隆头人的全部权力，拥有一千多户差民，玉隆也成了他日后发展的大本营。

“康人治康”

由于当时社会和政治的混乱，康区一些藏族上层萌发了一种康人治康的民族情绪。1935 年，国民党中央派诺那活佛来康，与刘文辉争夺权利，他在康定召集康区各地实力人物开会，串联土司头人赶走刘文辉的军队，建立康区藏族自治政府。夏克刀登政治上本有很大的抱负，在康定接受了诺那的说教，更是如遇明灯。他将“实行地方自治，力图民族平等；废除乌拉制度；改进耕牧技术；发展文教事业”等五项纲领和一些设想记录在笔记本上。

1936 年初，他与邦达刀吉、诺那、邓德吉三人秘密结成“和睦四友”，来实现他“康人治康”的政治抱负。后因诺那去世而终止。

被红军俘虏

1936年6月，中国工农红军北上进入四川藏区，当地地方势力在道孚、炉霍二地阻击失败，退到甘孜后急令德格土司派兵增援。夏克刀登受命率更庆寺的喇嘛敢死队和上千武装，在甘孜绒坝岔设三道防线阻击红军。一个晚上三道防线被红四方面军二六五团全部攻破，他本人也被炮弹炸伤腿部做了红军的俘虏。

朱总司令说“十至十五年后我们还要回来的”

夏克刀登在甘孜养伤时，红军首长王维舟多次登门看望，讲述共产党的民族、宗教政策，讲述红军的政治主张。朱德总司令也来探视，同他拉家常，讲形势，使夏克刀登的认识逐步提高，态度有所转变，由敌视、怀疑红军到信服、支持红军。德格土司派乌金泽登来甘孜了解他的伤情，夏克刀登要他回去转告乡亲：“红军待我很好，伤好后就回去。”

乌金泽登离开甘孜时，朱德总司令和王维舟等会见了夏克刀登与乌金泽登。朱德让乌金回去转告乡亲：红军是藏族人民的朋友，不是国民党诬称的土匪，夏克刀登的伤好后就回去，要乡亲们放心。并庄重地对他俩说：“红军的目的是要解放全国的穷苦百姓，我们现在不能久留，我们要北上打日本鬼子，十至十五年后，我们还会回来，那时我们共同建设美丽的康巴地区。”

担任“博巴政府”副主席

1936年5月1日，康区16个县的七百多名代表齐聚甘孜，参加中华苏维埃甘孜博巴政府的成立大会。夏克刀登与格达活佛等当选为“博巴政府”副主席。他们以实际行动积极支援红军北上，除了协助安置伤病员外，还从玉隆赶来四百多头牦牛、一百多匹马送给红军，受到朱总司令的嘉奖，群众中广传“夏克刀登与朱德是好朋友”，夏克刀登的名气也更大了。

一场大厮杀在即

1940 年，夏克刀登与德格土司的矛盾开始白热化。

夏克刀登大造舆论号召差民起来废除土司制度，废除乌拉差役，同时，他还派兵袭击麦宿头人，将逃往青海的麦宿头人结穷、索莫、雪圹三家的土地、房屋、牲畜、粮食全部分给原来的差民，将紧随三家的八十多差民强行迁到玉隆分散安插在他的辖地里。接着他又策划白玉的差民造反，赶走德格土司委派的“宗本”（相当于县长），推举一个贫苦差民白玛群培为宗本。他还以此法在石渠、邓柯和德格本县排挤土司势力。1949 年，德格土司属下的三十个大头人中，有十五个完全站在夏克刀登一边。更多的差民开始公开反抗土司的差役、赋税。正当夏克刀登与德格土司的一场大规模的械斗即将开始时，解放军解放大西北的消息传来。夏克刀登和降央伯姆闻讯后都主动派出使者去迎接解放军。

派代表到北京

夏克刀登得知解放军就是当年的红军，立即派出三名代表，带着哈达、信函到北京去见朱德总司令，转达他们拥护解放军并希望解放康区的心愿。三位代表绕道阿坝进入甘肃，彭德怀副总司令用飞机将他们送到北京。朱总司令很快会见了他们，一边拉家常，一边询问康区的政治、军事、民心等情况，赞扬夏克刀登、格达活佛等是卓有见识的进步人士，并要代表们转达给夏克刀登等人：当年

夏克刀登（右 7）当选西康省藏族自治区副主席（仁真洛色摄）

的红军回来了，红军不会忘记老朋友。还希望他们在解放康区、解放西藏的事业中做更多的工作。

新的政治生命

1950 年初，康区获得解放，夏克刀登在康定参加了迎接解放的庆祝会。在 3 月 27 日成立的“康定军事管制委员会”中，夏克刀登被安排为副主任。不久，贺龙、刘伯承、邓小平等西南军政委员会领导人又邀请夏克刀登、格达活佛等康区进步上层到重庆，听取他们对建设康区、支援解放西藏等方面的意见。任命夏克刀登为西南军政委员会委员。

1950 年 7 月，夏克刀登当选为西康省藏族自治区人民代表会议协商委员会副主任；11 月，第一届各族各界人民代表大会又推举夏克刀登为西康省藏族自治区副主席。以后，夏克刀登还被选为全国人大代表，担任了四川省政协副主席、甘孜藏族自治州副州长等职务。党和人民的信任和重托，使夏克刀登的政治观念发生了彻底变化，他全力投入维护康区稳定和支援十八军解放西藏的工作，与德格土司的矛盾也彻底化解了。

支援西藏的解放

新的政治环境激发起夏克刀登的工作热情，在解放西藏的日子中，夏克刀登基本上都奔忙于组织牦牛队和转运军需的繁重工作，他同降央伯姆一起组织上万头牦牛队，保障了从马尼干戈到昌都一线的军需供给。他从玉隆抽调 5000 头牦牛参加抢运昌都补给，随着西藏和平解放，德格牦牛队的运输任务更加繁重。1951 年底，夏克刀登再次在玉隆、石渠、邓柯等地组织起一万头牦牛，由侄儿夏克郎加多吉押运，抢运一批急用军需到拉萨，及时缓解了刚进入拉萨部队的困难。有人说“西藏的和平解放是藏族人民用牦牛驮出来的”，这话十分真实地反映了当时的情况，也反映了藏族人民对解放西藏的态度。一些当事人回忆道：“夏克刀登等一批进步上层的热心支持，对康北的稳定和西藏的和平解放起到了积极作用。”

病逝医院

1960 年初，夏克刀登不幸患上急性黄色肝萎缩症，政府当即将他送入四川省人民医院抢救，经多方努力但仍无效，4 月 2 日下午 7 时 15 分，他病逝于人民医院。

4 月 6 日，四川省党政领导廖志高、柯召、天宝、华尔功臣烈、阿旺嘉措等在成都殡仪馆参加了夏克刀登的追悼会。

5 月 9 日，夏克刀登的骨灰运回康定，康定各界人士举行了隆重的追悼会。

夏克泽朗的话

夏克泽朗在追忆夏克刀登的一生时感慨地说：我经历的事和结识的人都很多，也与不少官府和军队打过交道，最让我信服的是共产党。共产党来后民族与民族之间、人与人之间的关系都变得平和多了，再没有人提心吊胆担心下毒或暗杀，几十年的仇恨也化解了，这是解放前根本不可能办到的事。共产党信任夏克刀登，让他担任了很多要职，特别是他逝世后，政府一如既往地关照夏克一家。这使我非常的感动。1980 年以后，政府安排我为州政协常委，刀登的女儿当秋也安排为县政协常委，还拨专款为我盖了房子，这一切使我更觉共产党好，我是一个直性子的人，向来爱憎分明，不论对谁，哪怕是对在国外的亲戚我都会说：我信服共产党的领导……

原载《中国西藏》1992 年第 2 期

雪域公仆孔繁森

益西加措

20 世纪末，雪域大地传颂着一位援藏干部的美名——孔繁森。从古城拉萨到阿里高原，从后藏沃土到羌塘草原，人们到处诉说着他感人的事迹。老人们说，他比自己的孩子还亲；孩子们说，他是我们的好伯伯。西藏自治区对他的评价是：中国共产党的优秀党员，援藏干部的代表，民族团结的楷模，西藏人民的公仆，领导干部的榜样。

我与孔繁森曾有过一段难忘的交往。他是我所接触过的最优秀的汉族干部之一。他曾对我说："西藏的老人就是我的老人，西藏的孩子就是我的孩子，西藏就是我的第二故乡。"凡是认识他的人都说，孔繁森视雪域高原为家，雪域百万人民把孔繁森当作自己可亲可敬的亲人。

追寻孔繁森在雪域高原的足迹，高天厚土传递出一个个感人肺腑的故事。

在西藏工作期间，孔繁森（左）辅导藏族儿童读书。

二离故土恋雪域

孔繁森的家乡在我国山东省聊城市堂邑镇五里墩村。1979 年，年仅 34 岁的孔繁森响应国家“支援西藏发展经济，改善人民生活”的号召，毅然踏上了远去西藏的征途。当时，他的母亲年近八旬，生活不能自理；妻子王庆芝体弱多病，还有三个年幼的孩子，最大的才 8 岁。他家里的实际困难确实不小。我曾问孔繁森：“当初选择赴藏时，您是怎么考虑的？”老孔用山东口语淡淡地回答：“组织上让咱去西藏支援那里的工作，那就是有道理才让咱去的，咱怎么也得克服个人困难，服从组织安排。”

赴藏途中，他乘坐的汽车在高寒缺氧的唐古拉山一带出了机械故障，不得不停在那里住宿。他第一次体验到了青藏高原的严酷和艰辛。同时，也更加感受到了支援边疆民族地区的价值和分量。

到西藏后，组织上看到孔繁森年轻有为，吃苦耐劳，便安排他到海拔 4578 米的日喀则地区岗巴县任县委副书记。岗巴县位于西藏高山地带，气候恶劣，条件艰苦。孔繁森刚到这里时头晕、胸闷，高山反应很重。但他以顽强的毅力，战胜困难，立即投入到了工作中。他骑着马，穿行在山区牧场；他走进群众家，与藏族兄弟同吃、同住、同劳动。他用自己的行动实践着赴藏时的那句诺言——为藏族老百姓多办点好事！短短三年，他深深地爱上了这块高寒、贫瘠而又厚重的土地，与那里的藏族群众结下了深厚的情谊。1982 年初，孔繁森援藏期满告别岗巴回到他日夜思念的家乡。

1988 年，山东省委决定让责任心强、有实际工作经验的孔繁森再次作为援藏干部赴藏。这时他已是聊城地区行署副专员。而他的老母已年近九旬，爱人的病情不断加重，几个孩子正在上学，家庭困难比第一次进藏时更大。经过激烈的思想斗争，他又一次作出了服从组织、欣然援藏的决定。临别前，他含泪对年迈的母亲说："娘，我要到很远很远的地方开会去，您要多多保重！"

根据组织的安排，孔繁森第二次援藏任拉萨市副市长。他一到拉萨，马上找当时的市长洛嘎，要求分配工作。经研究，组织让他分管教育和民政工作。他从深入基层调查研究入手，短短二十几天内，跑遍了拉萨 7 个县和部分乡村。尼木县卡若乡有个名叫制南的小村，村里的一所村办小学只有 1 名教师 6 个学生。1990 年夏天，他从卡若乡翻越一座海拔 4000 多米高的大山，到制南村考察，并专门到这个小学了解情况。后来，在他的关心和有关部门的重视下，制南小学搬迁了校址，办学条件也得到了较大改善。

孔繁森生前喜欢的一句藏族谚语："登山不到极顶，人生遗憾；溯流不到源头，抱恨终生。"1993 年初，第二次援藏已届期满的孔繁森服从调动，到条件最艰苦的阿里地区，任地委书记。阿里是我的家乡，我深知那里最需要政府的关怀和内地的支援。孔繁森承担起了这一责任。他援藏的决心那么的大，脚步更加坚定……

“西藏的孩子就是我的孩子”

在西藏，援藏干部孔繁森收养两个藏族孤儿的故事，早已成为当今藏汉民族团结的佳话之一。

1992 年夏天，拉萨市墨竹工卡县羊日岗乡发生强烈地震。当时任拉萨市副市长的孔繁森到灾区第一线指导救灾时，发现 3 个被地震夺去双亲的藏族孤儿。他托人把他们带到拉萨，收养了贡桑、曲印、曲尼。后来，原拉萨市市长、现任自治区副主席洛桑顿珠想到孔繁森一人抚养三个孤儿实在负担太大，便收养了曲尼。

孔繁森以慈母严父般的情怀温暖着两个藏族孤儿的心。贡桑和曲印称老孔为“爷爷”。老孔一下班，总是先为两个孩子做饭、洗衣。孩子病了，他带到医院治；孩子想穿新衣，他便带他们到街头精心挑选。老孔调阿里后，一段时间两个孩子在墨竹工卡县小学寄宿，他每月给校长寄去 200 元生活费。

1994 年秋，孔繁森来拉萨出差，贡桑和曲印闹着要跟爷爷一起去阿里。两个孩子到狮泉河镇后，在噶尔小学上学。老孔经常骑着自行车到小学送粮送肉，照顾两个孩子的生活。每逢周末他把孩子接到自己屋里，做顿好饭吃。阿里条件艰苦，老孔又经常下乡，两个孩子的学习成绩和身体状况明显下降，他又把贡桑和曲印带到拉萨，并委托退伍兵小崔照料。

孔繁森关心西藏农牧民的孩子胜过关心自己的子女。1993 年，为了他收养的两个藏族孤儿，先后到西藏军区总医院血库献血 900 毫升。噶尔县教育局局长强巴说：“1994 年 5 月底，县小学举行运动会时，孔书记拿出 1050 元给 103 名农牧民的孩子各买了一双新球鞋。”在这所小学我问学生次白多吉、索娜卓玛时，他们说：“我们很多人平时舍不得穿孔伯伯送的新鞋，只有节假日和开运动会时才拿出来穿。”

日土县过巴乡格萨尔故事说唱艺人平措伦珠说起孔繁森便激动万分：“我这一辈子歌颂英雄，可我觉得孔书记才是真正的英雄。”“我和老伴益西卓玛有五个孩子，孔书记来我们村不仅给孩子看病，还叫我把一个孩子送到地区，由他抚养。”平措伦珠说。

孔繁森的儿子孔杰已是 20 多岁的人，可他与父亲在一起的时间不到五年，而他与两个女儿在一起的时间就更短了。老孔对亲生子女要求很严，从小培养他们的吃苦能力。孔繁森殉职后，从他的遗物中发现了一封他给女儿孔灵的未写完的信。信中写道：“玲玲：爸爸因为工作忙，一直没有给你去信，你不会怪爸爸吧？看了你的来信，知道你到学校后，很多事情都是自己试着做的，不再靠爸爸和妈妈了，这说明你成熟了。一个人在很多事情上都要靠自己去思索、去做，你说对吗？……”

“西藏的老人就是我的老人”

拉萨有 55 个敬老院，孔繁森去过 48 个。每到一处，不是看病人就是送衣送粮。1990 年冬天，孔繁森在拉萨堆龙德庆县考察教育工作。有一天，雪花漫天，寒风刺骨。一大早，他冒着风雪背起小箱向桑达乡敬老院奔去。他一一走进老人们的屋，查看穿的、铺的和盖的，为每位老人检查身体。看到琼宗老阿妈只有一双破旧胶鞋，双脚又红又肿，便抱起老阿妈的双脚放进自己的怀中取暖。琼宗是位哑巴。她噙着热泪，默默注视着眼前这位高大魁梧的汉族干部，双手在不停地颤动。第二天，孔繁森回城后把一双新棉鞋托人带给了琼宗。拉萨市民政部门的知情人说，天气转暖时，琼宗老人把孔繁森送的那双棉鞋洗得干干净净，放在床头，整日看个没完。

视藏族老人如父母的孔繁森在阿里工作时同样想孤寡老人所想，帮孤寡老人所需。1993 年 6 月，孔繁森率工作组前往普兰县。途中，在噶尔县门土区发现七旬和九旬的两位孤寡老人。孔繁森特意去安排两位老人的生活，并把自己随身带的多余衣物和钱送给了老人。从那以后，只要有人去门土他就给老人带去生活用品。

1994 年藏历新年初一，孔繁森带着组织、民政、工会等部门的负责人到阿里老干部基地向老人们拜年，一天内他拜访了 40 多户老人。退休老阿妈崩琼回忆起当时的情景不由泪眼迷蒙："新年那天，孔书记到我家过年，亲切地询问我的身体和生活状况，叫我退休之余找个门路，做点生意。他说，这样既增加收入，又充实精神，还可以锻炼身体。"孔繁森的这番话崩琼记在了心里，不久，她购了些青稞和配料在自己屋里酿青稞酒，到市场卖，半年内挣了千把元。一天，孔繁森深有感触地对身边人员说："老干部为阿里奋斗了一生。对他们不仅在逢年过节时，平时也要经常性地关心和照顾，让他们老有所养，老有所乐，尽享晚年。"夜深人静，当他从离退休老干部基地回到自己房间时，屋里的铁皮炉子还是冰冷冰冷的……后来，地区离退休老干部基地建起了卫生所、食堂、娱乐中心，党支部经常组织学习和劳动。先后有 4 户老人办起了茶馆等营业室。老人们得以安享晚年生活。

汉族传统的春节与藏历新年时间间隔不久。在春节这个万家团圆的日子里，孔繁森本来可以返回家乡与 93 岁的老母亲相聚，可是，他没有……

孔繁森（右）在西藏阿里日土县过巴乡看望孤寡老人益西卓玛

公仆本色　干部风范

“孔繁森是人民公仆、干部榜样”，这是西藏人民的共识。无论是在岗巴县，还是在拉萨，或是在“世界屋脊的屋脊”阿里，孔繁森始终是人民的勤务员。

孔繁森到岗巴后不久，一次骑马下乡时不小心摔下来，昏迷不醒。当地群众扎起担架抬着他走了 30 多里山路送到医院。醒来后，老孔感动地说，藏族老百姓真好！从那以后，他跟岗巴农牧民有了更加深厚的感情。他曾在岗巴最贫困的苍龙乡蹲点几个月，跑遍了苍龙乡的每个村庄和绝大多数群众家。在那里，他与乡亲们同吃、同住、同劳动。多少次他在乡党支部书记格热家的酥油灯下共商苍龙发展大计。1989 年秋，时任拉萨市副市长的孔繁森借去日喀则地区开会的机会又一次来到苍龙人民中间。也许是巧合，临出发这天是孔繁森老母亲的 90 岁寿辰。中午，老孔听人说明天是农历中秋节，便想起老母的生日，想起在他离家时对母亲流着泪磕了个长头……他信步走进日喀则地区邮局打算给母亲寄点钱，一摸钱包，发现钱不多，还要去看望苍龙的藏族群众。他想老母亲以后还会有机会看望，便走出邮局，从街面上买了一大箱月饼和一些水果，匆匆踏上了通向岗巴的山区公路。

一到岗巴县苍龙乡，孔繁森径直走进老支书格热家。他像是到了自己的家一样对格热说："好久没吃咱苍龙的糌粑，没喝咱苍龙的酥油茶了。"一边吃着糌粑糊，一边喝着酥油茶，老孔又问起苍龙的变化和发展。听说是老孔回来了，乡亲们蜂拥来到格热家，挤满了一屋子。明月照着苍龙大地，孔繁森在月光下拿出月饼和水果，并说，今天是农历的中秋节，大家好好聚聚。

实地调查　大胆决策

在阿里期间，他最爱去的是基层，最关心的是群众。上任短短一年多时间里，他的小车跑了 8 万多公里，全地区 106 个乡，他走遍了 98 个。1992 年以来，阿里地区遭受了干旱、风雪、人畜疫病等罕见的自然灾害。牲畜大批死亡，农田大片枯荒，草场沙化河渠干涸，人们生活水平有所下降。为了寻找出路，孔繁森连续几个月都在基层转。深入细致的调查研究，使他对阿里有了较全面的了解。他认为阿里具有政策、资源等六大优势，根据 7 个县各自的优势规划成 3 个经济开发区，拟定出了 9 个重点开发项目。他的大胆决策和身体力行大大增强了全地区干部群众战胜自然灾害、发展经济、改善生活的信心和勇气。

1993 年，阿里经济建设和各项事业走出低谷，显示出广阔前景。然而 1994 年 2 月，一场 50 年不遇的暴风雪袭击了阿里全境，7 个县的大部分乡村很快被大雪覆盖。雪灾来势猛，范围广，持续时间长。灾情一出现，阿里地委、行署立即组成三个工作组分赴各县。孔繁森带队先是到较贫困的革吉、改则县指导救灾。到了救灾第一线，发现雪灾比预想的要严重得多，群众生命财产面临危险。他果断地向全地区发出“先保人，后保畜，再恢复生产”的救灾工作指导思想。2 月 27 日，孔繁森一行来到海拔 5100 米的革吉县亚热区曲仓乡，走村串户，分送救灾粮款，给冻伤的灾民看病，帮助牧民紧急转场。在曲仓，连续五天的工作，使本来就带病的孔繁森身体垮了。一天晚上，他从牧场回到住地，突然感到剧烈的头疼腹胀，胸闷气短。有高原生活经验和初通医术的他，担心自己熬不过这一夜，便强支起虚弱的身体，在手电筒的照明下，给睡在一旁的通讯员小梁写了这样的纸条：“小梁：不知为什么我头疼得怎么也睡不着，万一我发生了不幸，千万不能让我母亲和家属、孩子知道。请你每月以我的名义给我家里写一封平安信。我在哪里发生不幸，就把我埋在哪里。”他以坚强的毅力硬是挺过了这一夜。

在孔繁森的领导下，阿里人民经过两个多月的奋战，在这场几十年不遇的大雪灾中，不仅未冻死、饿死一人，而且尽可能地减少了灾害损失。

生命的最后日子

孔繁森是典型的山东大汉，热情、豪爽、倔强，他身材高大魁梧，目光炯炯有神，声音洪亮有力。在他进藏时，请山东书法家蒋维崧写了这样的条幅："是七尺男儿生能舍己，作千秋雄鬼死不还乡"，抱定了献身雪域高原的信念。

1994 年 11 月 14 日，孔繁森率阿里地区工作组赴邻近的新疆维吾尔自治区考察工作。途中，他深情地望着日土县境内的雪山牧场，惦念着阿里的农牧民。11 月 19 日，他们到达乌鲁木齐市。11 月 20 至 23 日，孔繁森先后到新疆组织、人事、交通、粮食、石油、旅游等部门，协商支援阿里事宜。23 日，由新疆维吾尔自治区党委代书记王乐泉主持召开了协调会议，专门研究进一步支持和帮助西藏阿里发展经济和改善人民生活问题。会上，新疆作出了支援阿里的多项决定：从 1995 年起，阿里地区每年所需的 250 万公斤小麦、10 万公斤食油实行保本经营；所需的 200 万公斤大米由国家安排调运；3610 吨成品油以低于市场价从库尔勒石油贮运库直接调运；500 吨液化气由新疆计委列入年度计划。阿里地区行署教导员达娃次仁深有感触地对我说："这次新疆进一步加大对阿里的支援，其中，凝结着孔繁森同志生命最后日子的多少心血和汗水啊！"

11 月 29 日 9 点半，孔繁森一行准时从克拉玛依市出发，到塔城地区巴克图口岸考察。这天早上，塔城一带下了场小雪。公路上雪水混杂路况不好。中午 1 时 10 分左右，孔繁森一行至托里县附近，突遇车祸不幸殉职。孔繁森把自己的一切，直至生命都献给了西藏的事业和西藏人民。他因公殉职时，衣着简朴。达娃次仁等随行人员马上买了崭新的外衣、衬衫、皮鞋和领带，为他换上。一个不朽的身躯就这样静静地躺在了中华大地上！

孔繁森走了，可他永远活在雪域人民和全国人民心中。他留下的感人故事，他那光辉的人格魅力，他的不朽精神，正在激励西藏人民完成他未竟的事业，促进雪域更加繁荣昌盛。

原载《中国西藏》1995 年第 4 期

木雅贡布和他的藏学人生

晓明

他在北京生活二十年了

依然保持着浓烈的藏人习俗

仿佛他昨天才离开藏区

他已经在北京生活了近二十年，可依然保持着一个藏人的生活习俗和气息，仿佛昨天刚刚离开藏区。

在沙发上落座后，贡布老师掏出口袋里的鼻烟壶，打开盖，倒出少许在拇指盖上，深深一口吸进去，伸展了一下身体。贡布老师今年已经 74 岁了，可腰直眼明，步履轻捷，像一个六十出头的人。十年前，他就从北京民族宫图书馆研究馆员的位子上退下来，可他几乎一天没有闲过，这些年他每天忙着编书写文章，接待国外藏学家的来访，解答方方面面有关藏学的种种问题，出任民族宫有关西藏的各种展览的顾问、藏学研究中心干事……他总是有求必应，有

木雅贡布接受采访

请必到，就连我们也没有少麻烦过他。

他腰杆笔直地坐着，两眼平静地望着我们说，从哪里谈起呢，我的经历在许多我编的书后面都有介绍，你们找一本看看就行了。我们一齐笑起来。在我们的坚持下，贡布老师开始讲起了自己，平凡而又动人。

我是 1923 年出生的，前后共经历了三个藏历饶迥（藏族传统的纪年法，一个饶迥 60 年）。我的家乡在康定萨旦地方，离康定城 60 多公里，是个风景秀丽的好地方。母亲是一个富人家的帮佣，与姐姐同住，姐姐是家里的主人。母亲一生从未结过婚，用现在的话来说，我是一个私生子。父亲自己有家有妻子有孩子，我出生后他从未抱过我，更不要说抚养过我，是母亲一人将我拉扯大的，我是我母亲的生命、希望、寄托，总之是一切，我母亲好像就为我活着。

我 5 岁时，母亲将我送到康定附近的一座贡嘎寺当扎巴，第五世贡嘎活佛为我剪发剃度，取法名为嘎玛索朗嘉措。贡嘎寺是嘎玛噶举派的寺庙，前世贡嘎活佛曾担任过嘎玛巴的经师，佛位很高。5岁的我，第一位老师是一生都在闭关修行的舅舅，几十年足不出户。我跟他学藏文背经书，一学就是7年，把当扎巴的一套全部学完了，除了识字诵经做法事，连吹吹打打，制作祭供物品都学了。

1937年，我14岁时，贡嘎活佛在贡嘎寺办了一所正规的僧学院，我成为其中的一员，正式开始跟贡嘎活佛学经，主要是佛学的大小五明。记得当时贡嘎活佛很喜欢我，说我是他徒弟中最聪明的一个。确实，那些深奥的经书我一学就懂，一读就会背。辩经时我口齿伶俐，一些比我年长的老僧人有时也不是我的对手。学到20岁，五明中的主要著作都学完了。相比之下，藏医学和因明学学得比较一般，不是特别系统，这与贡嘎僧学院的学习重点有关。这6年的学习奠定了我终生的事业根基，这就是文字学、史学和诗学研究。

从我出生到20岁，我的全部生活来源都是由母亲供养，在我每天无忧无虑的读书之际，母亲都在辛勤劳作，将她用血汗换来的糌粑、酥油、氆氇送到寺庙来。而我能报答她的，除了优秀的学习成绩再无其他。20岁那年，母亲得了伤寒病，一病不起，终于永远离开了我，而这一年我也从僧学院毕业了。母亲的恩情我一生一世都记着。

1946年，也就是抗战胜利的那一年，我作为贡嘎活佛的弟子陪同大师一起到内地进行传教讲经，到了成都、重庆、云南的昆明。到处都有贡嘎活佛的信徒，对于贡嘎活佛传授的密宗，人们非常有兴趣。而对我这个刚刚从山沟里的小寺院来到大千世界的佛教徒，一切都是那么的新鲜。在外部世界呆了一年多，坐过火车、飞机、轮船的我，不愿意再回到寺院里去了，不愿意再受佛教各种戒律的束缚，在社会上过起了自由自在的生活。有时上山打猎，有时也读一些书。贡嘎活佛回寺后，我就躲着他，怕他让我重返寺院。

1951 年，康定解放了。为了培养一批藏族自己的干部，康定成立了一个师资培训班，招收一批有文化懂藏文的人当学生。贡嘎活佛找到我，动员我去学习。我有点怕贡嘎活佛，没商量就去了。记得当时去学习时还填了一张表，我在成分上填了“扎巴”，在文化程度上填了“大学”。其实我这个大学生，是个佛学的大学生，熟知大小五明，书法很好。在气功方面，研习的是纳绕六法中幻身术的“麦那姆”，能够解析梦境。“麦那姆”认为梦境与现实是一体的，通过对梦境的分析能知道现实景况。那时贡嘎活佛时常召我去析梦。而我自己在做梦时，有现实意识，知道是在梦境里，因而在梦中仍能冷静对待。修研“麦那姆”，对我的世界观有很大影响，认为现实与梦实质上是一样的，是虚幻的，而梦又是现实的写照。因而对现世有一种超脱的认识。这种世界观影响了我的一生，即便在“文化大革命”被作为反动学术权威和敌特分子斗争，我也没有消沉绝望。

一年学习结束后，我被分配到康定自治州（当时康定还属于西康省）文教局教材编写委员会工作，与汉族同志合作，编译和编写各种教材。在州文教局我一干就是 6 年。这些年里，我除了编教材，还在业余藏文学校给一些汉族干部教藏文，讲藏文知识。那个年月，党的民族政策就是好，到藏区工作的汉族干部，都要学习藏语藏文。差不多每个周末，我都要到部队机关去教藏文。教到后来，因为教得好，确实教出名气来了。于是就调我到成都西南民族学院工作，培训那里的藏语教员。在地方文教局我是行政 19 级，调到民院后调为高教 7 级，当时叫作高级讲师，相当于现在的副教授。那是 1956 年，我才 30 出头。我在那里一直干到 1965 年。

木雅贡布在学术交流会上

1963 年我的生活发生了一个巨大的变化。我 5 岁出家，当了一名僧人，尽管我差不多 1947 年就离开了寺院，但从来没有想过要还俗。参加工作十多年了，一直过着自由自在的单身汉生活。突然，一个姑娘走进了我的生活，她叫曲珍，美丽质朴，她的父亲是中央民族学院的教授，当年与我同为贡嘎活佛的弟子。在周围现代生活的影响下，在美丽姑娘的吸引下，我结婚了。那年我 40 岁。

从 1965 年开始，受“左”的风气影响，学校不再重视民族语文的教学，像我这样的人在学校已成多余。于是我又调回甘孜州，被安排去了文史研究组。1966 年“文化大革命”，我被作为贡嘎的弟子、敌特报务员、里通外国的坏人，关了 7 个月。贡布老师指着脸上的一块疤痕说，这就是当时被打后留下的痕迹。

他们斗争我，我一点不怕。我相信共产党，相信法律，从来不认为自己有什么罪。当时天宝、沙拉也被关着，他们都是长征干部，他们都挨整，我吃点苦不算什么。应该说，“文化大革命”对我的思想从未有什么损伤，一种超脱的信念一直支持着我，我觉得我只不过在演戏，在演反面人物，演反动学术权威，演喇嘛活佛的弟子，卸了妆，我还是我。

落实政策后，我又回到了甘孜州文教局，但不是编教材，而是管基建，修房子，还到康定林场干过几个月，炊事员、保管员、事务长三位一体，我还干得不错，离开时，林场的人还真不舍得我走。

1977 年，这次是真正的落实政策了，我又回到文教局干编教材的老本行，过去编得教材全烧了。一切又从头开始。可是这个工作我是轻车熟路，做得得心应手，我喜欢这个工作。

1979 年，北京来调我去中央民族语文翻译局（现在的民族语文翻译中心）工作，专门搞马列毛泽东著作翻译，我几乎没有犹豫，就举家迁来北京了，从此就在北京定居了。翻译局的工作对我是个新课题。像马克思的《资本论》、哲学著作《费尔巴哈的终结》、斯大林著作第一卷第二卷、毛泽东选集等，我都参加了翻译。但我最主要的工作是审稿定稿，作最后的把关工作。这一切对我都是全新的，但我从中学到了许多政治经济学的道理，什么生产关系，什么消费，还是有所提高的。对一些哲学著作，我觉得困难小一些。哲学中的一些辩证法与佛学的因明学有共同的地方，理解起来就不是那么困难。

1980 年民族宫图书馆借我整理藏文古籍，开始是一个星期去上两三个半天，后来民族宫就想把我彻底调过去。他们征求我的意见，问我调不调，相比马列主义翻译与藏文古籍整理，我更愿意搞古籍整理，我同意调，这一调就调了好几年，翻译局也不想放我，一直到 1984 年我才真正调了过去。到了 60 岁我才干上了自己真正喜欢的工作。从此，我就一直搞古籍整理至今。现在尽管已经退休了，这个工作并没有放下。

民族宫图书馆的藏文古籍是很丰富的，大约是 50 年代后期从西藏拉来的，幸亏拉下来了，要不“文化大革命”中就烧完了。拉下来的这一部分保存完好，而且多年来整理得很有成效。1994 年西藏要回去了一部分。据说这一部分有的进入了档案馆、有的还给了寺庙。这些古籍是民族的文化财富。还给寺庙就供起来了。当然，还给寺庙是对的，这些东西是寺庙的珍贵财富。但是这些文献也是藏民族的文化财富，应该设法充分利用。否则就太可惜了。我知道，这些古籍大多数还没有进行微缩。说到这里，贡布老师叹了口气，80 年代末，民族宫图书馆还没有完全使电脑整理古籍，我们为贡布老师这种惜爱民族文化财富的精神所深深打动。

休息片刻，贡布老师接着谈起来。

说起来，从 1984 年至今，是我最有成就的时期了。这一时期我编写了《民族宫藏文典籍目录》一套三本，数百万字，涉及 7000 多部藏文典籍，每条目录都有典籍的简要介绍和作者介绍，涉及的作者有 180 多个。在此基础上，我又编写了《藏族名人录》一书。约 200 多万字，介绍的人物有 157 个。这部书已由中国藏学出版社出版，此外我还写了大量的文章，许多我已经记不住题目了。就笔者读到的就有《章嘉·若必多吉传》《觉囊·多罗那他传》《司徒·却吉迥乃》《楚臣仁钦传》《土观·罗桑却吉尼玛传》，还有《巴塘和巴塘人》《西藏的原始社会》《怎样写甘孜州地方志》等等，其中《巴塘和巴塘人》这篇文章是在贡布老师 4 次去巴塘后写下的，不仅写了巴塘的历史、景物、风俗，还写了巴塘今日的变化和当代的巴塘

木雅贡布幼时

人，发表后反响很大。

贡布老师说，我后期的写作，比较着重历史和文学。我写的这些人物传记，都是把他们作为人来写的。历史上也有他们的传记。但都写成了神和超人，一本书读下来，连他的生卒年都没有记录。我则不一样，把他们写成普通人，更接近现实的人，真实地记述了他们一生中重大的事迹和作为，通俗明了。我发现这样做以后，像我这样写的人多起来，这正是我的初衷。我还为许多书写作序言、如《萨迦格言》《普东巴传》、仁达娃的《因明学》《逻辑学》等。我还在藏文文学期刊《章恰尔》（藏文意为“甘露”）上开办了一个专栏，叫“智慧老人”，专门解答有关藏学方面的各种问题。

我 1987 年就退休了，那年我 66 岁。退休了在家里还一样干，而且身兼多职，现在除了还是民族宫图书馆的研究馆员外，还担任了西藏民族学院的兼职教授，高级佛学院佛学研究所的特约研究员，藏研中心职称评定委员会委员……去年被评为对国家有特殊贡献的社会科学研究人员，领取了由国家颁发的特殊津贴，同时还被评为北京市民族团结先进个人。面对这些荣誉我还是那种超脱的思想，我很平静。

问我现在做些什么，忙着呢。

退休了，忙家务，买菜做饭。我有5个孩子，2个男孩3个女孩。我结婚晚，孩子都比较小，小女儿今年18岁，今年年底才从外事职高毕业。他们还要成家立业，我还要操很多心。

手上正在写的是一部贡嘎活佛的传记，他是我的老师，只有我能写好他。已经写得差不多了。明年能出版。

我还准备写一部藏族气功流派研究的书，用诗体写，写得通俗易懂，朗朗上口。现在有的地方将气功吹得天花乱坠，都神了，还有一大堆人盲目追随。藏族的气功是科学的，要科学的介绍，客观地讲明它的历史渊源、演变、修习方法、功用，或许更有用些。

贡布老师自信地笑着。

原载《中国西藏》1997年第1期

报国书生一片心
——记著名藏学教授于道泉

王尧

编者按：新中国成立前夕，于道泉先生放弃了在海外的舒适生活，毅然回到故土，以自己的专业所长为祖国和藏学事业作出了突出贡献。在北京大学东方语文系首开藏语专业，为国立北平图书馆收集少数民族语文图书，帮助中央人民广播电台筹备开播了藏语节目。特别是作为中央民族学院藏学专业的奠基人、著名藏学教授，于道泉先生多年来为国家培养了大批藏学专门人才。在教学的同时，积极组织编纂适合学习和研究之用的专业词典，对弘扬和发展藏族文化事业作出重大贡献。

从欧洲路上了归途

1946年8月3日，北京大学校长胡适先生致函伦敦大学，欢迎于道泉先生回国，到北京大学东方语文系担任蒙古文、藏文教授。

胡适先生诚恳的态度，促使于道泉先生下了归国服务的决心。

但是，在欢庆抗日战争胜利的爆竹声中，内战全面爆发了，此时此刻，于道泉犹豫了。他回到哪里去？去国民党统治区吗？不行！根据在海外获得的信息和自己的信念，他坚信：共产党一定会在这一场战争中取得彻底胜利。因而，他只能继续逗留在英国。他把希望全部寄托在人民一边，寄托在共产党领导的人民解放军一边。

1948 年年底，辽沈、平津、淮海三大战役取得了决定性的胜利，特别是北平的和平解放，极大地鼓舞了他，于道泉马上决定从欧洲动身返国。他以极为兴奋的心情，怀着美好的期望，踏上了归途。时间是 1949 年 4 月。

在北大开设藏语专业，任北图特藏部主任

解放了的北平，仍旧是黄甍绿瓦、白塔红墙，依旧是碧树环绕、流水淙淙。所不同的是，从事着各行各业的人们，都有着一种欣欣向荣的新面貌。在极短的休息之后，于道泉迫不及待地与当时担任东方语文系主任的季羡林先生见面、磋商，确定在东方语文系开设藏语专业，季羡林先生推请于道泉先生担任组长。组内还有王森、金鹏、韩镜清几位同事，并立即开始招生。第一期虽然只有两名学生，却使藏学这一专业在高等学府内正式立足，开始了万里长征的第一步。也就在同一时间，解放后的国立北平图书馆以非常实际的形式欢迎于道泉先生——非常受尊重的资深的图书馆研究馆员，让他担任特藏部主任。出国前于道泉曾在馆内负责收集兄弟民族语文图书，卓有成效，又在馆刊上多次发表研究成果，并充分利用王云五氏发明的“四角号码检字法”编辑满文书目。为了便利读者检索，于先生还准备把《西域同文志》等书编成四角号码索引。图书馆界、

目录学界对于先生的辛勤劳动是有口皆碑的。此后（自 1950 年起）于道泉先生继续担任北京图书馆研究馆员（不支薪）的工作，直到离休时，物色和推荐了藏文和国学堪称一流的黄明信先生接任。

筹办中央人民广播电台藏语广播

担任新闻出版总署第一任署长的胡乔木同志听说了于道泉先生的轶闻故事，也知道他通晓多种语言，而且是欧洲留学多年的专家。于是把筹办藏语广播这一重要工作交给了他，请他协助中央人民广播电台设立藏语翻译和播音小组。对于于先生来说，这一项工作“正合吾心也！”他在海外时很难听到有关西藏情况的正确报道，而且由于条件的限制，西藏人民也难以听到真正的中央的声音。

经过努力，中央人民广播电台聘请了于道泉先生，以及由他推荐的李永年先生、李春先先生（曲吉洛卓，拉萨藏族旅京人士）和图丹尼玛喇嘛等人作为藏语广播组第一批成员，1950 年 4 月 10 日开始工作，做好各项准备，5 月 22 日晚上正式播音。也就是从这时起，通过中央人民广播电台把中央人民政府、毛主席的声音送到了西藏。通过广播传出了伟大而诚挚的呼唤，殷切希望达赖喇嘛、西藏地方政府能尽快派出代表到北京商谈如何实现祖国统一、西藏和平解放。这件事是于道泉回国以后第一件最为开心的事。张小平同志作为中央人民广播电台民族语文部的负责人深情地记录了这一段历史。

于道泉先生在工作中能充分调动藏族知识分子的能动性，与几位老朋友合作，共同为和平解放西藏的庄严事业而努力。就在那时还出版了（内部发行）中央人民广播电台藏语广播稿的藏文版。许多新词术语每天在广播中会碰见，并要求用藏语播出去，于先生为此煞费脑筋。这个藏语广播稿，几乎成了每日出版的“藏文信息报”在北京藏人圈子里成了最受欢迎的读物，在推广新词术语方面起了很好的作用。如“政协”“民主”“革命”“解放”等反映新社会、新事物的词语就逐渐在藏区推广开来。

藏语学习班先期开班

新中国成立后一派兴旺发达景象，着实让于道泉一辈归国知识分子十分感动。他们历尽千辛万苦放弃在海外的舒适生活、工作条件，奔回故土，极愿以自己的知识、才能，建设祖国，报效祖国。时机来了！正当于道泉在北京大学藏语专业忙于教学，同时又在中央人民广播电台筹建藏语组，并开始播音之时，经过中央人民政府政务院第 60 次政务会议通过的《培养少数民族干部试行方案》和《筹办中央民族学院试行方案》在《人民日报》正式公布了。一下子成为关心少数民族语言文化人士和北京几所高等学校中从事边疆研究人员的热门话题。紧跟着就以高效率的延安作风开始了这所新型学校的筹备工作。当时解放大军正向西南挺进，大好河山获得解放，川康各地军事行动十分迅速。进军的同时，中央人民政府努力争取与西藏地方政府进行谈判，谋求用和平方法解放西藏，以保卫国家主权、领土完整。负责筹备中央民族学院工作的刘春——一位资深的从事民族工作的老革命，与费孝通教授合作共事，邀请了季羡林和于道泉共同商量，如何能尽早、尽快地培养一批藏语人才以适应紧迫的需要。经季、于两位教授建议，从国内若干高校文科中抽调一些在校学生集中到北京，用速成的方法，突击学习藏语，以应当前工作的紧迫需要。说来令人惊叹：这个藏语学习班，居然能在中央民族学院成立之前开班上课。这批来自北京大学、复旦大学、湖南大学、广西大学、山东大学、安徽大学、南京大学等校的青年学子，云集北京，在于道泉教授门下，开始了藏语的学习。

于先生藏语教学特点

于先生的教学思路和做法大致分为下列几点：

1. 学习一种语言，要把语音、词汇和语法初学阶段的难点分散开，难点不能太集中，否则会顾此失彼，进展不快。所以，他为藏语（拉萨方言）设计了一套拉丁拼音的系统。拉丁系统的英文字母大家都会，不用花工夫就会拼会读。他用这套拉丁拼音编写了人们带有生活情趣的藏语教材，由浅入深，包括会话、民间故事和生活小品。在短期内就可以掌握若干常用口语。然后，再开始学习藏文。因为在口耳之间已经熟悉了的许多藏语，再去认藏文，非常容易记、容易读。我们管这一步叫做“转轨”。效果好，速度快。

2. 藏语的几大方言之间差异颇大，学习口语就应选定某一方言学深学透，然后再学习其他方言。他认为，拉萨话也就是卫藏方言，代表了藏语发展的方向。学好这一方言就可以跟其他方言区的人通话，因为西藏三大寺内有各方言区来的僧人、各地来的香客、商人都是自然的推广拉萨话的人。所以，把拉萨话当作一种标准音来学、来分析，最后对推广藏语普通话能有所帮助。后来，基于这一认识，在他的建议下，又招了专学安多方言的班次。这样，对藏语方言之间的差别和共同点都有了深层的理解。这也是他后来极力提倡编写方言字典的原因。

3. 学习一个民族的语言最好的办法是到那个民族地区去学习。按他的话说：“置身庄岳，事半功倍。”在他的建议下，把第一批投身藏语学习的莘莘学子送进藏区，由于道泉自己带队，前往著名的贡噶雪山，礼聘著名藏族学者贡噶活佛（1893—1957）为藏文教授。把学生引进了地地道道的藏文化境界中，收到了极好的效果。此后，这一条经验成为中央民族学院民族语文系的常规，一直在教学中施行。

4. 在学好语言的基础上，应该进一步扩展到历史、哲学、宗教和文化的各方面去深入钻研，开拓新领域，取得新成果。于是，从1960 年开始招收了两期研究生班，学制 3 年，专门邀请东噶·洛桑赤列（1926—1997）、扎希仁青格西和土登格杰 3 位藏族学者担任主讲教师，另配备一些汉族青年教师作为辅导员。于道泉先生安排开办传统文化学术讲座，邀请喜饶嘉措大师、法尊法师、周叔迦、任继愈、张克强、牙含章、柳陞祺、王森、吴丰培、高观如诸前辈分别就佛学、史学、藏学、哲学及目录学讲授他们各自擅长的学问，使同学们大开眼界，兴奋不已。这两期研究班为国家培育了一批专门人才和得力的领导干部，实现了于先生当初以知识报国的理想和愿望。

《藏汉对照拉萨口语词典》问世

编写藏文字典是他长期以来萦绕心头的另一个夙愿，远在 30 年代初，他在中央研究院历史语言研究所工作期间，就向所领导提出过编写藏汉佛学大辞典的建议。在所内无法将其意见列为项目的情况下，就自己在业余时间干，而且动员了志趣相投的朋友李永年参加。先动手把《翻译名义大集》的词条逐条抄出，又把藏文部分还原出来，每天下班后，在斗室之中孜孜不息，居然抄了近万条卡片。正在准备补充若干词条，纠正原有词条中的编纂工作全速进行之时，出国赴法的行期已定，掂量前后，只好把这一工作暂停下来，留待回来以后再说。谁知一去 16 载，漂泊异乡，但编纂藏文字典一事始终萦绕心头。这次回国以后，在北大东语系刚一开始工作，就把那一批卡片取回来，李永年先生很高兴地又参加到这一行列中来。1951 年 6 月中央民族学院成立，而少数民族语文系的藏语专业又率先建立后，于道泉先生担任了教研组组长。他在组内立即建立了字典编写小组，由于教学和翻译等实际工作的需要，说干就干，着手搜集口语资料，改变原来编纂佛学字典的计划，先编方言字典，当然也就是口语字典。先动手编纂的是《拉萨口语辞典》。经过长时间的努力，这部辞典编好后，先后油印过 3 次（1954 年、1957 年、1960 年），不断征求意见，补充、订正、修改。这期间，教研组好多人都参加过这项工作。从一开始就有傅家璋、赵堡、阿拉坦仓、工布扎布、王尧等同志为专职成员，另有洛桑群觉等藏族教师参加审订，傅家璋为此贡献很多，她与土丹旺布认真贯彻于道泉先生的编纂原则："口语、实用、全面、准确"。这部字典终于在 1983 年由民族出版社正式出版。共收词 2.9 万余条，以藏文正字为条目，附有拉丁注音，汉文释义，口语与文字有差异者，一一标明。这是于道泉先生多年梦想变成现实的一个成果。于道泉先生对口语字典的出版感到欣慰，就在同时，他在给中国社科院民族研究所的黄颢、吴碧云合编的一本《仓央嘉措及其情歌资料集》作序时说："我认为，世间最痛苦的事莫过于在自己面前摆着许多非常想看的书，而自己无法看懂；使我最幸福的就是使自己得到一种便利条件，经过一番努力之后，可以把这种痛苦解除，同时，也解决别人这一类的许多痛苦。"接着，由他的学生们一部接一部地完成了《安多方言口语词典》《嘉戎语词典》《藏汉词汇》《藏语成语词典》《藏汉佛教词典》《西藏历史文化辞典》，以及由他的同道、老朋友张怡荪教授主持，并有他的众多学生参加编纂的《藏汉大辞典》，真正出现了藏学研究“百花齐放”的学术春天。

发明“数码代音字”

“文革”中于老先生成为第一批住进“牛棚”的“座上客”，白天先生在一座楼前浇灌花木，晚上到“牛棚”受训。记得一次对他的批判会，全系教师及部分学生共 200 多人参加。主持会议的党总支副书记先作了简短发言，要全系师生批判相信有灵魂的迷信思想，帮助于道泉先生。发言者一个接一个踊跃举手，慷慨陈词，有的声色俱厉，有的甚为惋惜其落后，有的十分鄙夷其陈腐，有的引经据典指陈其谬误，总之五花八门，不一而足，闹腾了 3 个小时。而我们的于老先生却端坐在一根柱子后面，一手抚摸下巴，一手一根一根地拔自己的络腮胡子，全神贯注，神情肃穆，已进入了沉思状态。主持人叫道：“于先生！于先生！”他完全没听见。主持人急了，提高八度厉声喝叫：“于道泉！”他这才惊醒，茫然地问：“什么事？”主持人说：“刚才大家帮助你 3 个钟头了，你也表个态，说几句嘛！”于老先生颇感惊讶：“什么？帮助我？ 3 个钟头了？对不起，我一句也没听见！”引得哄堂大笑！这是真话，他的确没听别人在说什么。老先生早已置身事外，进入自己的冥想王国。他在琢磨“一对多”的翻译机械化问题。

说怪也不怪，于先生对这一工作醉心已久，早在 1956 年就发表过议论（在本院周报上），但没有人理会，还有人认为是“幻想”，说他不务正业。这下子可好了，一切繁琐事务都摆脱得干干净净，他倒可以在“牛棚”中冥想苦思。有志者事竟成，他终于发明了一套“数码代音字”，卓有远见地认为，这一套数码代音字可以供翻译机械化使用，就是说他早在20世纪60年代后期就思考出一套可以在电脑（当时人称电子计算机）上使用的汉文和藏文的软件系统了。可惜他的这种超前思维在学院、在社会无人理解，也没有人接受。直到1982年8月，在北京召开的第十五届国际汉藏语言学学会上，老先生提交的一篇论文“Numerical Script for plain Texts Numerilised Script Versus Romanised Script”（数码字简表：数码字与罗马字对照表），文中列举了他所设计的数码代音字用来拼读汉字和拼读藏文的规则。他还附有用这套数码代音字拼写的两本书：陈昌奉的《跟随毛主席长征》和陈毅的《在井冈山打游击》。可以说既有理论系统又有实践的成果。据中科院电子所的一位专家说，于先生设计的这一套代音字方案是现今收到的许多方案中最经济、最方便的一种方案，学习、使用都很容易、方便。唯一的缺点是数字码是日常应用最广的工具和手段，是人们经济生活、社会生活中不可须臾或离的东西，如果用它来当作拼写文字的工具，可能会发生混乱和困扰。热心学习应用这种数码代音字的张默生教授，于1977年3月1日用这一体例的数码代音字给于先生写来一封信。信除了用数码代音体系写出，还用汉字逐字对照一并写就，请于先生验看。默生先生当时任四川大学中文系主任，与于先生既是世交，又有戚谊，同为山东临淄的著名奇人，这一文件堪称双绝。

原载《中国西藏》2001年第6期

一代国师章嘉若必多吉

王家鹏

三世章嘉银像

皇帝的民族宗教顾问

章嘉胡土克图是清朝皇帝在藏传佛教界中敕封的唯一国师。格鲁派四大活佛系统之一，漠南蒙古地区最大的转世活佛，在清代共传六世，最著名的是三世章嘉（1717—1786）若必多吉。“若必多吉”意为戏乐金刚，是其密宗法号，甘肃凉州人。4岁于青海西宁郭隆寺（后名佑宁寺）坐床，雍正二年（1724）入京，是一代学识渊博的藏传佛教大师。他曾多次担任钦差，代表朝廷处理重要的蒙藏事务，

故宫雨花阁

为边疆安宁民族和睦发挥了重要作用。

“胡土克图”亦写作“呼图克图”，是藏语“朱必古”的蒙古音译，意为“化身”。清朝廷用来作为授予藏蒙大喇嘛转世活佛的封号，地位崇高，名册载于理藩院，下辈转世必须申报朝廷封授。清代享有此名号的活佛，西藏有 18 名，青、甘、川、藏、蒙古共有 158 名。章嘉胡土克图是青海佑宁寺五大活佛系统（章嘉、土观、松巴、却藏、王嘉）之一。佑宁寺原称“郭隆寺”，位于今青海互助土家族自治县，始建于明万历年间，是格鲁派在青海地区修建最早、最有影响的大寺之一。章嘉系统与清朝廷建立联系始自二世阿旺罗桑却丹（1642—1715），他因调解外蒙古喀尔喀土谢图汗部与扎萨克图汗部之争有功，受到康熙皇帝的赏识，康熙三十二年（1693）奉召进京，1701 年蒙古各部在多伦诺尔会盟，委派他为多伦诺尔扎萨克达喇嘛，管理内蒙古地区的喇嘛事物。康熙四十五年（1706）

敕封“灌顶、普善、广慈大国师”管理北京地区的喇嘛事务。雍正帝在即位前就与二世章嘉关系密切，二世章嘉于康熙五十四年（1715）圆寂。

雍正元年（1723）青海发生了罗卜藏丹叛清事件，佑宁寺毁于兵燹，雍正帝特命清军统帅年羹尧寻找到幼小的三世章嘉，护送来北京，驻锡弘仁寺。雍正二年十一月，章嘉移驻嵩祝寺，举行了坐床典礼。从此遵照雍正帝的旨意，跟随当时京师的掌印喇嘛二世土观活佛学习佛教经典，并进宫与皇子弘历（乾隆帝）一同读书。十八岁奉旨承继章嘉册印，雍正帝谕旨：

> 章嘉呼图克图呼毕勒罕，来历甚明，于经典性宗皆能通晓，不昧前因，实为喇嘛内特出之人，应照前身锡封国师之号，其原有灌顶、普善、广慈大国师印，现在其徒收储，勿庸颁给外，应给予诰命敕书。[①]

从此这位年轻的活佛开始了他长达50年的杰出的宗教、政治生涯。章嘉国师一生多次以大活佛与朝廷特使的身份，奔波于雪域高原、大漠南北参与解决重大的民族宗教问题。他首次出马在雍正十二年（1734）。雍正六年（1728）西藏阿尔布巴事件被平定后，清廷为防止准噶尔部侵藏危及七世达赖喇嘛安全，派兵护送达赖到理塘暂住，后又移往泰宁噶达惠远庙。雍正十二年（1734）藏中局势平稳后，雍正帝谕旨章嘉国师偕同果亲王允礼前往泰宁看望七世达赖喇嘛，并护送达赖返回西藏，章嘉此行与七世达赖喇嘛、五世

① 《大清会典事例·理藩院》。

章嘉画像

班禅建立了深厚的友谊，广泛联络了西藏僧俗上层，建立了他在西藏佛教界的威望，他在拉萨三大寺讲经说法，声誉大振，受到全藏僧众的崇拜，以至僧人们争饮其净手之水，脱帽为他铺路。章嘉圆满完成了第一次朝廷使命。

乾隆元年（1736）回京，朝见了刚刚登基的乾隆帝，皇帝对他十分器重，赐给他管理京师寺庙扎萨克达喇嘛之印。章嘉的学问与才能深得乾隆帝的信任，从此成为乾隆皇帝处理蒙藏民族宗教问题的重要顾问与助手。蒙藏地区发生问题大都向他咨询。乾隆二十二年（1757）七世达赖喇嘛圆寂，他再次受命入藏，完成了主持认定达赖喇嘛转世灵童、辅佐新任摄政第穆呼图克图、稳定西藏的大局多项重任，一去近三年，1760 年才回到北京。乾隆帝“走出寝宫院门迎接，一见章嘉国师，马上以满族的礼节亲切接待，行抱见礼，互至问好，献上洁白的长哈达，并说：‘诸事圆满完成，一路平安归来，与朕相聚，朕不胜欢快。’他们进入寝殿，坐在同一个坐垫上，详细谈论西藏的情形。大皇帝高兴地接受了章嘉国师从西藏带来的佛像、唐噶、香料等大量礼物”。①

七世达赖喇嘛画像是章嘉从西藏带回献给皇帝的珍贵唐卡。系 18 世纪西藏作品。布本设色，画心纵 72 厘米，横 46 厘米。画面上的格桑嘉措，神态庄重，结跏趺坐，右手拈莲花，左手持佛经。画面上方正中绘有三位高僧，为宗喀巴和他的两大弟子贾曹杰、克主杰，他们被格鲁派尊称为“师徒三尊”。画面左上方为大威德，右上方为白度母；左侧上方是五世班禅和释迦牟尼，右侧上方是文殊菩萨和妙音菩萨；画面下部左为阎魔尊，中为吉祥天母，右为黄财宝护法。唐卡背面有白绫签题记：“乾隆二十六年三月初六日钦命章嘉胡土克图认看番画像达赖喇嘛源流一轴……”

番画像即西藏画像，是七世达赖喇嘛主持藏政时期拉萨地区画家的优秀作品。雍正十二年（1734）七世达赖喇嘛由泰宁返藏后，二十年间为稳定西藏的大局，作了很大的贡献，乾隆十五年（1750），珠尔默特那木扎勒叛乱，七世达赖迅速擒获逆党，安抚难民，平息了动乱，得到朝廷的信任，1751 年四月制定了《酌定西藏善后章程》（十三条）废除了“藏王”体制，命达赖喇嘛掌管噶厦。在驻藏大臣

① 土观·洛桑却吉尼玛著，陈庆英、马连龙译：《章嘉国师若必多吉传》，第 277 页，民族出版社，1988 年。

的辅佐下，实行了以达赖为首的政教合一体制治理西藏。章嘉两次进藏办理有关七世达赖的事务，对朝廷治藏政策的实施、七世达赖圆寂后的西藏政局的平稳过渡，起了很大的作用。以后他亲自撰写了《七世达赖喇嘛传》，是一部有历史价值的达赖传记。

乾隆四十五年六世班禅朝觐，是清代民族关系史中的大事，章嘉国师不辞劳苦担负了主要的接待工作，担当乾隆帝的特使与六皇子一起到岱汉远迎班禅，班禅与乾隆帝会面时亲任翻译。安排衣食住行全程陪同，直至班禅圆寂后的丧事办理，竭尽了全力，在这次重大的历史事件中做了特殊的贡献。

藏汉佛教文化交流的使者

章嘉是清代最著名的藏传佛教大师，通达大小五明，精通汉满蒙藏多种语言文字。作为一代高僧他不仅在蒙藏地区，在内地也享有盛誉，清人笔记中多有记载，颇具传奇色彩，《詹曝杂记》说：“每元旦入朝，黄宪车所过，争以手帕铺于道，伺其轮压过，则以为有福。……蒙古经及中土大藏经皆能背诵如瓶泻水。汪文瑞尝叩一事，辄答以某经某卷，检之果不爽，则其人亦未可浅量矣。”《圣武记》：“晚年病目，能以手扪经卷而辩其字。”

乾隆帝曾从章嘉学佛，拜为金刚上师，章嘉为乾隆灌顶，乾隆向他施顶礼佛足的大礼。乾隆在章嘉的亲传下修习藏传佛教，他曾说：“朕自乾隆八年以后，即诵习蒙古及西番字经典，于今五十余年，几余究心讨论，深识真诠。”[①] 乾隆对西藏佛教、西藏文化有相当深入的了解，直接影响了乾隆时期国家治理蒙藏的策略。这都与章嘉的传

① 《清高宗实录》卷1427。

授分不开。章嘉是佛教大师，一生致力于弘扬佛法，他精深的佛学造诣、特殊的民族文化背景、崇高的活佛地位，特别是与皇帝的密切关系，使他不仅在政治上发挥了宗教领袖的作用，在藏汉佛教文化交流方面影响更大。

五台山镇海寺永乐院内的章嘉灵塔

从建筑方面看，举凡清代北京、山西、热河、内蒙古的藏传佛教寺院，追根溯源几乎都有他的影响，尤其是在宫廷的范围内更为显著。乾隆九年（1744）他协助乾隆帝将雍和宫改建为京内最大的藏传佛教寺院。乾隆时期在北京、热河、五台山兴建的众多的藏传佛教寺院，他都参与了指导审定。

故宫雨花阁，是紫禁城内最大的藏传密宗佛殿，建成于乾隆十五年（1750），巍峨高耸于故宫西部，四角攒尖顶，上覆镏金铜瓦，顶立镏金喇嘛塔，是故宫内唯一藏汉合璧的建筑。这座著名神殿仿古格托林寺坛城殿，是国内保存最完好的藏传佛教密宗四部神殿。从建筑到殿内佛像供器的配置，章嘉都参与指导和设计。

如档案所记："二月二十八日，副都统金将遵旨拟画得雨花阁上安设无量寿佛宝塔纸样一张交太监胡世杰，传旨：照样准做，成做时其塔上风带坯片要厚，再欢门交章嘉胡土克图画，有莲花座喇嘛字先呈样，塔肚内应装藏亦着问章嘉胡土克图。"[①] 章嘉在传播藏传佛教艺术方面的贡献尤为巨大，他精通佛教艺术，宫廷制作了大量的佛像、法器、唐卡，多请章嘉指导把关，有时奉旨直接参与创作，档案中有大量记录："乾隆四十四年四月初四，……着章嘉胡土克图拟供佛三尊一堂或五尊一堂安供画样呈览。""……手持金刚应做何颜色，着四德问明章嘉胡土克图，画样呈览。"[②]

乾隆时期西藏进贡的藏传佛教文物，主要由他鉴定加持，如上乐王佛唐卡，背后缝有白绫签题记书："乾隆四十三年十月初一，钦命章嘉胡土克图认看供奉额尔德尼诺们汉阿旺错尔提穆恭进达赖喇嘛前辈亲供利益画像阴体上乐王佛。"

此唐卡所画上乐金刚为四面十二臂造型，为格鲁派所传上乐金刚法本尊的标准形象，用色明丽，绘画细致。这是历辈达赖喇嘛所供的珍贵唐卡。清宫廷的藏传佛教文物，集中代表了清代西藏佛教

① 中国第一历史档案馆藏《清内务府养心殿造办处各作成做活计清档》。
② 中国第一历史档案馆藏《清内务府养心殿造办处各作成做活计清档》。

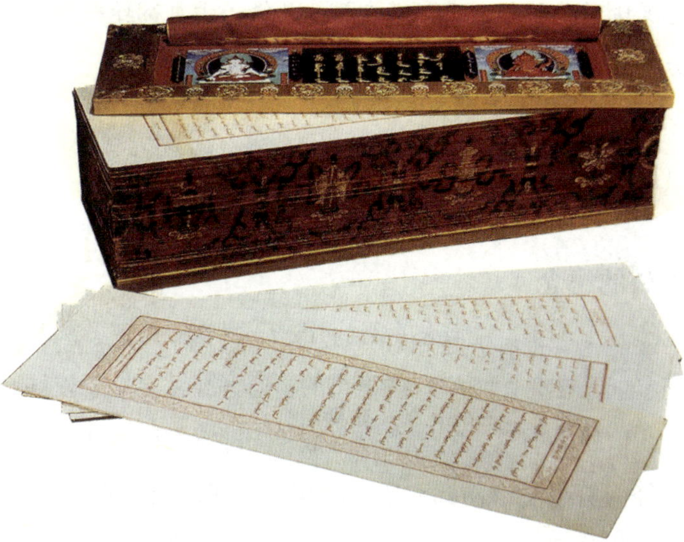

满文《大藏经》

艺术在内地的传播与发展，章嘉国师无疑起到了桥梁和纽带作用。

章嘉精通多种语言，是清代的佛教大译师，曾主持蒙古文翻译藏文大藏经《丹珠尔》，又主持《满文大藏经》翻译。《满文大藏经》，共计 108 函，2535 卷，仿藏文佛经贝叶夹装，每函上下有两层木质护经板，髹朱漆描金绘莲花八宝图案，内层经板裱黄绫，彩绘佛像，覆织金缎经廉。经文以满文木刻朱印，每页长 73 厘米，宽 24 厘米，刻写精美装饰豪华。《满文大藏经》的翻译刻写从乾隆三十八年（1773）开始，直至乾隆五十五年（1790）才全部完成，历时 18 年，是清代文化史上的大事，乾隆把它视为编定《四库全书》一样的重大事业，又把这一文化重任交给章嘉。《啸亭杂录》记载：

设清字经馆于西华门内，命章嘉国师经营其事。达天、莲筏诸僧人助之，考取满文誊录纂修若干员翻译经卷。先后十余年，大藏告外蒇，然后四体清字始备焉。

章嘉国师在藏汉佛教文化上的贡献是伟大的。

永久的纪念

乾隆五十一年，乾隆巡幸五台山，三月初三日，乾隆和章嘉国师一同参加了在菩萨顶举行的隆重的祈愿诵经法会。章嘉国师身染寒疾，病情日益加重，乾隆帝接奏报，立即派御医急速前往五台山诊治。经御医胡增诊断章嘉所患之病是伤寒传经之症，发汗不爽，以致头晕目眩身热，口干舌燥，四肢浮肿，大便不通。经御医用药后病情略有缓解。二十八日，理藩院侍郎巴忠抵达章嘉驻地，将乾隆眷念之情传谕章嘉，并将颁赏的哈达、念珠等物交与他，章嘉由人搀起跪奏谢恩。四月初一日晨，章嘉喘息稍减，脉色尚好，午时骤变，气息微弱，御医急忙诊脉用药。四月初二午时，章嘉如常盘腿打坐诵经，至酉时，在打坐之处连叹四声，坐定而圆寂。[①] 乾隆对章嘉的圆寂极为悲痛，在四月五日上谕中说：

章嘉呼图克图掌印多年，阐扬黄教，安抚众生，留心经律，昨据佛尔卿额奏称呼图克图于四月初二日圆寂等语，朕心深为悼惜，着制造金塔一座从其素愿，永于镇海寺供设。[②]

① 中国第一历史档案馆藏《军机处满文录副奏折》，参阅张玉《三世章嘉呼图克图圆寂前后》，刊《蒙藏之友》第 56 期。

② 《清高宗实录》乾隆五十一年四月五日。

章嘉国师曾留下遗嘱不要保留遗体和建立金银灵塔，遗体火化把骨灰及身像放在一个不大的铜塔里，安放在五台山镇海寺中。乾隆从其遗愿，用七千多两黄金制造了一座金塔，把章嘉法体安放金塔内，再将金塔安置在凿好的四方石窟中，石窟上建大石塔。但乾隆没有同意将章嘉遗体火化“唯若照呼图克图所言，仅供奉其舍利，则断然不可，故照班禅额尔德尼例，将其法体坐于灵塔，供奉于镇海寺，设若一两年内朕临五台山，亦可拜谒呼图克图之灵塔。”[①]对章嘉的怀念之情溢于言表。不仅如此，他还将紫禁城内雨花阁东配楼布置为章嘉影堂，供奉章嘉的铜像、画像、遗物，以表永久的纪念。在他圆寂当月，乾隆帝就命造办处为其造像，像高 75 厘米，国师鼻宽口阔眉目疏朗，神态庄重而慈祥，右面颊下有一小包，是其面相特征，匠师精心塑出，此像采用了“银间镀金”技法，在银像的帽子、面部、衣袖的花边等部位镀金，金银两色相互辉映，有独特的艺术效果，这是纪年准确、形象写实的珍贵塑像，乾隆宫廷藏传佛教造像的代表作品。

章嘉画像，画心纵 117 厘米，横 61 厘米。画面正中三世章嘉，身着黄色官服，画面上方正中为无量寿佛，左为大威德，右为祖师。画面下左起为降阎魔尊、六臂永保护法和吉祥天母。像背面白绫题记：“乾隆五十一年十二月二十六日钦命中正殿画佛喇嘛绘画供奉利益画像章嘉胡土克图……”

章嘉铃杵，在装铃杵的皮匣内壁贴白绫，铃杵盒题记，上书“乾

① 中国第一历史档案馆藏《军机处满文录副奏折》，参阅张玉《三世章嘉呼图克图圆寂前后》，刊《蒙藏之友》第 56 期。

隆五十一年四月初一日，章嘉胡土克图恭进利益银靶铜铃杵一分”。

这是在大师临终前把他用的法器献给乾隆以表感激与祝福。在他的遗奏中还为佛教界的人事安排向皇帝建言，可谓鞠躬尽瘁死而后已。

“黄教至为重要，小僧圆寂后诺们汗阿旺簇勒提木最佳。京城嵩祝寺等寺庙事务仍令札萨克喇嘛格勒克纳木喀等掌管。转世灵童请由却藏呼图克图前往寻觅。”①

雨花阁的西配殿是六世班禅影堂，东配殿是三世章嘉影堂，乾隆把这两位为国家作出贡献的高僧遗像遗物供奉在宫内，世世代代纪念，表达对他们的尊敬与怀念，是发自内心的诚挚情意，因为这里是皇帝拜佛之处，外人不能踏入一步的宫廷禁地。

原载《中国西藏》2002 年第 2 期

① 中国第一历史档案馆藏《军机处满文录副奏折》，参阅张玉《三世章嘉呼图克图圆寂前后》，刊《蒙藏之友》第 56 期。

民间藏医传奇

金志国

如同西藏所有的文化现象一样，但凡来自传统，总会蒙上一层神秘的光环。藏医藏药以其两千多年的传承、丰厚的文化内涵、大量的故事传说，以及独特的医学理念和对病人施治的手段，让世人惊叹不已。也正因为如此，藏医学正像一名天外来客，以其神秘莫测的形象游走于世，人们的好奇心被最大限度地调动起来，那些身患各种疾病的人们正在舍弃他们司空见惯的西医、中医，千方百计地延请西藏各地的名医为他们诊病治病，实在没有条件的也会千方百计托亲求友，从西藏弄些藏药回去。

客观地说，藏医药在它形成和发展的历史中，从未达到过今天这样的辉煌。过去，它仅仅是生息于青藏高原的人们医治身体疾患的一种医术，谈论起它，往往也是就医术到医术。而在今天，其医学理念和诊治手段所衍生出的人文思想成了人们研讨藏医的另一把

唐卡《天文历算图》。西藏历史上的著名高僧和藏医，大都通晓天文历算，他们认为，天文历算的中心是宇宙大环境，藏医藏药围绕人体小环境，二者密切结合，外部的五种元素与人体内部的五种元素密切相关，只要一种元素失衡，人体就会生病。治病就是用药物来减补某种元素，从而达到平衡。人体与时令季节也密切相关，人的脉象变化要通过天文历算加以推断，治疗病人，藏医会根据时令和季节来对症下药。同时，历算上还规定了哪些日子可以采挖哪些药材。

钥匙。藏医药呈现出的事物，和西医、中医以及其他的医药学不同，它的辨析是另类的，对人体的构成，它有其独特的思辨。甚至对于病人、病人的家人、医者之间都有某些神秘的约定，更不用说对病人的行为举止、服药方式等严格要求了。此外，对于药物的崇拜，也是藏医药学的一大特点。这从制药的过程中可以看出来，繁琐的程序且不论，关键是对每一个程序所做的带有神秘意味的加持和祈祷。这些繁冗的过程使得包裹于红绸子或黄缎子中的药丸显得越发神秘。

很早就想写篇关于藏医药方面的文章，但一直苦于对这门博大精深的学问知之太浅，又畏于它的神秘莫测，只好将心中这种念想搁置下来。但本人是藏医药的受益者，在受益的过程中，对藏医药略有所闻，便想斗胆一试，但仍觉得没把握，只好采取最简捷易行、也可视为一种偷懒的方法：采访一个人，通过一个藏医，来概略一个藏医药世界。

最终，我把目光锁定在民间藏医洛桑旦增的身上。

藏医世家

在藏地藏医界众多的大德圣手中，洛桑旦增并不是一颗耀眼的星，但近些年，他依靠家传绝学以及自身几十年行医实践，独辟蹊径，采用藏、中、西医结合的手段，治好了许多疑难病症，其声望，也逐渐从藏区向内地扩散。上门求医者除了西藏的普通百姓、达官贵人，还有许多内地和港台人士，有些难以上门的，也想方设法弄到他家里的电话号码，通过电话述说病情，或者寄来一纸西医化验或诊断结果，求药治病。治愈的人多了，关于他诊病的神奇传说也越来越多，剥掉那些虚幻的光环，实际上，洛桑旦增大夫是一个十分和蔼可亲的人，他的医术，即得益于家庭更多还是靠自身的钻研。我和洛桑旦增大夫交往数年，从一个患者找他就医到成为朋友，慢慢也知道了一些他的从医生涯。他每天都繁忙，家里永远有病人求医，每次约他系统地谈谈他的家族、他的生活轨迹，都要电话预约，而且还不能在家里（在家里他没有空闲），我们总是找某一个清净之地交谈，即便如此，他的手机总会时不时地响起来，而且总是病人到了家里，每接到这种电话，他总是很焦虑的样子，并乞求地望着我，恨不得一步跨回去为病人治病，为了能够谈下去，我总是请他先问问是不是急性病人，如果不是，就劝他和病人另约时间，或者等几十分钟，我因此对那些在我和洛桑旦增大夫谈话的时间里上门求医不遇的病人心存歉意。

洛桑旦增的祖居地在西藏东部的昌都地区贡觉县的阿嘎地方（现在是一个区）。其家族房名叫“切么仓”。这是一个被高山峡谷分割、原始森林覆盖的美丽山乡，冬日里满目青翠，夏日里万紫千红，大自然热热闹闹的四时运转，并没有影响到这儿人世间的静谧，这里极少受到外界的侵扰，生活单纯而滞缓，人的一生显得极其漫长。绝大多数的人们一代又一代地重复着先人地活着，只有极少数的人走出大山，沐浴山外的阳光和空气，带着阿嘎地方的灵气汲取外界的人类智慧，“切么仓”就是一例。这个家族在这一带远近闻名，“切么仓”早年间家业十分兴旺，家族除了医道精湛，历代中还有层出不穷的活佛和地方官员，洛桑旦增的曾祖父自小随父亲学医。到了 30 岁的时候，以一名游医的角色游历了印度、尼泊尔和锡金，一去 30 年，整个精壮年华可以说全部在异地度过，30 年来，他遍访名医，采集名药，为“切么医家”的医学宝库增添了宝贵的医学财富，当他回到家乡时，已是一个 60 来岁的老人，他用 30 多年的光

藏医唐卡《人体胚胎发育图》

阴，换回的是用 30 多匹骡马驮回的世界各地的大量的医书、医药和医疗器械。洛桑旦增的爷爷在父亲离开时，尚在襁褓之中，到了而立之年，才见到须发花白的父亲，在此之前，他一直是靠祖传医术行医，父亲给儿子讲述了许许多多的异地奇闻，尤其是关于各种有别于传统藏医的医道，如放血疗法、火熏疗法、点穴疗法、捏拿疗法以及皮搓疗法等。所有这些，激起了30岁的儿子像父亲一样到外面闯荡的愿望，他的想法得到了父亲的赞许，并对他的行程路线做了大致的安排。他背着简单的行医用具上路了，他既去了父亲去过的锡金、印度、尼泊尔等地，也去了墨脱专门考查药材，还到了米林的“那宇”地方（据说这里是藏医始祖宇妥·云登贡布的药源之地），最后去了内地的五台山，这一去就是26年，几乎和父亲在外游历的时间相当，和父亲一样，他也带回了大量的有关医术的书籍和验方。也就是从这个时候开始，在他们的家族的医术中，引进了中医的医术。并且可以看出，洛桑旦增的爷爷在外的26年间，相当大的一部分时间和精力，都投放在天然药物上，否则，难以解释他冒着被毒虫猛兽吞噬的危险，进到至今也难以有人涉足的墨脱（地处喜马拉雅南，全国唯一不通公路的县）。这次行医、学医、研医之旅，不仅是再次充实了“切么”家族的医学财富，而且将许多从未见过的植物引进了“切么”家族的医疗验方。在他主掌“切么”家族的医疗龙头的时代，家族的医疗声望达到了前所未有的辉煌，不仅在昌都一带，就连拉萨，业内人士对“切么”家族也并不陌生。洛桑旦增的爷爷活了103岁，在他将要告别人世的那几年，社会出现动荡，为稳妥起见，老人将家中许多医书资料或者送进寺院，或者埋藏在山洞。而将治疗各种常见疾病和祖传的秘方360种交到了继承家族医术的三儿子——洛桑旦增的父亲手中。

游医，似乎是“切么”家的传统，洛桑旦增的父亲18岁那年，即离家行医，第二年，青梅竹马的一家富户的小姐带着佣人在米林找到了他，这位小姐后来就成了洛桑旦增的母亲。一对年轻夫妇带着佣人，一路行医往南，到了墨脱。对于“切么”家的医者总要到墨脱去，洛桑旦增这样解释：藏医药有三个门派，一个门派偏重用植物入药，一个门派偏重用矿物入药，一个门派偏重用动物的骨肉入药。而我们“切么”家属于第一种。“切么”家配药的比例大致是矿物占10%，动物的骨肉占20%，植物占70%，而很多药用植物只有墨脱才生长。也许是一种巧合，也许是冥冥中的天意，在墨脱，这个四季常绿，鲜花如潮，被称作“白玛岗”（莲花山）的地方，孕育了“切么”医家新一代传人。

洛桑旦增的童年

像所有西藏活佛、奇人的诞生一样，洛桑旦增的降生以及童年，也有许多传奇的色彩。母亲在墨脱怀上他以后，便开始返乡，经过数月的跋涉，到达了米林县的宁嘎村。1944年9月15日清晨，太阳还在东山的背面，宁嘎村还在一片沉寂之中，突然，一阵冰雹狂泄而下，惊扰了人们的晨梦，几分钟之后，冰雹戛然而止，村人们担心地里尚未收获的庄稼，纷纷跑出家门，令他们惊讶的是，满地的冰雹并不是常见的白色，而是五颜六色，更奇的是，冰雹并没有砸在地里，只是铺洒在村舍的房前屋后。村民们还没从疑惑中回过神来，东边山后的太阳光辉仰天怒射，天空的云彩刹那间变成血色，一道彩虹飞跨天际，一头连着远山，一头连着村边的一所村舍。与此同时，一声接一声嘹亮的婴儿的啼哭从彩虹里传出，划破了清晨的静谧，在小村的上空回荡。

出生时的天地异象和“切么”家族的背景，使这位“切么”家族的第九代传人——也就是现在冠名为洛桑旦增的人，引起了当地宁玛派著名大活佛顿炯喇嘛的注意。经过长时间繁缛的宗教仪轨，3岁的孩童被顿炯活佛宣布为“那宇”地方一座宁玛派寺院的转世活佛，并给 3 岁的活佛命名为“白玛罗布”（意为莲花里长出的宝贝）。这所寺院的名字叫做尼增（意为挂住太阳不落）。关于这个寺名，还有一段神奇的传说。据说当初该寺修建的时候，莲花生大师命该寺第一代主持在 38 天内必须修建完成。主持左右盘算，就是日夜不停地修建，38 天也绝难完工，只好到莲花生面前诉苦：你让我 38 天将寺庙修成，除非太阳不落。莲花生大师说：这有何难。于是施法，太阳从此像被托在西山顶上一样，总不见落下，直到寺庙修成完工一刻，太阳才砰然落下西山。小活佛白玛罗布被迎进寺院以后，一边学习藏文，一边背诵一些普通经文。因为是宁玛派寺院，稍后一些，白玛罗布便攻读莲花生大师著的《人智之德》。这部经书有 380 多页，每页经书长 80 厘米，宽 20 厘米，上面是密密麻麻的藏文字母。除了日常的修习，小活佛白玛罗布还要参加各种宗教活动，在特定的节日，还要为前来朝拜的信徒们摸项赐福。沉闷而又严苛的寺庙生活过了 3 年，白玛罗布已长到 6 岁，面相上有了一点儿宗教的肃穆神情。这天，德高望重的顿炯活佛陪同白玛罗布的父亲来到了尼增寺，父亲在叩拜了儿子之后说，现在时局动荡，虽然你是活佛，但毕竟年龄太小，为父实在放心不下，加之我想去拉萨行医，想带你一同前往。白玛罗布自然十分高兴，表示非常想念父母，愿随父亲回去。这时顿炯活佛发话了，说依照尼增寺惯例，离寺活佛必须做一件非凡之事，以示活佛法力，护佑寺庙。恰在此时，寺庙维修的一座大殿桑多巴日（莲花天堂）竣工，门前要树立一根胜利幢，胜利幢高约 30 米，直径约 20 厘米。立胜利幢，一般都是有修为的活佛念经加持后在众人的帮助下亲手竖起。但对于 6 岁的小活佛来说，无疑是件天大的难事。竖立胜利幢那天，依照惯例白玛罗布诵经焚香。一切仪轨完毕之后，白玛罗布走向胜利幢，25 名属龙、属马、属虎的大小未嫁的美丽姑娘手捧哈达，代表仙女围着他翩翩起舞，白玛罗布双手捧住胜利幢顶端，用力一抬，胜利幢竟然神奇地离地一肘高。众人欢呼喝彩，然后一起合力，将胜利幢竖了起来。事后，众人皆认为白玛罗布活佛有非凡的神力。

从此，白玛罗布结束了活佛生涯，跟随父亲走上了行医之路。

1952 年，中国人民解放军第二野战军第 18 军根据 1951 年中央人民政府和西藏地方政府签署的《关于和平解放西藏的办法》(一般称之为《十七条协议》) 进军到了西藏首府拉萨，西藏古老的历史揭开了崭新的一页，这片沉睡千年的高原上开始萌发了新的时代绿芽，“新中国”“共产党”“解放军”“解放”“红汉人”等新词汇在人们的口边惶惑地流淌着，各种真真假假的传闻像山涧的风一样在雪域的山川间游荡着，老百姓中没有人确切地知道发生了什么，因为生活并没有发生任何变化，人们像传说远古的神话一样传说着眼下的事，所有这些，给 7 岁的白玛罗布并没留下什么印象，相反，这一年倒是他走上行医之路的启蒙之年，这一年父亲为人治病的几例医案深刻地留在了他的记忆中。

第一例，是为一个头上长了一个几乎和头一样大的瘤子的病人施手术。病人从肉瘤鸡蛋大的时候就开始到处求医，请喇嘛念经发咒，但都无济于事，一直到肉瘤长到快跟脑袋一样大，脖子都难以承受，整日卧床不起。白玛罗布的父亲将一种不知名的草叶用水熬煮，然后在水里泡了三种药：熊胆、麝香、藏红花，另外还有鸽子的羽毛。三天以后，带上泡好的药到病人家，让病人坐一方凳之上，将其用腰带捆绑在房中的柱子上，把头发全部剃光，先后用盐水，榆树皮和竹叶熬成的汤、藏白酒清洗整个头部和肉瘤，然后将手术刀在白酒点着的火上烧炙过后，浸进酒里拿出，在瘤子的正中间直接切下，刹那间，瘤子里冒出像坏鸡蛋一样的黏稠物，臭气熏天，白玛罗布的父亲就像没闻见一样，专心致志地往外不停地挤压，直到全部挤完，这才从药水中拿起鸽子羽毛，沾着药水擦洗刀口，最后用熊胆粉末敷在创口上。7 天以后，创口愈合，一个半月之后，患者头皮缩回正常。病人一家千恩万谢，有人问医方的来历，白玛罗布的父亲答：梦中所得。

时隔不久，一家三口游医到了米林冬朵地方的一个渡口，有三男一女因患严重的梅毒，难以治愈，当地官府把他们关押起来，准备将他们流放到深山里，白玛罗布的父亲听说后主动要求为他们诊治。第二天一早，白玛罗布的父亲带上儿子，来到关押患者的小屋，经诊断，发现他们都到了梅毒晚期，男子阴茎溃烂，睾丸里全是黄水，龟头呈菜花样，女的阴部也溃烂得厉害。医生让白玛罗布和患者的家人捡蚂蚁蛋和幼蝎，再采一种蓝色的小花，将这几种东西混在一起压烂，包在布里像蒸馒头一样地用煎煮的草药水蒸，然后让患者服下，再用蒸药的草药水擦洗患部。对女患者多了一道治疗程序：将一种蓝钢石用泥包裹后放在火里烧了一夜，第二天石头成粉末，将石粉末和熊胆、滑石粉一起，用榆树皮熬的汤搅和后擦抹在患处。数周后，病人痊愈，一时间，白玛罗布的父亲医名大振，四乡八里的人纷纷上门求诊，一时间，竟在渡口滞留下来。

这年秋天，一个孕妇因头胎难产，大量出血，痛苦不堪的孕妇被家人抬到医生的面前。白玛罗布的父亲将茴香、比薄、木香研细和糌粑混在一起，用青油调和，白布包裹，蒸好之后敷于孕妇肚子上，再用藏纸包麝香，点燃熏孕妇脚底涌泉穴，让孕妇弯腰，用蒸好的汤药敷孕妇命门，反复几次，孩子顺利产下，母子皆平安无事。

以上几桩医案，之所以给 7 岁的白玛罗布留下深刻记忆，应该和强烈的视觉刺激有很大关系。也就是从那以后，白玛罗布对医学——把人从死亡的边缘拉回来——的神奇力量有了一种强烈的向往，对自己年事并不高的父亲，产生了神圣的崇拜心理。他开始主动辨认药物，十分勤快地充当父亲的助手，非常专注地观摩父亲为患者治病的过程。而父亲也有意识地将一些基本药理和医疗知识通过言传身教向儿子灌输。从这个时候起，白玛罗布才真正地承袭家传藏医学，但距离亲手为人诊病的路还十分遥远。

几个月后，正在游医的白玛罗布的父亲接待了一位来自拉萨显赫家族的差人。来人十分恭敬地向白玛罗布的父亲献上哈达，讲明了来由。原来他是拉萨大贵族擦绒家的二管家，因为擦绒家的小公子在印度求学患了脾热病，遍访印度医生，病情都没有好转，只好求助于藏地医生，但因为这种病在藏地十分少见，拉萨的许多名医也没有十足的把握，就在家人一筹莫展时，听说了白玛罗布父亲治疗许多疑难病的消息，再一打听，白玛罗布的父亲出身于有名的“切么”医家，祖辈、父辈都去过印度学医行医，或许有治疗这种病的医方。于是，不顾路途遥远，派人前来求医，还特意配备了供医生一家赴拉萨的坐骑。考虑到本来就要去拉萨，白玛罗布的父亲和妻子商量后，欣然同意，一家三口和来人经过 20 多天的跋涉，来到了布达拉宫脚下。到拉萨以后，因为小公子病倒在印度，医生还得到印度去为病人治病，所以，擦绒家族在医生赶赴印度的同时，将他的妻子和 8 岁的儿子白玛罗布在拉萨很好地安顿了下来。

50 年代初的拉萨，虽然规模只是今天拉萨城的 1/30，但对于一直生活在荒村僻壤的白玛罗布来说，无疑是到了繁华的都市，满城的商贩、乞丐、流浪汉、贵族出行的仪仗，官员们纵马奔驰于大街小巷的威仪、八廓街令人眼花缭乱的商铺都带给 8 岁的白玛罗布十分神奇的感受。此外，偶尔也见到一些解放军官兵，但他们对于童年的白玛罗布来说，只是拉萨街头杂乱风景中的一抹色彩，虽然近在咫尺，却遥远而又神秘，难以触及。

白玛罗布的父亲随擦绒家的佣人奔赴印度后，擦绒家的小公子已是奄奄一息。医生没有辜负擦绒家的期望，以自己卓绝的医术使擦绒家的小公子起死回生，但不幸的是他自己却染上了这种病，因为挂念妻儿，急欲返回西藏，所以在病体尚未痊愈就启程返藏，使这种病在身上留下了病根，最终导致这位“切么”家族的第八代传人英年早逝。

白玛罗布的父亲到印度去后，白玛罗布的母亲客居在擦绒府邸，而白玛罗布则被安排在擦绒家的家庙里跟喇嘛们一起学习藏文。在这里学习不像在自己的寺里，在尼增寺，身为寺主的小活佛，整天受人顶礼膜拜，学习藏文的时候，也有贴身侍僧在旁一张一张地翻经卷，自己只要动眼动口就行。在拉萨就不同了，拉萨大大小小的活佛太多，高僧大德充斥在各个寺庙，而擦绒家族又是显赫门第，所以，白玛罗布这个尼增寺的小活佛十分自然地被人忽略了身份，只有像所有童僧一样，循规蹈矩地从头学习一切。但也正是因为这样，白玛罗布很好地巩固了已经学到的知识，同时也进一步丰富了自己。

拉萨作为西藏政治的中心、宗教的圣地，迎来送往的活动非常之多，而这种活动擦绒家族每每不可缺少。1952 年，白玛罗布的父亲抱病回拉萨不久，从西康地区来了几位宁玛派的大活佛，其中有一位和“切么”家庭还有点儿渊源关系。擦绒就带着白玛罗布的父亲和白玛罗布前去迎接。在从羊八井返回拉萨的途中，他们又一起去了楚布寺，见到了藏传佛教噶玛噶举派黑帽系最大的活佛第十六世噶玛巴。噶玛噶举派是藏传佛教体系中较为古老的一个教派，活佛转世制度就是该教派创立的，因为该教派较多地吸收了西藏本土文化，对于天文历算、藏医藏药等都十分精通。第十六世噶玛巴对藏医就很有研究，他和白玛罗布的父亲一起切磋藏医藏药，核对秘方，探讨病理药理，白玛罗布虽然很多都听不懂，但仍然十分专注地倾听，也进一步强化了他意欲进入这片神奇医海的幻想。他们在楚布寺一共住了 7 天，这 7 天之所以给童年的白玛罗布留下较为深刻的印象，还因为在他们将要离开楚布寺时，十六世噶玛巴对白玛罗布的父亲说：你这个儿子很有出息，你一定要让他健康地成长，将来，他或许能为众生造福，并给白玛罗布赐了一个名字：切么·曲尼加措。

回到拉萨不久，白玛罗布的父亲觉得太多的社交妨碍了自己的行医，加之需要调养身体，就向擦绒辞行。擦绒家再三挽留不成，就提议让他们一家到直贡去，因为擦绒家有一位公子在直贡提寺当活佛，并拥有一片庄园。白玛罗布的父亲接受了这个建议，携妻带子前往直贡，住进了擦绒家在直贡的“俄”豁卡（庄园）。

辟谷

直贡地方在拉萨的东北面，属墨竹工卡管辖。直贡提寺是座气势恢宏，拥有众多喇嘛的寺庙。寺庙的天葬台十分有名，是全藏最为著名的天葬场。据说，直贡天葬台有条金钱直通印度，人们相信只要把死者送到直贡天葬台天葬，他的灵魂定会到达天国。因此，几乎每天都有从全藏各地运送死者的队伍络绎不绝地走在通往直贡提寺的山道上。

白玛罗布的父亲住在距直贡提寺约 10 公里的“俄”豁卡，一方

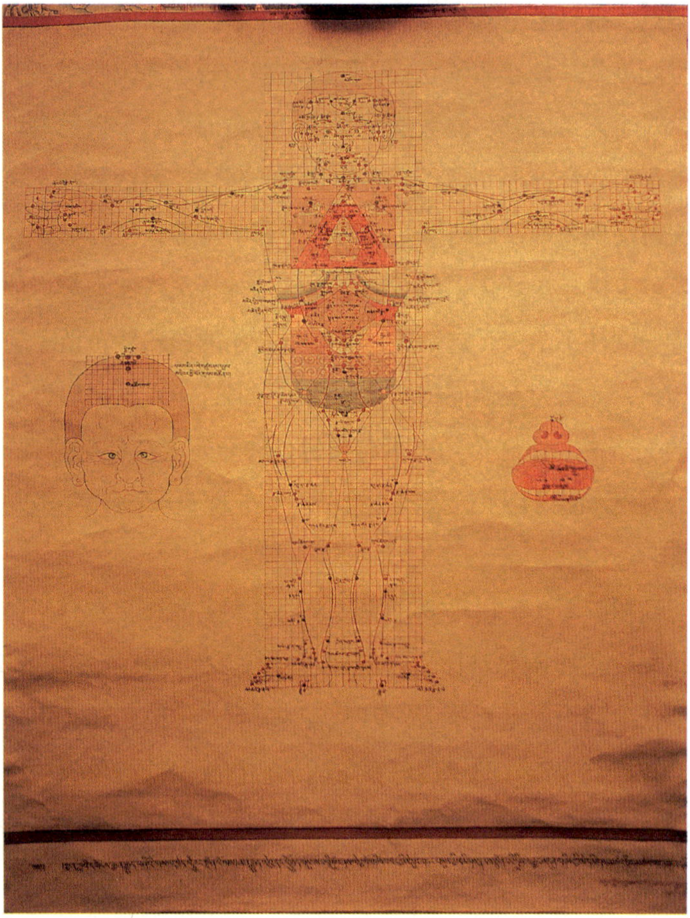

藏医唐卡《人体构造经脉图》

面行医，一方面也担当些谿卡的管理工作，而白玛罗布则被送到直贡提寺和擦绒家的儿子一起学习。这段时间日子过得十分平稳。每过段时间，白玛罗布经请示师傅，可回到“俄”谿卡，看望父亲，而父亲有时到直贡提寺为僧人看病时，也可以见到儿子，每次见面，白玛罗布的父亲都会认真询问儿子的学业，并在他认为儿子能够理解的程度上，及时向他传授些医理。这样一直过了两年多。1955 年秋天，白玛罗布的师傅要回自己的修行寺，走时带着白玛罗布，一路转经朝佛，转了好几个不同教派的古老寺庙。师徒二人回到师傅的修行寺所在地羊热岗时，恰逢藏历猴年举行“破瓦”法会。“破瓦”法会是由得道高僧为大众施“破瓦”法，只到了猴年才举办。法会结束后，施法的活佛要招收 30 名有慧根的小喇嘛进行培养深造，要求年龄最大者不得超过 13 岁，最小的 8 岁。入选前要经多方考核测试，并且要求参加测试的童僧上三代人中不得有屠夫、艺人、手工匠人、铁匠等，直系父母从未有过恶行，并要求童僧五官端正、行动敏捷、口齿伶俐，经高僧活佛目测过关后，还需调查童僧的家庭，家庭情况由童僧家人口述，有一定社会地位和信誉的人予以证明。白玛罗布在师傅的带领下参加了测试，后又由擦绒家当活佛的公子擦绒·次仁证明了家庭和其他情况。这样，白玛罗布从数百名报名儿童中被选中，选中的童僧共有 35 人。白玛罗布的父亲听说儿子被活佛选中进行深造十分高兴，托人捎来书信，叮嘱儿子切勿辜负活佛培养，一定好好修行。

35 名童僧首先被集中起来，由大喇嘛训话。大喇嘛说，你们从现在起，将和各自的师傅分开，要独立修行，修行分两个阶段，第一个阶段是辟谷，这段时间有 90 天，只有过了第一个阶段，才可能根据你们各自的禀性和天赋，进行第二个阶段的学习。总之，这是你们一生中难得的造化，希望你们珍惜。接着就开始了辟谷的准备，先用凉水洗澡，换上新衣，并停止食用一切有生命的东西。几天以后，进行清洗肠胃，每个人都喝大量的大黄水，促其腹泻。这一下，一些体质弱的就扛不住了，35 个人中一下子淘汰了 18 个，还剩 17 人，白玛罗布是其中之一，又过了 7 天，剩下的 17 人每天只许喝三口水，吃三粒药丸，三天后，开始了正式的辟谷。

辟谷处并不如想象的那般神秘，也不像有些苦修的僧人，远离人居。他们的辟谷处就在寺庙的下面，这里修了一圈类似于洞窟样2米见方的小房子，小房子用石头砌成，四壁光光，地面是用阿嘎土打成的，很平整，但既无桌，也无凳，只有片毛绳编织的小垫子。房子没后窗，垫子旁有从房顶上垂下的毛绳，毛绳的另一端通向寺内监督辟谷者的僧人房舍。这个房舍里安了一排十分清脆的铜铃，辟谷者房子里拉过来的绳头分别拴在每只铃上。如果有人感觉到挺不过去时，可以拉铃，僧人立即会前来打开你的房门，将你架出去，但同时也就意味着你被淘汰。

经活佛推算以后，在一个吉日的清晨，17名身着崭新袈裟的童僧被管事的喇嘛带到了辟谷的屋子前，念经祈祷后，他们被分送进17间小屋。在封门之前，管事喇嘛为每间小屋送进一只盘子和一只铜壶，盘子里放着90粒搓成鸽子蛋样大的酥油粒，铜壶里只有小半壶水，喇嘛说，这是90滴水，每天只能进一粒酥油、一滴水，否则视为犯规。该训诫的，该提醒的，该勉励的话讲完之后，众喇嘛上前，将每个小屋的门逐一封死，霎时，童僧仿佛进入了另一个世界。在90天的过程中，有12个童僧没有挺过去，他们最终拉动了绳铃，虽被救出去，但失掉了获得更多佛理、佛法的机会。3个童僧不堪饥饿和寒冷，死在了小屋里，他们也许动过拉绳的念头，也许是一味苦撑最终耗尽了心力，也许是在漫长的黑暗中还不等有明确的坚持或是退出的念头出现便已神智昏迷最终冻饿而死。90天以后，对于半途而废的小僧人，活佛对他们进行了开导和勉励，然后返回各自的寺庙；对死去的小僧人，活佛为他们举行了隆重的超度，并向其他人宣示：他们已去了成佛的路上。

最终成功度过90个黑暗的白昼和寂静的夜晚走出（应该是被人

架出）小屋的，是白玛罗布和另一位13岁的小僧人。活佛分别询问了他们在虚幻中的所见，确定了他们两人的名次，他们两个的叙述基本都是一样的，感觉和幻觉也基本都是一个过程，唯一不同的是，13岁的童僧在虚幻中见到了佛祖释迦牟尼，并详细地描述了见到佛祖的情景，因此，13岁的童僧被定为第一，白玛罗布被定为第二。被定为第一的僧人现居住在美国，他对当年的事记忆犹新。

洛桑旦增详细地讲述了他辟谷时的感受。

辟谷的房子很小，当门被从外面彻底封堵之后，房子里顿时陷入了一片黑暗，眼睛过了好久才凭着屋顶穿绳的小洞缝隙泻下的几丝光线看见自己的身体。与世隔绝的恐惧感刹那间罩住了全部身心。为了抵御这种感觉，他不停地念诵莲花生的咒语，一直到昏然睡去。醒来以后，首先感觉到的是饥渴，望着面前一盘酥油丸和半壶清水，想着老喇嘛的告诫，他拈起一个酥油丸放在嘴里，舍不得咽下去，让它在口中慢慢融化。这样，清醒的时候诵经、观想，他把自己所学过的经文一遍又一遍地念诵，一直到念不动，开始出现昏昏然的状态。开始的10多天最为难熬，强烈的饥渴感折磨着他，全身疼痛难忍，一会儿打坐，一会儿躺倒，一会儿又在地上翻滚。到了20多天，不时地出现昏迷，恍惚感到全身的肉正在消失，肋骨暴突，手只剩下10根枯骨。30多天后，感觉眼睛干涩，眼球也干了，看东西已经模糊不清。40多天后，已经张不开口，嗓子像是粘在了一起，发不出声音。50多天后，感觉自己的全身只剩下了骨架，上面附着两条血管，一红一白，在轻轻地跳动。60多天后，好像骨架也没有了，只看见自己的一团内脏在蠕动。70多天过去，感到自己仿佛消失了，自身的一切都没有了踪影，只有一团气在身边徘徊。到了最后，灵魂像是飞了起来，飞出了小屋，在无垠的空中飘荡，最后落在了一个长满奇花异草的花园。自己站在一片树叶上，这里阳光和煦，草地清新，花香扑鼻。树叶上的露珠流进嘴里甘甜无比，各种珍奇的水果被风轻轻地送到嘴里，顿时没有了饥渴的感觉。很久很久也没看到黑夜降临，天地似乎永远保持着温暖、明亮、和谐。感到整个身心舒适无比，这种舒适感在天地间缓缓地充盈。蓦然回首，看到了一座崭新的寺庙，寺庙红墙金瓦，彩云缭绕，但没有看见喇嘛。整个庙宇静静地立在那儿，就在这一瞬间，突然觉得从天上掉了下来，掉进了一个黑洞，然后就失去了知觉。

90 天期满，当他被喇嘛们架出洞外时，他才开始恢复知觉，首先感到风特别特别大，喇嘛们的轻声低语犹如雷霆之声从远处滚过来，浑身刺痛无比。他被抬进一间暖和的屋子，喇嘛为他盖上毯子，开始喂牛奶，一次喂一匙牛奶，一天喂十几次。这样一直过了 7 天，他才能盘腿靠垫，开始吃点儿流食，慢慢恢复五官的感觉。又过了几天，才彻底恢复了听觉、视觉和触觉。13 岁的喇嘛和他经历了同样的过程。当他们身体都已全部恢复正常后，活佛开始详细地询问他们在辟谷期间各阶段的感受。他们都据实一一作了回答。当 13 岁的喇嘛讲他最后见到了释迦牟尼时，活佛十分专注地倾听，然后问：你可听见佛祖说什么了吗？ 13 岁的喇嘛答：没有听到佛祖讲话，只看见了佛祖的身影。活佛略带遗憾地说：如果你听见佛祖讲话，那你的境界恐怕就是天下第一了，能够亲聆佛祖布道的人，也只有当年佛祖身边的弟子，他们早已成了大业。但即便如此，你看见了佛祖，已是十分不易，说明你的造化匪浅，只要刻苦修行，将来必成大器（这位 13 岁的喇嘛全家在 50 年代末出国，他本人现在在美国国际生命科学院，从事生命科学研究，他曾在某个场合证实了辟谷一事，也提到了洛桑旦增，中央电视台的记者从他那儿获悉了这消

藏医唐卡《愿望树》

息后，曾于 1998 年派了个摄制组到拉萨，专程采访洛桑旦增）。活佛又问白玛罗布，白玛罗布详细地描述了自己各阶段的感受后，说到自己在花园里饮露珠、食仙果，并且见到了一座寺庙时，活佛说，辟谷是检验个人功德的最佳途径，功德分为四等，90 天里除了必须经受饥渴、疼痛、恐惧、绝望之外，在最后的虚幻中，见到并聆听佛祖布道，是为特等；见到佛祖，是为一等；没有见到佛祖，但见到了寺庙，是为二等；没见到佛祖也没见到寺庙，但见到花园，是为三等。宇宙共有四个天堂：释迦牟尼天堂、莲花生天堂、未来佛天堂、千手观音天堂。你所见到的花园是药王天堂，属于释迦牟尼天堂的部分，看来，你将来要走的路恐怕就是医者之路了。之后，活佛给辟谷成功的二人颁发了文书，在柔软光洁的藏纸上，写明白玛罗布为第二层次。

根据辟谷的情况和个人意愿，二人被送到尼玛甲惹（寺院别墅）进行深造。白玛罗布本想在学习前回家一趟，但没被允许，老师说必须学习三个月后才能回家探亲。学习的内容有藏文文法、天文历算、医术、气功和绘画。白玛罗布专攻医学，老师是个不丹人，名叫不丹次仁。不丹次仁年届花甲，医术高超，在直贡一带很有名望。他对“切么”家族也早有耳闻，得知白玛罗布是“切么”家族的传人，他十分欣喜，加之白玛罗布又通过了辟谷，他认为这个孩子将来肯定有造就，因此，他十分耐心而细致地向白玛罗布传医布道，在将近两个月的时间里，白玛罗布从不丹次仁那里主要学习了望诊、尿诊、体诊和脉诊，同时还教他识别一些西藏较为少见的药物。正当白玛罗布一心一意地跟着老师遨游在医学殿堂时，他收到了擦绒活佛托人捎来的书信，信上说他父亲病重，希望他速返家探视。

父亲的传授

骏马在蜿蜒的山道上走了一天，白玛罗布回到“俄”豁卡的家里时，天已经黑了。听到狗叫，母亲开门将儿子迎进屋内。白玛罗布见父亲盘腿坐在卡垫上，正在油灯下翻阅医书，并不像有病的样子。父亲看着儿子，半天才缓缓地说：我没有想到你会站在这里，我想你会到天上去，既然你已经站在这儿，那么你肯定是在辟谷的中途被淘汰了跑回来的吧？白玛罗布赶紧从怀里将活佛颁发的文书取出来，双手呈给父亲。父亲接过文书仔细看了几遍几次，双眼顿时放光，从卡垫上起身将白玛罗布揽在怀里，不停地亲吻儿子身上的各个部位，还叫妻子快给儿子磕头，一边嘴里还不停地念诵着经文。激动的情绪慢慢平复下来之后，父亲吩咐妻子去给儿子打茶，然后拉着白玛罗布在卡垫上并肩坐下，当他得知是擦绒活佛托人捎信让儿子回来时，半天没有言语，过了好一会儿才说："我再过 9 天就要离开人间了，任何人都救不了我的命，到第九天的夜里，天黑后第一颗星星出来，我就要去了。但这 9 天里，你不能离开我一步，我们'切么'家的医记，到你这已传了 9 代，已经有 500 多年的行医历史。'切么'家的医记据我所知，全部都编号留存，医记记载了我们家祖先以及你爷爷和我行医的历程以及各种验方，验方有内地的，有印度、锡金、尼泊尔的，也有来自全藏各教派寺院活佛的，这些东西，都十分珍贵，行医的人几辈子也享用不完。但遗憾的是，祖上的一记、二记、三记……大部分散失了，有些为躲避当时的战乱匪患，埋在了地下、藏进了寺庙，没有人知道究竟。为父我行医 30 多年，掌握着部分家族的医记，也积累了不少的验方，其中有不少是我根据地理、气候条件改进的验方，这类验方共有 300 多个，这些对你将来的行医大有好处。此外，在'切么'家族的医记中，我所掌握的八个秘方是'切么'一记中的核心秘方，这是总体秘方，是根据病的种类区分开来的大方。分开来，可分解为 200 个单方，但我只给你传 198 个，其他两个是靠念经、发咒治病的，我就不传给你了，因为这需要高超的修行。否则，不仅不能治病，还可能害人害己。”

接着，父亲将一个巨大的银质嘎乌交给白玛罗布，说所有的精华都在里面。在后来的几天里，白玛罗布的父亲又手把手地向他传授了“切么”家独特的脉诊方法，教他认一些难以常见的药物和配药的秘方。还特别强调了三点：一、行医道德，二、自我修养，三、自我实践。

到了第六天，父亲让白玛罗布打坐一夜，脑子里什么也不用去想，尽量将脑子里的杂念排空。到了第七天夜里，父亲对白玛罗布说，该交待的我已全部给你交待了，但你不一定记得住，我要用三天三夜的时间将给你讲的东西储存到你的大脑里，他让白玛罗布面对着药王云丹贡布的画像盘腿坐好，自己背靠着白玛罗布，一面重复那些秘方和治各种疾病的秘诀，一面发功，在白玛罗布一出现困意时，就将亲手配制的汤药端上让他喝，他喝过之后，立即感到神清气爽。到了第八天夜里，白玛罗布惊讶地发现，他和父亲在不知不觉中变换了方位。他本来是面朝北墙的，而此时已是父亲面对药王佛，而他却面对南墙的窗户了。父亲让白玛罗布的母亲到另一所房间睡觉，到了半夜，他一面念诵咒语，一面在白玛罗布的背上连续拍打，拍打的力度很大，使白玛罗布的头几乎撞到了墙上。白玛罗布只觉得浑身发热，手脚麻木，头脑发胀，胸前的汗水像小河一样流淌。父亲让他转身，他却动不了，父亲端一碗凉凉的药水让他服下，慢慢地，他的热退了，身体也可以动了，待他转过身来，见面前放着一个小盘子，上面盖着一方红布，父亲将布揭开，只见盘子里放着十几粒像小珍珠和蚂蚁蛋一样大小的舍利子，父亲让他吞下，并告诫他不能碰到牙齿，因为牙齿有毒，舍利子碰到牙齿就会失去功效，之后又让他吃下一粒酥油丸。这一切做完之后，父亲告诉他，你的大脑已经锁门了，什么时候开呢，就是前面我给你讲的医德、修养和自我实践三把钥匙。如果你做不到，就开不了这把锁。你只有经过艰苦的修炼，才可能寻找到开锁的最佳时机。这个时机分别在你 27 岁、37 岁、47 岁、57 岁、67 岁。记住，都是个七，每到这个时候，都是由你的医德和修行来挽救你的医途甚至生命。那么这挽救者是谁呢？就是你的患者。我的灵魂、“切么”家族的灵魂、其他名医的灵魂都会帮助你。但如果你不好好修行，灵魂被污染，那我们就无法看到你，也无法帮助你。我所传给你的这些秘方，每个秘方里面都有个灵魂，你可以大胆地实验，灵魂会帮助你。虽然你看不到，摸不着，但在你的梦中，这些灵魂总会来指点你，给你力量和胆识。接着，父亲又给白玛罗布规定了五个不准，一、不准喝酒；二、不准说假话；三、不准向患者索取财物，除非是患者自愿给你；四、不准借看病之机调戏女病人；五、不准用药讨价还价，病人给多少是多少。这些讲完后，又讲了一个“亲”，说，你最亲的人是你的父母，但他们都会死，只有千千万万个患者是不死的，他们是源源不断的，作为一个医生，你最亲的人应该是患者。要不分时间、不分地点，随时为病人看病，既使你患病在身，只要能动，有病人找来，你也要毫不犹豫地出诊。你为病人治病，也就减轻了你自身的病痛。父亲的这一番教诲，成了白玛罗布后来行医的准则。

到了第九天的下午，白玛罗布的父亲让白玛罗布把母亲叫来，吩咐说，你们把藏红花、麝香用酥油调和，在我临死之前，你们要用这些东西把我的九窍塞起来。我死之后，要水葬，不要天葬，也不要火葬，我的躯体在家里只停留三天，包裹我躯体的布要两种颜

藏医家里悬挂的药师佛唐卡像

藏医洛桑旦增

色，腰部以上用白布，腰部以下用蓝布。三天以后，看看我的头顶上是否出血，如果有血，就可以将我抬出去水葬了。把我送下楼时，一定要儿子扶着我的头，找几个属龙、属马的年轻人抬我的身子，然后用一匹白马或黄马驮我的躯体。在我的躯体停留的三天里，谁也不要告诉，三天后，才可来人。这时，白玛罗布的妈妈已是泣不成声，白玛罗布也趴在父亲的身上不停地抽泣，白玛罗布的父亲反而显得十分平静，他说，我现在觉得非常轻松，能给儿子把该交待的都交待清楚，是佛的护佑，我儿实在是福分齐天啊！天就要黑了，你们出去看看，星星出来了，我就要走了。

白玛罗布的母亲遵嘱走到门外，白玛罗布握着父亲的手，看着父亲像睡觉一样仿佛慢慢地进入了梦乡。这时，天渐渐黑下来了，白玛罗布的母亲几次走到门口，但都没敢进屋，流着泪又折身出去。突然，白玛罗布的父亲睁开了眼睛，扭头望着窗外说，星星不是出来了吗，说完，头一歪，去世了。

父亲去世以后，白玛罗布继续回到尼玛甲惹学习，一年之后，根据老师的建议，独自一人再次来到了拉萨，进了色拉寺的昌都康仓当喇嘛，继续他的宗教和藏语文修习。1956 年的 1 月，是他生命中的一个重要转折，年仅 12 岁的他，被选送到当时的宗教事务委员会进行医务学习，其任务是学成之后到各寺院的医疗保健站工作。当时学习的内容有：文化知识、佛理、政治和中医针灸及中医理论，这是他第一次系统地接触到中医，经过三年的学习，打下了初步的中医基础，并开始门诊，他的从医生涯也就从此真正地开始了。在此期间，他的名字也改为洛桑旦增。

洛桑旦增在数十年的从医生涯中，一刻也没曾忘记父亲的临终教诲，他在用祖传秘方为病人施治时，总是先把方子用在自己或是家人身上进行检验，然后再用到病人身上。为此，他付出了许多旁人难以体会的身心苦痛的代价。问他为什么这样做，他说方子是祖上传下来的，虽然不容置疑，但真要往患者身上用，心中还是没底，通过自身检验，心里踏实，再说，父亲也是这样教导的。

从 20 世纪 90 年代初开始，洛桑旦增的医名开始传开，找他求治的患者从国内各地络绎不绝地来到他拉萨的寓所，一个个带着希冀走来，然后带着感激和欣喜离去。他时常被远方陌生的病人唤去，不辞劳苦地在外奔波，医术和医德像串串珍珠，播撒在他走过的路上。

洛桑旦增没有正规的医科学历，前些年评职称很使他头痛了一阵。曾有自治区领导听说了他高超的医疗技术，把从未谋面过的他叫去，详细了解了他的情况，并表示他的职称应该得到解决，但在高评委那里还是没有获得通过，理由只有一条：没有学历。现在洛桑旦增再不为此事伤脑筋了，他已退休在家，作为一位患者心中的名医，社会给予的承认远胜于某个机构的认可，他是中国中西医学会疡科分会专业委员会委员、中国医学会外治专业委员会委员、中华医学会西藏分会常务理事。2000 年的 9 月，第二届平衡针灸医学大会授予他“二十世纪平衡针灸杰出人才称号”。2001 年 4 月，联合国和平基金会 21 世纪自然医学大会组织委员会对其卓著的医学成就授予“世界名医奖”“国际自然医药大奖”和“自然医学奖”三项荣誉。2004 年 4 月，联合国和平大学第 42 届国际自然医学大会授予洛桑旦增先生国际医学博士学位。他退休前是拉萨市高原生物研究所所长。

原载《中国西藏》2006 年第 4、5 期

高原之莺

——藏族第一位女教授邓珠拉姆讲的故事

杨恩洪

邓珠拉姆教授

编者按：来自康区的邓珠拉姆老人有一个藏汉结合的家庭。就像当年跟着马帮走出大山一样，她历尽坎坷也收获成功：成为民国时期第一位藏族女教授，桃李满天下；精通藏汉两种文字的专家学者，著作和译作颇多；当过国大代表，经历了政治洗礼。她有过一双儿女，晚年与她相伴的却是毫无血缘关系、对她孝敬有加的女儿与外孙；而与之失散50年的亲生女儿却因一篇报道在53年后聚首于成都。

穷人的孩子早当家

1913年藏历二月，在川藏高原小镇巴塘的一间土屋中，我来到了这个世界。我的父亲邓克成（逞），四川江安人，是赵尔丰部队的大炮连长，来到康区后，由于厌恶战争，眷恋这一片净土，遂定居下来。母亲志玛青中是巴塘藏族，他俩由舅舅做主结为夫妻。我的降临令父母二人欣喜若狂，父亲双手托起这凝聚着汉藏情谊的小生命，自豪地说：这是我邓家的一颗明珠。母亲高兴地为我取名“邓珠拉姆”。

9岁那年，父亲因病抛下了我们撒手人寰，母亲带着我们三个幼小的孩子生活很艰苦。我经常与妈妈一起上山砍柴，靠卖柴支撑家里的生活。舅舅得知我们母女的窘况后，送来了十几个藏洋，帮助妈妈在家门口摆起了一个小摊。舅舅从老家背来桃子、核桃等各种水果、干果和酥油出售，我至今还记得帮阿妈把酥油切成小片卖给城里人的情景，阿妈总是称赞我勤快能干。在困境中，阿妈从不抱怨或垂头丧气，藏民族乐观豁达的性格在她身上得到了充分的体现。晚上闲下来，阿妈就给我们讲藏族民间故事，教我们唱民歌、跳巴塘弦子。生活虽然清苦，小木屋里却经常传出优美的歌声和爽朗的笑声。

踏上求学之路

20世纪初叶，英、美、德国的传教士来到巴塘建立了基督教会，并办起了一所洋学堂——华西学校。这所学校学习、生活、医疗条件很好，可以从小学读到初中。办学的美国夫妇浩格登先生和夫人用一口流利的藏语给阿妈讲了读书的好处。就这样，阿妈给我改做了一件小藏装，把爸爸留下的帆布包洗干净给我背上，送我上了华

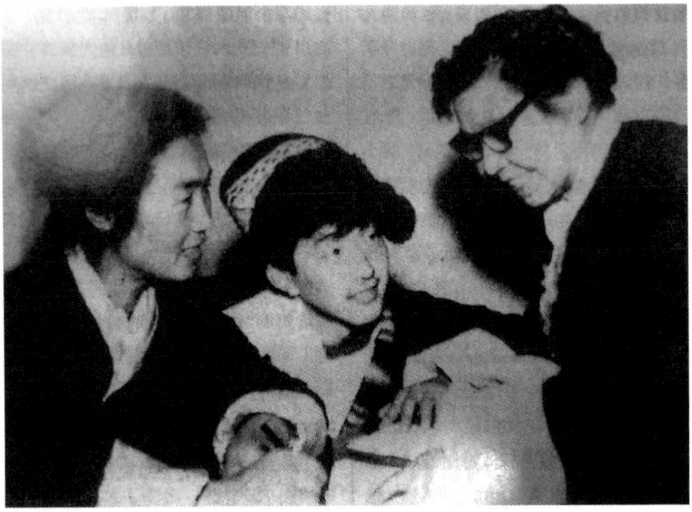

邓珠拉姆（右）在藏文夜校辅导学生

西学校。我当时已经十多岁了，牢记着母亲的教导：人不怕穷，就怕志短，对人来说最宝贵的一是粮食二是知识，别怕洋学堂里女子少，学到了知识走到哪里都会有用。

在学校里，我的藏语、英语成绩总是名列前茅，就连体育课也从不示弱。浩格登夫妇有一个女儿叫茹丝，和我同岁，她能歌善舞，且说一口流利的藏话，我们互相帮助，成了非常要好的朋友。阿妈给了我一副清亮的歌喉，每当唱圣歌时，在场的人和外国教师都被我那纯正的发音和悦耳的歌声所打动，情不自禁地鼓掌。在知识的海洋里，我不断地吮吸着知识，除了课内的知识，还阅读了许多课外书，增长了本领，开阔了眼界。我向往着有一天能够走出大山，看看外边的世界。

1935 年，华西学校办不下去了，浩格登夫妇也要回国了。临行前，他们对我说：你是个有前途的学生，如果你愿意，我可以介绍你去南京金陵女子大学附中读高中，我相信你会成为一个有用的人才。我虽是踌躇满志，然而离开家又放心不下阿妈和弟妹。没想到阿妈反倒鼓励我，让我听浩先生的话，走出藏区学习更多的知识。这时候正好有一个巴塘的马帮要去重庆，他们同意带我走。就这样，我恭恭敬敬地给阿妈磕了三个头，告别了恩深似海的母亲，离开了家乡，谁知这一别竟成了永诀。母亲在解放前去世，由于路途遥远，信息不畅，我没能及时赶回巴塘，未能与母亲见上最后一面。

走出大山　求学南京

20 世纪 30 年代的康藏没有公路，山路崎岖艰险，只能骑着马随着马帮商队辗转在崇山峻岭之中，途中还翻越几座 5000 米以上的高峰，跨越雅砻江、大渡河等江河，一路上历经艰辛。商人们边走边做生意，历时三个月才到了成都。当时一同上路的还有我后来的丈夫李凯。

1935 年的秋天，克服了重重困难，我来到了当时政治、经济、文化中心——南京。由于浩先生的热情推荐，我顺利地进入了由吴怡芳女士任校长的金陵女大附中就读。由于我藏文基础好，在《蒙藏月报》任编辑的同乡黄玉兰女士推荐我在该报做抄写、校对及翻译工作，课余时间就在边疆学校担任藏文教师。

抗日战争爆发后，我们随国民党机关西迁至重庆。1938 年在西藏驻京办事处（也迁至重庆）任藏文秘书，主要从事口头翻译，此间还曾为噶厦驻京代表与蒋介石当翻译。蒋介石很关心西藏，提出修一条通往西藏的路，但被西藏代表婉言谢绝。那时，我一方面工作，一方面向青海著名学者喜饶嘉措和西藏驻京代表洛扎哇土登桑杰学习藏语言文学知识，同时开始翻译、整理藏族民歌、民间故事，署名“明珠”，在《大公报》《新民报》等报刊上发表，还组织过一支由藏族学生组成的康藏歌舞团为群众演出，获得好评。

八年抗战结束了，我回到南京。当时的教育部长朱家骅正式聘任我为国立政治大学的藏文副教授，一个藏族女子成为藏族历史上的第一位副教授，在学界引起极大的反响。当时一位姓赵的记者采访了我，并在《大公报》上以《西康之莺——邓珠拉姆》为题写了一篇报道文章。此后我在南京颇有名气。1946 年我以社会贤达的名义参加了国民党的制宪会议，1948 年以西康妇女的身份担任了行宪的国大代表。此时，任国大代表的喜饶嘉措大师也住在南京。在任国大代表期间，我曾往来于政要之间，为李宗仁拉过选票，与其夫人郭德洁结下了政治友谊，还与宋美龄一起吃饭、照过相。

1949 年新中国成立前夕，许多国民党的要员前往台湾，也有好心人劝我一起走。我谢绝说，我一定要回家乡去，因为我的根在那里，我的事业也在那里。

活跃在藏汉交流的舞台上

新中国成立后，我回到了雅安，任西康省文教厅藏文秘书，享受供给制。雅安成立革命大学后，受聘任革命大学 13 班的藏文教师：1951 年，我又兼任中国人民解放军 18 军 53 师的藏文教师，教官兵说藏语、唱藏族民歌，同时向即将进藏的汉族干部介绍藏族风土民情；1955 年我奉调至四川省教育厅，负责编写小学藏语文、数学课本；1957 年，四川省成立民族出版社，我调到该社藏编室任编辑，还兼职在四川人民广播电台任藏语广播辅导员；1961 年，调到四川省民委参事室工作。

新中国成立后，我一方面做老师，把自己的知识传授给学生；

另一方面又在不断地学习新的知识，提高自己的认识水平。同时，大量阅读藏族古典名著，在浩如烟海的藏族民间素材中搜集、整理，为教学所用，与此同时还翻译、编写了大量的藏汉文书籍，如与扎西泽仁合作出版的《藏族民歌集》《阿古登巴的故事》、选译的《中国古代寓言选》等书陆续出版。此外，还做了大量的藏汉互译的工作，把高士其在自然科学方面的《土壤学》、春秋战国时期的故事翻译成藏文，把藏族优秀的文化遗产翻译成汉文介绍给读者。

那是我出成果的一个高峰期。记得那时，我不用字典一天可以翻译 3000 字。在此期间，与刘家驹、格桑合作，共同翻译各类图书 34 种，共约 400 万字，其中以我个人名义出版的有 12 种。然而在接踵而来的 1957 年的“反右”斗争和 1966 年的“文化大革命”期间，我受到了冲击，翻译工作也被迫停止。

1966 年，我回到康定，1978 年“文革”的冤屈得以平反。我先后任甘孜州政协常委，州文联民间文艺研究会副主席，甘孜州电影、电视协会副理事长，四川省少数民族语言学会常务理事等职，曾被评为甘孜州和四川省两级的“三八红旗手”……我又全身心地投入到教育、科研、编辑等工作中，曾兼任《贡嘎山》藏文编辑、州民族干部学校藏文教师。从 1981 年起创办了藏文夜校，至 1991 年共培养具备藏文知识的学生 400 余人。1989 年，在我 76 岁时被评为正高级职称——编审，我的学术水平再一次得到了国家的认可。

藏族英雄史诗《格萨尔王传》是藏族民间传统文化的优秀代表，为此，我倾注了大量的心血，积极投入到 80 年代全国《格萨尔》史诗的抢救行列，搜集版本、亲手翻译史诗、撰写大量研究文章，为这一抢救工作作出了自己的贡献。为此，1986 年被国家民委、文化部、文联民研会及中国社会科学院评为先进个人，1997 年再一次被上述四部委评为有突出贡献的先进个人。

丰硕的成果

在我的一生中有三个集中出成果的高峰时期。第一个时期是1943年至1949年。我尝试着翻译一些藏族民歌、谚语及民间故事，其中藏族谐体民歌是我最喜爱的，每首歌四句六言三顿，节奏响亮，朗朗上口，易于记忆。这些汉译文以《说不完的故事》为名，陆续刊登在当时南京的《新民晚报》《大公报》及《中央日报》副刊上。我的第一篇处女作是根据母亲讲的故事编写的《三姐妹问卦》，刊登在《新民晚报》上。1947年撰写了《中国边疆》一书，阐述康藏的自然地理特点及与祖国不可分割的亲密关系，强调积极开发建设边疆的重要意义。此书出版前得到国民党元老于右任的支持，他为此书亲笔题写了书名。为此，我在南京小有名气。当我走在街上时，常常被读者围住，请我签字，我就把藏文“吉祥如意”签在书上或本子上。因为我来自藏区，肤色较黑，新闻界把我称作“声色俱全的黑牡丹”。这是我走上翻译、创作道路的开端。

第二个时期是在50年代初至60年代初的十年间。在这一阶段，我不但继续从事藏族民间文学的汉译工作，出版了《藏族民歌集》（与扎西泽仁合作、四川民族出版社1959年出版）、《阿古登巴的故事》（四川民族出版社1963年出版）等，而且开始进行汉译藏的工作。如藏文译本《中国古代寓言选》《土壤的故事》就是这一时期出版的译著。我与刘家驹、格桑等共同翻译的有关社会科学、自然科学的书籍34种，共约40万字，其中以个人名义出版的有12种。此时，我已经具备娴熟地进行汉藏文互译的能力。一次，捷克的外宾来到四川民族出版社参观访问，当客人介绍他们一天可以翻译

1989 年邓珠拉姆教授给藏文夜校学生授课

2000 字时，主任自豪地说：我们的邓珠拉姆一天能翻译 3000 字！这是我在翻译事业上取得丰硕成果的时期。

第三个时期是在 80 年代和 90 年代。十年“文革”结束了，我已年过花甲，但我一点也不服老，我要把耽误的时间补回来。我以更加饱满的激情投入了工作，取得了累累硕果。此间翻译了民间文学作品如《萨迦格言》(选译)、藏戏《智美更登》《诺桑王子》及民间传说、故事，还创作了散文《少数民族文字的春天到来了》、散文诗《歌唱老战士》以及汉藏对照的《藏医药丸、散名称汇集》(共 468 条)、文史方面的论文《甘孜州各县藏汉名称由来及其历史沿革》等。其中对史诗《格萨尔传》的翻译及研究比较突出，译著有史诗《松岭之战》《地狱救母》两部共 13 万字(与格桑曲批合译)。与此同时，着手撰写史诗研究文章，论文《浅谈格萨尔史诗中的谚语》《浅谈格萨尔中的珠姆形象》以及《格萨尔降生年代的探讨》均具有较高的学术价值，获得了良好的社会效果。其中第一篇文章荣获四川省民委、民工委颁发的优秀科研成果奖。这一时期是翻译创作、研究获得成果的高峰，我以“老牛明知夕阳短，不待扬鞭自奋蹄”的精神在人生道路上谱写新的篇章。

1995 年，我办理了退休手续，然而，我并未终止工作，希望在有生之年为民族文化交流、促进民族团结、共建和谐、振兴中华而再尽力量。

学无止境　自强不息

母亲的教诲以及从藏族文化中汲取营养是我刻苦学习、自强不息品德的源头。阿妈是我的第一位老师，她口传身教，那种困境中永不气馁、乐观向上的精神给幼年的我上了最扎实的一课。

我的母亲家境贫苦，没有上过学，但是她非常聪明，口齿伶俐，满脑子装的都是民歌、民间故事，我是在藏族民间文学的摇篮中度过了童年的时光。那时，一有空阿妈就给我们讲故事，教唱民歌，说谚语，唱藏戏。上山砍柴休息时，阿妈就唱藏戏，故事中人物的优秀品质：乐善好施、救度众生；有几分耕耘就有几分收获，勤劳才能致富……都是阿妈给我的人生启迪，也是我人生遵循的法则，使我受益匪浅。那时我就想到，只有勤奋好学、努力奋斗，才是对阿妈的最好纪念。

我很倔犟也非常好强、好学。在华西学校读书时各科成绩都名列前茅，虽然身体瘦弱，但体育课上从不示弱，为此，我经常受到老师的称赞，得到一些小小的奖励。除了在学校努力学习文化知识外，我还利用一切空余时间，虚心向周围的人请教、学习，不断丰富自己，增长才干。在南京，我曾向著名的安多学者、国大代表喜饶嘉措大师学习藏文文法，向西藏驻京代表土登桑杰先生学习藏文古典名著《萨迦格言》和《水树格言》，不仅提高了藏文水平，而且从中悟出许多做人做事的道理和应有的品德，如推崇知识与智慧的力量、宣扬仁慈、爱民及佛教的利他、乐善好施、正直、忍让等，对我产生了极大的影响，至今很多格言仍能出口成诵。其中土登桑杰教给我的一首诗至今记忆犹新：体验自己的痛苦，方知别人的苦衷；能够理解他人的人，才是人中之英杰。我就是这样一点一滴地积累知识，不断完善自己的。

藏汉文化的使者

我把自己看成是藏汉文化的使者，希图在藏汉两个民族及两个民族的文化之间架起一座桥梁，为推进民族文化事业的繁荣发展、促进民族团结作出应有的贡献。把藏族优秀的传统文化遗产翻译成汉文，介绍给汉族同胞，又把汉族的古代文化成就及先进的科学知识翻译成藏文，介绍给自己的同胞。

我是一名教师，深深地体会到是老师把我从文化的荒漠带到一个千姿百态的世界，使我掌握了知识，主宰了自己的命运，成为一个对人民和社会有用的人，所以十分崇敬教师这一职业，也乐于做一名教师，把自己掌握的知识传授给学生们。从 1936 年在南京兼任国立边疆学校的藏文教师起，到 20 世纪 80 年代在康定兴办 10 年之久的藏文夜校，其间历时 50 余年，无论是作为副教授在国立政治大学任教，还是作为兼职教师为进藏部队的干部教授藏语文，甚或是无报酬地义务办藏文夜校；无论学生是藏族还是汉族，我都认认真真地去教。没有现成的课本，我就查阅大量的资料，自己编教材，使学生在学习知识的同时，思想上也得到陶冶。做到教书育人，与学生建立了深厚的感情。

除做一名好教师外，由于我对藏族民间文学情有独钟，觉得有

1987 年与夜校部分师生合影

必要把它们翻译出来介绍给更多的读者，因此把毕生的精力都投入到藏族民间文学的收集、整理、翻译、研究工作之中。我阅读了大量的藏族文学作品，如英雄史诗《格萨尔王传》及八大藏戏，收集了 2000 多首民歌、300 多个民间故事和 3600 多条谚语。藏族民间文学十分丰富，比喻优美、语言生动、情节感人，具有鲜明的民族特色，富于哲理，充分反映了藏族人民勤劳、勇敢、不畏强暴的品德，以及高原人民的宗教信仰、道德观念、价值取向等等，具有审美价值和文化学研究价值。因此在翻译的同时，针对每一部作品，我又进行了细致的研究，深入浅出地阐释自己的见解，让其他民族的读者更容易了解藏民族。

我和家人

在我的一生中，有过两次婚姻。当我离开家乡求学之际，经人介绍结识了比我大六七岁的李凯，他是黄埔军校第 14 期的学员。女儿要出远门，有一人可以托付，阿妈也放心。所以我与李凯一同上路，后来结为夫妻。我们途经雅安，来到川北农村李凯的家，小住一段时间后启程同去南京。我在《蒙藏日报》当兼职抄稿员，李凯则在学校做军事教官。

丈夫对我很体贴，我们的儿女相继出世。后来丈夫有了新欢，曾提出“咱们一起过日子吧”，被我拒绝，抗战胜利后我们登报离了婚。1949 年他去台湾时邀我同去，我也没答应。临分手时他带走了 7 岁的女儿，13 岁的儿子主动提出要跟我在一起。这一分离就是 30 多年杳无音信。儿子李树康在四川大学读书，后来到雅安工作，我们相依为命。儿子工作负责，聪明能干，英文很不错。在食物匮乏的三年困难时期，他身体虚弱，患浮肿病，不幸从楼梯上摔了下来，离我而去。1984 年，李凯通过菲律宾寄来一封信，信中说他已 80 多岁了，希望我们母子能去台湾相聚。我回信说，相聚已是不可能的事了。

20 世纪 50 年代末，我在成都工作时认识了在省教育厅工作的格桑，他是我现在的丈夫。他老家在四川康定，出生于当地有名的专司茶业商务的家族茶聂仓，还是第五代瓦司家的舅爷，其家族在当地很有名气。格桑在哲蚌寺苦读 17 年考取格西学位，回到老家康定安觉寺，是堪布。新中国成立后，他来到成都在四川民族出版社工作，我们相识并组成了家庭。由于受到多年宗教的熏陶，格桑虽出生于富贵人家，却待人十分谦和，像菩萨一样，话很少，但很会关心人，我俩过得很美满，遗憾的是没有孩子。

一个偶然的机会把我与女儿小红联系在一起。小红的父亲是成都的一个汉族裁缝，母亲是农民，小红是他们的第五个孩子。三年困难时期，他们请求我带走一个。当我把只有一岁的小红抱起来时，这孩子就乖乖地躺在我的怀里，我十分感动，心想这可能是缘分吧，于是就把她抱了回来。有了女儿，家中更多了欢乐。然而，“文革”开始了，我被遣回康定。临走前我对她说，回到你亲妈妈身边吧，等将来情况好转再接你回来。1970 年，小红提出要回到藏族妈妈的身边，从那以后她一直与我们夫妇一起生活，欢乐充满了生活中的每一个角落。

1992 年 6 月，又一个小生命来到这个家庭。那是一位狠心的妈妈把自己的女儿遗弃在康定县民政局办公室的门口，孩子放在背篓里用小棉被包裹，上边还留有一个字条。小红两口征求我的意见，我想，这又是缘分，抱回来吧！如今她和我最亲，我也非常疼爱她。当她看到我不高兴时就会说“阿婆我给你跳个舞吧”“阿婆扎西德勒”。如今一家人祖孙三代五口人，虽然相互间没有任何血缘关系，但日子却过得十分和谐、幸福。

胸怀坦荡　淡漠荣辱

作为从青藏高原上走来的藏族妇女，在我的坎坷一生中，既经历了政治风云的洗礼，又见过世面，既有过非同一般的荣誉和荣耀，又能坦然度过被冤枉的时日。一生有起有落，但我从来都以坦荡的胸怀来承受这一切。

20 世纪 40 年代后期，我在南京时由于任当时国立政治大学的藏语文副教授并多方兼职，还常在报刊上发表文章介绍藏族文学与文化，受到社会各界的广泛瞩目。偶然的机遇，使我涉足政坛。我曾参加国民党的制宪会议，后又当选为国大代表。由于在少数民族尤其是藏族代表中具有一定的影响，遂成为1948年蒋介石与李宗仁竞选总统时双方争取的对象。

我曾应邀出席宋美龄举办的宴会，被安排与主人坐在一桌，当时宋美龄很客气地给我夹了一个小笼包子并说：你就是邓珠拉姆？你很出名。不久，我又受到李宗仁夫人郭德洁的邀请，她称赞我在南京的影响和社会地位，开门见山地请我为李宗仁竞选出力。我答应了她的请求，满腔热情地以藏族人特有的真挚与诚恳对待朋友的嘱托，为李宗仁拉来了近两百张票。从此我和郭德洁建立了亲密的关系，她对我无话不谈。

1949年1月，李宗仁竞选成功，任代总统，我被请到总统家中做客。1965年4月，李宗仁夫妇回到北京，他们特意叫秘书陈士远寻找我，写信请我去北京见面。当时我在成都，政治形势不容许前去相见，只得写了封回信。后来李宗仁夫妇相继辞世，我也永远失去了与他们再次见面的机会。

我在“反右”斗争的后期及“文化大革命”中都受到了冲击，主要“罪状”是翻译了大量的藏族民间故事，这些作品被指责为宣扬封建迷信和帝王将相、影射讽刺新社会的毒草。更重要的是，我曾当过国大代表，刊登在报纸上的赞誉我的文图，甚至与宋美龄的合影等都成了我的罪状。但我心地坦然地直面人生，常念诵苏轼的名言：“猝然临之而不惊，无故加之而不怒”，鼓励自己更加坚强，坚信自己没做过伤天害理的事，传授藏文知识、为汉藏文化交流所做的努力和工作符合民族团结、平等的政策。

友善待人　乐善好施

我对周围的人无论是朋友、学生都十分友善，当他们遇到困难时总是鼎力相助。当时，南京边疆学校的 400 多人中大多数是藏族学生，他们来自青海、四川藏区，我就成了他们在南京的亲人。当时我的薪金有几千元，生活很富裕，星期天经常把困难的学生接到家中来做面片、煮肉给他们改善生活。

1946 年北大女学生沈崇被美国人欺辱，激起学生和民众的愤怒，市民、学生示威游行，并提出“反饥饿、反内战、反卖国”的口号。我作为国大代表不便于直接参加，便在暗中给予支持；藏文翻译家戴学礼在南京去世，他夫人和孩子不懂汉语，我便带她们去与校方交涉。校方不仅出资安葬戴学礼，还帮助戴的妻子、儿女去了拉萨；巴塘人张蒂华路费被偷，我的资助使他得以到达南京；张蒂华在南京期间参加了地下革命工作，我曾帮助过他。后来张被抓关在水牢，打得遍体鳞伤，我又凑钱参加了对他的营救；康定的杨健康，家境穷苦，他父母请我把孩子带出去读书，我把他带到成都，佯称是我的侄子。借四川省省长邓希和请我吃饭之机，省长帮助解决了他去南京读书及路费问题。由于船慢，他到南京时录取工作已经结束。我找到学校责问负责人：这是一座边疆学校，却不收边疆来的人！边疆路途遥远，怎能保证准时到达？在我的努力下，学校收下了他。后来杨健康随 18 军进军西藏，还当了西藏军区司令员。1984 年我去拉萨时，他和其他几位当年的学生都已当了西藏自治区领导。他们争相把我接走叙旧，使我沉浸在桃李满园的幸福之中。

新中国成立后，我在工作岗位上，或自己出钱与同事集资办夜校，或是帮助生活困难的藏族学生及身边有困难的人，为他们安排工作，解决生活、学习中的各种问题。1984 年非洲发生了水灾，我从电视中看到非洲妇女、儿童的悲惨情景心中很难过，当即向红十字会捐款支援非洲人民，为此红十字会送我一面大锦旗，表彰我的国际人道主义精神。

在我坎坷的一生中，我庆幸自己有一位好母亲，是母亲支持我走上了求学进取、自强自立的道路；我有一个好丈夫，与之相濡以沫，白头偕老；我有一个好女儿，一个好孙女，尽管我们之间没有血缘关系。我的晚年是幸福的，我还有许多知心朋友，你（指笔者）就是我的挚友。这一切已使我感到非常满足了！

邓珠拉姆在康定大渡河铁索桥上的留影

后记

如今（1998 年夏）90 多岁高龄的邓珠拉姆与丈夫和女儿、女婿、孙女住在康定城里，每天上午她仍然坚持看书，写一点东西。她的信条是“学海无边，开卷有益”，她仍在不断地完善自我。下午是休闲时间，散散步、打打牌。晚上，中央电视台的新闻联播是她每晚锁定的节目，她虽人在高原，却心系国家大事、世界大事。她曾对家人说，我过世后一定要火化，把我的骨灰撒在江河里、农田里，我也就了了心愿。多么豁达而高尚的情操啊！

1997 年 6 月，邓珠拉姆再次远道来到祖国首都北京，接受文化部、国家民委、中国文联、中国社会科学院四部委的表彰。家里人不放心她出远门，劝她不要前去，但她希望能亲自到北京领奖，而埋藏在她心头的另一个愿望就是看看香港回归祖国前夕的北京。在京期间，她来到世人瞩目的天安门广场，观看五星红旗冉冉升起，然后来到香港回归的倒计时牌前留影。香港即将回到祖国的怀抱，她心情十分激动。她心中憧憬着在不久的将来海峡两岸的统一，祖国更加繁荣富强。她早已抛开了小家的利益、亲生骨肉之情，占据她胸怀的是更宽广、坦荡的各民族团结、世界人民大团结的五湖四海之情。邓珠拉姆——西康之莺，仍然在蔚蓝的天空中翱翔！

再后记

笔者把记录邓珠拉姆一生的文章《第一位藏族女教授邓珠拉姆》，刊登在《中华儿女》杂志 1999 年 1 月号上，可巧被邓珠拉姆的女儿李秀明在美国的亲戚看到，几经周折秀明与母亲联系上了。通过连接海峡两岸的电波，秀明叫出了 50 年想叫却没有机会叫的一声“妈妈”！

2000 年 12 月，笔者前往台湾参加海峡两岸藏学研讨会，在宜兰见到了与邓珠拉姆失散了半个世纪的女儿李秀明。她是得到消息特地从台南赶来的。50 年的隔绝，并没有阻断秀明对母亲的思念，当见到我——母亲的好友带来海峡对岸母亲的问候及礼品时，已是年近花甲的秀明激动得热泪纵横……

2002年夏，李秀明随台湾旅行团来大陆。在成都与专程从康定赶来的阔别了53年的母亲团聚。我为能在她们母女间搭桥而感到由衷的高兴。作为邓珠拉姆多年的挚友，能为她做一点事感到十分荣幸。

近几年，邓珠拉姆年事已高，不能经常到内地，而我也因工作繁忙很少有机会去康定看望她，但是我们之间虽远隔千山万水，却是心心相印，问候与祝福的电话往来不断。我最关心的就是她的健康状况，近年她的眼睛不好，看东西不清楚，常让我牵挂。而她经常嘱咐我的是：你是有见识和有事业心的人，希望你保重身体，祝愿好人一生平安。

作为一生从事藏族文化研究的汉族学者，我为有这样一位时刻惦念着我的藏族良师益友而感到欣慰和骄傲。

原载《中国西藏》2008年第6期

女藏医央金拉姆的传奇故事

顿拉

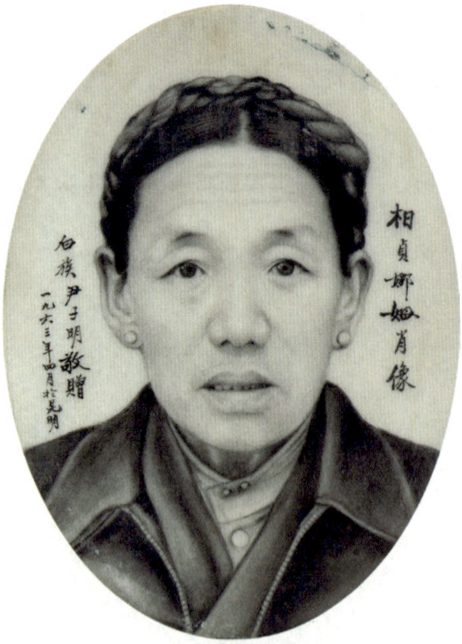

央金拉姆

在这里我要讲述的，是一位在20世纪极负盛名的女藏医央金拉姆的鲜为人知的故事。

出身显赫少年适逢动荡年月

央金拉姆于藏历第十五饶迥火羊年元月一日（1907年）出生在墨脱白玛岗。其父亲是昌都地区类乌齐阳衮寺拉章的喇嘛杰仲·强巴迥奈。类乌齐阳衮寺是藏传佛教达隆噶举派在康区的一座著名寺院，与位于藏北的达隆寺并称为达隆噶举的“下寺”与“上寺”。父亲杰仲·强巴迥奈是类乌齐寺三大活佛体系中第七世杰仲活佛，是当时享有盛誉的精通大小五明的学者，尤其在藏医领域有很深的造诣，留下的著作达 6 卷之多，涉及声明学、天文历算、藏医药学等内容。

藏历第十五饶迥土猪年（1899 年），杰仲·强巴迥奈由波密噶南第巴派出的 200 名士兵护送，携妻室及众近侍到白玛岗来传教，修建了两座寺庙，建立了“十日跳神会”等完备的宗教仪轨。央金拉姆就是在此期间出生的。

从小央金拉姆就跟随父亲学习。从最初的藏文读写、《三十颂》和《音势论》等语法论著的学习到后来的对藏医学专业的攻读，她都以持之以恒、孜孜不倦的精神对待。藏族传统教学以识记为主，记忆超凡的她，每天能够背诵藏医学理论书籍 15 页之多。

藏历土猴年（1908 年），清朝派出的川滇边务大臣赵尔丰进军昌都，杰仲·强巴迥奈为了寺庙免遭战火的洗劫，派出卓尼次成赶牛 1000 头等丰厚礼品作为对赵军的犒劳。而赵尔丰鉴于类乌齐寺友好举动，没有派出军队进攻类乌齐，使具有 600 余年历史、拥有珍贵文物的类乌齐寺得到了很好的保护。后来到民国初年，彭日升率领的新军进驻类乌齐，杰仲活佛依旧以礼相待。这时素来嫉妒杰仲活佛才能的类乌齐寺另一名活佛——夏仲·洛桑楚臣认为这是扳倒杰仲活佛的良机，于是带上总库管家才扎等 18 名随从潜往拉萨，报告杰仲活佛投靠汉人军队、背叛噶厦。噶厦以暗通汉人为由，令朵基噶伦强巴丹达将杰仲活佛充军到洛宗，后移交那曲达仁，让达仁寺对他进行管制。是时，达隆寺紫珠阿旺班丹活佛向十三世达赖喇嘛上书，恳求允许将杰仲·强巴迥奈邀请至达隆寺驻锡。这一请求得到了批准，杰仲活佛从此驻锡于达隆噶举“上寺”——达隆寺，直到藏历水猪年（1923年）圆寂。

在此期间，拉萨藏医院向十三世达赖喇嘛呈递申请，询问能否从杰仲活佛处求得一些藏医药方。得到批准后，藏医院派出两名医生到杰仲·强巴迥奈处求学，领教了很多珍贵的藏药配方。同时，杰仲·强巴迥奈也通过两名弟子向院方请求，将自己的女儿央金拉姆派至藏医院学习开眼医术。

关于央金拉姆学习开眼技术的因缘，著名藏医阿旺平措先生讲了这么一段故事：

当年1899年，其父杰仲活佛赴墨脱白玛岗传教时，随从索本不小心用一块石头打瞎了路边一头牦牛的眼睛，此事成了杰仲活佛长久以来耿耿于怀的心病，立誓用行动予以赎罪。后来发现小女央金拉姆是一个在医学上悟性极高的可塑之人，于是恳求时任藏医院院长的钦绕罗布大师为女儿传授开眼技术，希望通过女儿为众多盲人开眼的造化，赎回当年在白玛岗造下的孽缘。

非凡少女英名远播高原内外

央金拉姆13岁时，开始从医，这时她已初步掌握了一套通过切脉查尿诊断病情的医术，小有名气。央金拉姆按父亲的吩咐到藏医院拜师，得到大医师钦绕罗布院长的同意，从此她师从珀东医师等多位名医学习开眼医术，在他们的谆谆教导和自己的孜孜探求下，很快求得真经，掌握了梦寐以求的开眼技术。之后，她游历四方，医治了拉萨、昌都等地众多贫穷盲人，还他们以真切的世界。她在医治病人的过程中，从不收取任何费用，倒向病人提供营养、食物等。来自边地到拉萨求医的那些贫穷病人，最大的难处就是没有一

央金拉姆的儿子江白贡觉

处遮风避雨的住所，央金拉姆不但认真医治疾病，还热心为他们到处找寻旅店，解决他们的住宿费用，赢得了广大民众的无限敬佩。

央金拉姆对穷人慷慨解囊，自己在生活中却是一个很节俭的人，常常教导身边的人千万不可铺张浪费，剩饭剩菜绝对不能随意丢掉，饿着的人那么多，要多想他们的痛苦，哪怕是喂了流浪小狗也是自己的造化。藏历第十六饶迥土鼠年（1948 年），不丹国王晋美旺秋因眼瞎遣使到拉萨，邀请央金拉姆到不丹国医治。医术精湛的她很快治好了他的眼疾，并应国王的恳求暂留不丹，医治了为数不少的病人，因疗术甚高，声名远播。1951 年央金拉姆返回西藏后，钦绕罗布院长授予她“开眼医术第一人”的荣誉，并颁发证书。

是后，央金拉姆偕同医师阿旺平措到达孜、热振、墨竹、直贡、桑日等 18 大宗进行开眼治疗工作。从 1951 年到 1953 年的 3 年中，两人共治愈了 300 多人的盲眼之症。他们骑着马，带上药物等足够盘缠，进入夺底山谷，翻过彭波果拉山，依次来到了林周境内的彭波、热振等地。离开林周后，他们又来到了直贡，然后向北翻山来到了嘉黎，后经过波密返回到工域各地。每到一处，一般落脚在当地宗政府或某谿卡内，由当地首领向属地群众通知招来，然后一一进行开眼治疗，有时为治疗几个病人须呆上一月之久。接下来他们翻过米拉山，依次来到了沃卡、桑日等山南各地，当他们到洛扎境内时，接到了藏医院要求立刻返回的通知。因为单位应中共西藏工委组织的赴内地参观的工作安排，已安排阿旺平措同志代表藏医系统到内地参观，他们只好放弃原来的沿着日喀则、赴阿里继续巡医的计划打道回府。当然他们回到拉萨时，参观团已出发。

1956 年，央金拉姆返回阔别已久的故乡类乌齐。在往返途中，她不忘自己作为医生的伟大使命，医治了众多昌都、类乌齐等地的病人，从此她在康区声名日上。藏族俗话言 ：“路人应早出”，但是把病人放在首位的央金拉姆无法做到这点，只要路上遇到病人，她的行程将会完全改变。这种没有计划的日程使身边心直口快的仆从很是埋怨，他认为这种无谓的事情，将会耽误他们的行程，但是央金拉姆做事依旧如故，最后那位仆从干脆将装有药物的行李提前偷偷运送，那样他们才能如期到达下一站。1958 年，藏医院院长钦绕罗布患上了白内障眼疾，央金拉姆应院长的吩咐，离开昌都踏上了赴拉萨的路上。尽管那时康区叛乱，一路尽是九死一生的险象环生，央金拉姆还是不顾安危回到了拉萨。但拉萨发生的 1959 年的叛乱和接踵而至的民主改革，耽误了钦绕罗布进行开眼手术的最佳时机，直到藏历水虎年（1962 年）离世，央金拉姆也没能将自己独有的开眼技术用在为恩师答谢的手术中，这也许是她一生最大的遗憾。

央金拉姆对病人从不嫌脏，在那次赴家乡期间，她偶遇一染上性病的妇女。这位妇女由于没有生活来源，游手好闲，做些顺手牵羊的事糊口。当天央金拉姆正好顺路遇见她在路边小便，看到此女被疾病折磨，感到极为同情，于是她把这个人人抛弃的女人视如亲人，认真做了检查和治疗。回到亲戚家时，他们感到不可理喻，认为接触这种肮脏龌龊的女人，不仅会传染疾病，还有招致晦气的可能，所以都在埋怨，但央金拉姆却为病人能从病痛折磨救出而高兴。

开眼医术神奇疗效无出其右

藏医中眼病分 33 种，而失明症按起因可分为“龙”引起的、“赤”引起的和“培根”引起的 3 类，认为“龙”引起的失明症好比被烟遮盖，“赤”引起的好比被彩虹遮盖，而“培根”引起的则像被雾遮住。手术讲究开眼的最佳时机，如同熟透的苹果最甜一样，当失明症进入完全失明状态，手术效果就会达到极佳，反之效果不明或复发几率极高。失明状态可分“熟似奶”“熟似酸奶”“熟似酥油”三阶段，当失明状态进入“熟似酥油”的第三阶段，手术过程将会极为顺利，效果也会达到至佳。当时虽然没有今天意义上的麻醉剂，但由麝香、熊胆、藏红花等配制的汤药起到很好的麻醉作用。这种汤药用洁净的开水泡后，置于面朝东方的窗外，让清凉、新鲜的东风将其吹凉一夜，第二天手术前用这汤药反复蘸于手术处，这样将会达到麻醉、消毒双重功效。做开眼手术时很有讲究，病人须坐在厚软的坐垫，前后左右放置装满东西的麻袋，以防病人动弹，这种坐势要维持一周。藏医开眼技术一旦成功，其效果可以达到恢复失明之前的状态。失明症又可分为外障、中障、内障三种，央金拉姆擅长于对中障、外障的治疗，两者相当于西医中的白内障、视网膜病。进行开眼治疗时需要非常安静的环境，所以她的治疗室设在临近拉萨河的尼旭林卡附近。在那里，她曾为一个贫穷老太婆做过开眼治疗，治疗后当病人第一眼看到央金拉姆慈祥的脸庞时激动地说道：“我怎么看到了至尊度母！”这位老太婆平常蹲在八廓街某个角落行乞，自从双眼重见光明后，她变得快乐、开朗。后来央金拉姆经过八廓街遇到她时，对方立即认出来了，于是央金拉姆开玩笑地问道：“是不是上次的那位度母？”老太婆高兴地说：“比上次的年轻！”央金拉姆格外喜欢这个可怜的老太婆，以后每次见到她，都做些比其他乞丐多一些的布施。

土狗年（1958 年），她返回拉萨，钦绕罗布院长鉴于她高明的医术、崇高的医德以及民间极高的影响，将其纳入藏医院正式职工，从此到她生命的最后终结，一直在拉萨藏医院工作。

过人胆识成就一代妇科名医

在《四部医典》等藏医典籍中，对妇科、儿科的病情诊断、疾病疗法具有全面的理论和丰富的实践。后来的众名医通过自己对理论的潜心钻研和切身实践，继承和丰富了妇科、儿科的理论体系，并培养了从事此专业的女性医生。但是，历史的长河中有太多的不定数，在某些偏颇观念的作祟下，从事藏医工作的医生大多出自僧侣集团，性别亦男性独揽，女性医生可谓凤毛麟角，妇科、儿科这些在医学专业体系中不可或缺的学科备受冷落，几乎无人问津，女性从医遭社会耻笑的风气，亦如瘟疫到处充斥。在胆识过人、远见卓识的大医师钦绕罗布院长的精心栽培下，央金拉姆这位藏医领域独树一帜、独领风骚的女性医师，以其个人独特的魅力，成就了一番伟业。

1959 年，西藏各地开展声势浩大的民主改革，央金拉姆正式成

本文作者与江白贡觉合影

为国家干部，政府对其生活待遇上给予了特殊的照顾。而她在平凡的医疗卫生事业上兢兢业业，任劳任怨。她平常的主要工作是在藏医院门诊部进行常规治疗，或按钦绕罗布院长的安排，到拉萨市郊各地对重症病人进行巡诊。

1962 年，拉萨藏医院成立妇幼科，央金拉姆被任命为妇幼科第一主任，妇科、儿科病人到院问诊、治疗人数渐多，藏医妇科、儿科医疗工作呈现崭新的局面。央金拉姆对诸如子宫糜烂等妇科病颇有研究，其治疗手段业已自成体系。她对治疗不孕不育症也有较高的造诣。当时一对来自格尔木的汉族夫妇结婚 18 年，因为妻子长期不孕，夫妻关系出现裂痕，最后他们找到钦绕罗布院长，院长将此治疗任务交给了央金拉姆。央金拉姆成功医治了长期困扰夫妻俩的不孕之症，挽回了他们的婚姻危机，使两人感情重归于好。

央金拉姆常教诫身边的人说 :“病痛面前没有羞涩，作为医生救人为先”，她的儿子、著名医生江白贡觉先生后来回忆说 :“虽然我们之间为母子关系，但是谈到妇科，母亲从不忌讳。”1963 年，藏医院招收了一批藏医新学员，其中有不少女性，从此结束了藏医史上女性医生甚少的局面。

多舛晚年依旧　不忘恩泽长留

60 年代中期，拉萨有一对贫穷的夫妻，丈夫双眼失明，生活极端困难。妻子听说了央金拉姆的医技和为人后，背上两个小孩来到

山南藏医院收藏的各种手术器械（洛布摄）

她身边，恳求为其丈夫治疗。央金拉姆对其进行治疗后，将他们一家人安顿在丹杰林一旅馆，自己出资解决了他们所有的吃住。两夫妻为答谢救命之恩，临走时为她送来了一捆柴火，在对方的再三恳求下，她收下了这“珍贵”的礼物。不料“文革”期间有人恶意中伤她，说她开设地下医院，非法搜刮钱财，加上早年的不丹一行，她被定为与外国有私交的“问题人物”，家人也遭到了社会不公平的对待。遭到了不该有的批斗和摧残。

“文革”后期，央金拉姆感到自己的病情愈加严重，大限将至，她多次特意面见藏医院胡书记说道：“我的医术是众多恩师和自己的努力下学来的，如今我时日不长，如果我的这些本领随着我的死去消失，那是太大的浪费，所以无论如何也要留在人间。如果我把我的技术传给自己的子嗣，那是一种自私的行为，所以请领导派些你们信得过的学员到我身边，我要将我的所有技术毫不保留地传授给他们！”上级按她的要求，派出了德吉、蔡永珍（回族）等部分学员到她的身边学习，而央金拉姆对她们进行了认真、细致的教学，使那些珍贵的临床经验得以继承。

晚年的她，一直被脚疾折磨着。身患重病的她坐上三轮车，由儿子推车，把她送到医院看病。当然所有医生都会认识这位德高望重的老人，所以他们撇开排队的病人，准备为她接诊。但把“不管贵贱、所有病人一律平等”视为座右铭的央金拉姆怎会走此后门，她说道：“不要为了我一个人，凉了这么多病人的心！”医生的好意被她婉言谢绝，尽管病痛在折磨着自己，尽管排队的队伍如一条长蛇，她还是和普通的病人一样耐心地等候。说到今天，这种令人感动的场景是很难看到的。

1975 年 1 月 4 日，央金拉姆病故于西藏自治区人民医院，享年

69 岁。

央金拉姆是 20 世纪藏医领域负有盛名的女藏医，在那个女人只干家务的年代，以其惊人的胆识和毕生的努力，成为一名在开眼、妇科治疗领域影响很高的著名医师，为新一代女性医生的出现和女性医疗队伍的蓬勃壮大起到了先锋带头作用。如今的西藏自治区藏医院门诊部、住院部的妇幼科室有数量较多的女性医生和护士，藏族、珞巴、门巴、回族出身的女性医护人员占全院员工的 42%，这将为未来藏医妇、幼医护队伍之不断壮大起到不可估量的促进作用。

另外还有一个鲜为人知的事情，那就是她领养了很多生活无着落的孤儿，尽管自己子女众多，生育四女二男。在她领养的孤儿中，还有一个是被人贩拐卖到不丹的孤儿，在她的养育下，最终成为一名国家干部（曾任过山南地区环卫局局长），是央金拉姆改变了他的命运。她一生培养了众多弟子，著名藏医阿旺平措就是她的得意门生，阿旺平措将自己原先掌握的西医开眼技术和央金拉姆传授的藏医传统开眼技术有效地结合在一起，使藏医开眼技术得到了很好的传承和发展。

原载《中国西藏》2011 年第 1 期

学识与人品构建的高塔
——赛仓·罗桑华丹印象

尕藏才旦

藏学大师赛仓·罗桑华丹却吉多杰

著作等身　精通五明班智达

大凡学者，大都是某一学科的领军人物，对所研究的学科有深刻的开掘和发现，学科知识全面，见解独到，占有优势，具有权威性。但他们一般只是某一领域的专家，对其他学科的了解并不广泛。可当我翻开摆在案头的赛仓·罗桑华丹浩浩九卷文集，我不禁瞠目结舌，惊叹不已，对自己的上述看法产生怀疑和动摇。想不到这位赛仓·罗

拉卜楞寺贡唐宝塔（马寅喜摄）

拉卜楞寺举行晒佛法会，僧众抬着佛像前往晒佛台，数千名藏族僧俗群众、跟随晒佛法会队伍，不断用额头触碰佛像，祈求好运。

春节期间拉卜楞寺举行晒佛法会，农历正月十三，僧众在晒佛台上展开佛像。

桑华丹教授正是学识广博、知识全面、佛教“五明”（源自古印度的佛教五类学科，包括声明、工巧明、医方明、因明和内明）都精通的今还健在的大“班智达”（意为大学者）。

我算了算，全集共有5460页，如果每个页码为700字，则全集就有380多万字，真是宏篇巨著，令人仰止。如果没有坚强的毅力，没有坚定不移的理想追求，没有扎实丰厚的学科知识，没有埋头苦干的钻研精神，那是根本不可能的。

数量的浩瀚可观是次要的，最主要的是内容的渊博广大、深邃精湛，众多学科的展示不能不使人肃然起敬、不胜钦佩。理论功底的厚实严谨，思维思辨能力的睿智发达，我惊叹一个饱经极“左”思潮摧残，受过牢狱之苦有着残疾的人，却以顽强的意志和精力给后人留下如此丰厚灿烂的文化财富。

第一卷是关于藏文化中修辞学的研究成果，书名为《诗学修辞明鉴》（简称“明鉴”）。通过两章45节洋洋55万余字，系统全面地介绍、传授了修辞学的整个知识体系。从修辞的定义、概念、意义、价值到如何精确精妙地形容描绘世间万千现象和事物，达到修辞与事象天衣无缝，从而在语言表现能力上达到神形有机结合、准确无比、精妙无比。藏族僧俗民众雄辩的口才、滔滔不绝的表达能力、栩栩如生的形象比喻，都离不开修辞学的熏陶。这本厚厚的藏族诗论，已经成为我国各民族院校中藏语言文学专业系选修课教材，是当今藏族古典诗歌理论权威专著之一。

第二卷为我们打开了藏传佛教作为藏文化核心组成之橱窗一扇。通过对天地佛祖的礼赞、祭祀、诵词，以优美的语言、诗的辞藻向世人披露了藏民族的宇宙观、人生观、价值观、幸福观、理想追求、审美情趣，淋漓尽致地展示了信仰藏传佛教诸多民族的精神世界和坦荡心怀。

历史学科是赛仓·罗桑华丹的又一学科优势。尤其对藏传佛教历史，他更是情有独钟，研究精深。第三卷主要讲述了以甘丹寺为标志为代表的格鲁派的历史，其形成渊源、特征、仪轨、学习制度、活佛分布、对藏区的辐射影响等等，全面地予以追溯探究。该卷还捎带介绍了藏传佛教著名活佛、历世土观活佛的演绎史；青海热贡地区瓜什则寺院的发展史，让读者从微观处窥探到藏传佛教中小寺院的生态环境和成长历程，从而对寺院文化状态有个全面的印象。

第四卷是有关历史的论著。主要介绍佛学界的著名导师、学者，先从佛祖释迦牟尼论起，再到不同历史阶段藏传佛教各教派中涌现的优秀学子和学者，逐一给予历史的评价，使后人铭记其学识、贡献、功德，并做为楷模学习，激励自己奋发上进。

第五卷着重阐述佛教的戒律、戒律的意义、戒律与佛法僧三宝之间的利害关系、戒律如何帮助人类解脱由烦恼带来的罪孽、持戒人自己从恶趣及生死轮回中的解脱过程、戒律的价值等等。

第六卷围绕藏传佛教经典著作《菩提道次第广论》展开，也就是如何使人类从愚昧、野蛮的兽性中解脱出来，通过信仰佛门后如何达到佛的觉悟境界的方法途径。此卷还涉及藏传佛教各流派、甘青藏区部分寺院的珍藏典籍、创建年代考证等。另外包括对佛的信念之坚定、对佛的敬礼、对各种社会功德贡献方面的表达颂词。

第七卷集中讲授的便是修辞遣句的知识，从文章的结构布局，遣词造句、词组的结合，给予细致、科学的讲述。这是语言学方面的基础工作，使僧俗民众灵活自如、又准确精到地掌握修辞方法，充分表达自己的意愿，成为思维敏捷、口才流利、词能达意的智者。藏族社会不论僧俗，都特别崇尚语言学的研习，讲究以美妙的诗词语言来表达自己的信仰、情感、事象、与人交流。所以藏语的语言修饰也就成了一门学科。另外，该卷中还具体指出了各种文本的写法，如祈祷煨桑的诵词、祝福祷词等。

第八卷收集了作者撰写的有关历史事件、密宗心得、祈祷桑祭诵词、赞美十方之佛诵词及其他各种论文。

最后一卷是作者这几十年中积累撰写的涉猎藏文化方方面面的心得笔记。就如一滴水辉映太阳的光芒，折射出了作者学识的广博、眼光的远大、思维的睿智、树立起了智慧的形象。

十世班禅的秘书　藏区高僧的教授

关于赛仓·罗桑华丹的学识，我们还可从其他方面领略到其风采。

1986年夏季，中央电视台播放了一则重要消息：十世班

藏戏开始前，喇嘛们在规划演出场地。（马寅喜摄）

藏戏在一长一短的法号声和众多僧人的诵经声中开始（马寅喜摄）

拉卜楞寺举办酥油花展，展出拉卜楞寺六大学院僧人制作的精美酥油花作品。酥油花展是拉卜楞寺每年农历正月十五的传统活动。

拉卜楞寺晒佛法会现场

禅副委员长视察四川甘孜、云南迪庆等西康藏族地区。镜头中，紧挨副委员长身后的是个中等个儿的中年活佛。他圆脸亮眸，胖瘦适中，神色谦恭善良，浑身透泄着青春活力，气度不凡，他就是赛仓·罗桑华丹。

这次，班禅副委员长特意邀请他同往康区视察，做他的佛学顾问兼宗教事务方面的秘书。视察期间班禅大师频频向僧俗群众讲经传法，其文稿大多是赛仓草拟的。

一路行程近万里，历时两个多月，他起早贪黑、废寝忘食，完成的文稿少说也有七八万字。

十世班禅在世时，亲手倡导并筹建了中国藏语系高级佛学院，地点选在北京名胜之一的黄寺内。黄寺是清朝顺治帝为接待五世达赖喇嘛来京特意兴建的行宫。那儿环境幽雅，房舍整洁，设备齐全。来这里学习深造的，都是全国各藏传佛教寺院中有前途爱学习的中青年佛僧，包括有声望的少年活佛。没有深邃博大的佛学知识，没有出色的教学才能和经验积累，是很难胜任这儿的教学任务的。可这样的学者、教授到哪儿去寻找？

大师思忖良久，筛来滤去，最后选准了赛仓活佛。

大师面谈、函告、电话动员，赛仓只能应允下来。但他清楚这个担子的分量。要把藏民族几千年的文化遗产继承下来，弘扬光大，还要把新的知识、新的见解，通过新的方式糅合到教学中，这样教出的学生，才具有创新思想，才会对后代有裨益，藏文化也才会出现后浪推前浪的喜人势头。但这一切，得依赖教材呀！教材是教学的基础。于是，他摸索着自编教材。

在黄寺他的单身宿舍中，那盏台灯晚上熄得最迟，早上亮得最早。案头上的教材纸稿越摞越高。他边讲授边征求意见边进行修改，尽量做到学生满意，自己满意。现在，他的部分教材已经公开出版，成为各地佛学院和寺院的必读本。

高级佛学院成立的最初六个年头，每年春天，赛仓活佛候鸟般准时飞往北京，落在讲堂上，年复一年，培养了一批佛学知识分子。如今，他们活跃在“世界屋脊”、内蒙古草原、内地藏传佛教寺院的宗教活动中。大昭寺、白居寺等不少著名寺院中，民管会主任都是由高级佛学院培养出来的高才生担任。提起赛仓活佛，他们都交口称赞，无比钦佩。

为藏区民族教育呕心沥血

人品决定素质。我一直思索：他这样全身心地投入知识的海洋，他这样执着地热爱民族教育，与佛道又有什么渊源关系？

听了我提出的疑问，他脸上的笑容消失了，反问我：“佛是干啥的？”

我不知该如何回答好。

他深沉地讲道：“佛是帮助众生摆脱愚昧、净化灵魂的。”

渊博的知识、锲而不舍的精神，都来自他利他利众、利益众生的高尚人品、价值坐标和博大胸怀。

赛仓·罗桑华丹最宝贵的岁月，基本是在讲台上度过的。赛仓活佛在讲台上整整站了25个年头，从州藏族中专到省民族师范学院，教出去的学生一批又一批，分布在各个行业。相当一批还做了不大不小的官，开会议事与他同坐一排椅子，同编一个小组，但他仍然是普通教师，仍然没有离开讲台、离开学生、离开学校。为了方便教学，方便求学的学生，他干脆把被褥搬进了教学楼，吃住都在学校里。

为了培养本民族人才，赛仓活佛真可谓是呕心沥血，鞠躬尽瘁。

粉碎“四人帮”以后不久，他被聘请到甘南民族学校任教，但处于“民办”教员的角色，不在编制以内，不算国家干部，每月的工资只有80来元。就这，还是一些有远见的好心朋友冲破极“左”思潮的阻拦，帮忙谋划到手的工作岗位。

那份微薄的工资，对于他，真是杯水车薪。老家虽然不缺粮食，但阶级斗争弦还绷得很紧，维持温饱已很艰难。劫后余生的阿爸在老家呆不住，跑到他身边来了，叔叔、弟弟、妹妹等亲属也相继来了合作镇。他们举目无亲，食宿无着，全靠他的收入来支撑。另一方面，很多信众纷纷蜂拥来到活佛住处，献供金、求祈祷、请诵经，一时车水马龙，门庭若市。如果他愿意以全部精力全部时间投身佛事活动，收入肯定很可观，经济拮据的局面也会瞬时消除，但他没有那样做。他婉言谢绝了邀请他去做法事诵经的要求，选择了当应

拉卜楞寺举行一年一度的春节晒佛法会，吸引了数千名藏族僧俗群众前来参加。

聘教师的路子，把宗教活动列为第二，安排在业余时间尽力而为。

从“文革”浩劫中复苏的民族教育举步维艰。“民校”招进来的学生中，有的文化水准达到招考要求，有的只会藏话，连 30 个藏文字母都识不全。真是骑的骆驼拉的鸡，高的高来低的低。面对这样一个参差不齐的教学班级，该如何办？赛仓没有气馁，也不去敷衍，而是认真备课，分别授课。

他准备了两套教案、两个不同档次的教材去授教。晚上，在那间小小的卧室里还给后进生补课。一天花费的心血比正常教学要多一倍多。到临近毕业时，他担任的教学科目，学生水平都已相互接近、大有提高。他认认真真、兢兢业业的教学态度为其他老师树立了榜样，潜移默化地改变了学校风气。

时间往往是剔除偏见和无知的利剑。赛仓的勤奋、正直、博学、无私，赢得了各方面的好评。1985 年他被任命为甘肃省合作民族师

农历正月十六，甘肃甘南藏族自治州夏河县拉卜楞寺举行“转香巴”（即转弥勒）活动。僧人们抬着弥勒佛像从拉卜楞寺大经堂开始，绕寺一周，信教群众则依次转动寺院周围的转经轮，祈祷幸福平安。

范专科学校即今甘肃省民族师范学院副校长，主管教学和学校筹建工作。他颠簸奔走，在州府合作附近寻找一处理想的校址：既有发展前途，又不影响农牧民生活生产的平坦地方，还要靠近公路沿线。很快，校址确定下来了，剩下的是地皮价格。建校初期，百业待举，

需要花钱的地方很多，而省上拨的经费很有限，活佛只得亲自出马，利用一切机会向当地农牧民做工作，要求他们为振兴民族教育、造福后代子孙多做贡献。听活佛讲得很有道理，农牧民的心胸亮堂了，眼光也远了，把师专的前途和自己的前景牢牢连结成扣，要钱给钱，要地划地。一座占地近 200 亩的偌大校园，终于以最经济的方式建成了。

随着各项资金的相续到位，一幢幢以太阳能取暖的高层楼房青松般拔地而起，各种现代化教学设备也陆续购来。足球场、新饭厅、图书馆……如花点缀绿茵。师专的高楼成了合作地区引人注目的一景。

经过努力，师专还争取到了世界银行的贷款。各项基本建设齐头并进，合作师专成了具有一定现代化规模的师范专科学校。而赛仓活佛为此付出的心血，只有他自己心里最清楚。

教育是一项系统工程。民族高等师资教育，更是一个新科目，得积累经验摸索前进。作为主管教学的副校长，他对系统工程的每一道工序操心备至。学科的科学设置，生源的合理分配，教学人员的培训使用，学风校风的建设，还有，不同民族师生的相互尊重、和睦共处，哪一样都得他花心血、绞脑汁。

事业得到了发展，他鬓角的白发越来越多，额头上的皱纹也变得更粗更深。他的行为正如他自己所说的："我立下誓言，毕生利益众生，帮助他人觉悟，让众生获得智慧。再苦再累再重也不怕。"

赛仓活佛还说："拯救灵魂的道路是多样的"，原来，活佛的力量、智慧、韧性来源于这一理想。

赛仓·罗桑华丹用学识和人品构建了一座令世人敬仰的高塔。

原载《中国西藏》2010 年第 4 期

缅怀我最可敬的导师东嘎·洛桑赤列

旺堆次仁

回首一生，我曾遇到过许多令自己心怀感恩的人，他们对我的支持与帮助就像阳光给我温暖，令我一生都怀着坚定的信仰、炙热的情怀和奋进的动力。在这些人中，我的导师东嘎·洛桑赤列先生，则是我最尊敬和钦佩的。

东嘎先生是国内外藏学界享有盛誉的老一代藏学家，为新中国藏学事业的发展作出过重要贡献，是西藏历史大变革时代的代表人物之一，也是新旧社会对比的历史见证者。他生前历任中央民族学院、西藏大学、中国高级佛学院的教授，中国藏学研究中心副总干事，西藏社科院名誉院长，全国政协委员，曾被授予“国家级突出贡献的优秀专家”荣誉称号。

从活佛到教授

东嘎·洛桑赤列先生生于1926年，1934年7岁时，经十三世达赖喇嘛土登嘉措审定，被认定为西藏林芝觉木宗扎西曲林寺（位于林芝地区八一镇）第八世东嘎活佛。7至10岁在扎西曲林寺学经。1937年10岁时拜色拉寺（位于拉萨）麦扎仓工布康村著名学者阿旺云丹为师，攻读佛经般若、中观、释量、戒律、俱舍等五部大论。接着拜色拉寺杰巴扎仓藏巴康村著名学者阿旺格顿为师十多年，进一步深造显宗、密宗原著，熟读历代名人传著及注释。1947年经拉萨大法答辩，以优异成绩荣获藏传佛教格鲁派的最高学位“拉让巴格西”。随后进拉萨上密院学习密宗，1950年在上密院经密乘经义立宗辩论中荣获密乘第二名。1954年任上密院格贵（又称为铁棒喇嘛）。

1980年旺堆次仁在中央民族学院古藏文研究班时，东嘎·洛桑赤列（左）导师利用节假日辅导有关西藏历史疑难问题。

1955年开始随着新形势发展的需要，东嘎先生专门学习和研究了西藏传统文化，特向著名学者林仁波切、赤江仁波切、甘丹赤巴伦珠尊珠、萨追仁波切等十多个学者为师，深造诗镜、文法、天文历算等。1956年西藏自治区筹备委员会成立时，他以爱国、爱教先进代表参加革命工作，并担任塔工宗教事务委员会副主任。1959年，担任中国佛教协会西藏分会理事。1960年，中央民族学院开办藏文研究班，东嘎先生被特意从西藏请来担任教师。“文化大革命”时期，由于“左”倾错误路线，东嘎先生作为旧知识分子，被下放劳动。

党的十一届三中全会后，随着全面落实知识分子政策，1977年，他恢复了工作，先后在自治区文管会、自治区档案馆、自治区展览馆、区政协文史资料委员会工作。1978年重新回到中央民族学院任教，并担任藏族文学专业的硕士研究生导师。1980年被中央民族学院聘为副教授，1986年被聘为西藏大学教授。同年担任西藏社会科学院名誉院长，1987年担任中国藏学研究中心副总干事，同年被国家人事部授予“国家级有突出贡献的优秀专家”称号。1990年兼任甘肃省藏学研究院名誉院长。

在此期间东嘎先生多次带领藏学者到甘肃、青海、四川等地深入第一线调研，并作学术报告，为藏区文化保护与发展作出了突出贡献。为了向世界各国广泛宣传党的民族政策、西藏文化保护发展的伟大成就，发挥专家学者的特殊优势，先后到美国、德国、日本、意大利等十多个国家进行学术交流。1997年7月22日在美国洛杉矶市因病逝世，享年70岁。

著书立说　硕果累累

藏族，是中华民族大家庭中的重要成员之一。藏族文化作为中华民族文化宝库中的一颗明珠，在创造自身生存所需的物质文明的同时，也创造出具有鲜明地域特色和民族特色的灿烂的藏族文化。东嘎先生具有深厚的藏民族文化底蕴，有众多精湛的研究成果，其优秀的精品著作深深地影响了一代学者。

东嘎先生的许多著作都是针对当时西藏政治、文化、宗教、教育的发展所需而撰著的，具有一定的历史意义和现实意义。如《论西藏政教合一制度》一书，充分体现了作者从一名活佛转为教授，从一名唯心主义者转为唯物主义者的世界观转变，第一次突破了藏族传统的经院式研究，运用马克思主义的唯物史观，对西藏政教合一制度进行了全面、准确的剖析，在藏学界引起了强烈反响，为藏学研究开创了一条科学的新路子。此书自从 1980 年首次出版发行后，引起了各出版社广泛的关注。民族出版社、中国藏学出版社、四川民族出版社、西藏人民出版社等先后多次重版、再版，已成为藏学界的必读书。《诗学明鉴》一书把千百年来的传统文化与现代文化相结合，是古代诗镜与现代诗学的有机结合，是雅俗共赏与通俗易懂的结合，成为藏区教学的标准教材。《东嘎藏学大辞典》是先生倾其毕生精力编撰的藏学工具书。这部 280 多万字的巨著，收集了几千年来西藏政治、经济、文化、宗教等各方面的知识，并用了一辈子的时间查阅大量资料去反复核实、补充、完善。其内容丰富，翔实可靠，这本书已成为当今藏学界的权威著作，曾列入国家社会科学“九五”重点科研项目。此书出版发行后深受国内外藏学者的欢迎，是国际藏学界的畅销书。又如《藏族文史常识荟萃》《汉藏历史年表》《西藏目录学》《旧式公文》《论西藏教育》等等，它们都是东嘎先生留给后世的一笔宝贵的精神文化遗产。

难忘的教诲

东嘎·洛桑赤列先生学问精深，博古通今，藏学家们素称他为藏学界的“活辞典”。我与东嘎先生是命中注定的缘分，既是林芝老乡，又是我的导师。尤其是1979年至1981年在中央民族学院古藏文研究班时期有幸直接聆听东嘎先生的教诲，不但白天听课，晚上也到先生身旁，请他随时为我解难释惑，让我感到父亲般的关怀和温暖。1984年成立拉萨志编委会，著名学者都被列为编委会成员。时任西藏社会科学院名誉院长、西藏大学教授的东嘎先生被特聘为拉萨志编委会高级顾问，我作为编辑部的收集、整理负责人之一，有幸与先生长达四年共事，再一次受到先生的教诲，受益良多。我特别难忘他的谦虚和真诚，有时像学友一样跟我一起讨论问题，而且还鼓励我多多学习古今中外的历史。

东嘎先生自幼成为活佛，饱经藏传佛教寺院教育，而始终坚持爱国主义立场，长期与中国共产党真诚合作，维护祖国统一，加强民族团结。1989年8月，自治区党委召开党外人士座谈会，我陪先生参加会议。他作为著名学者、全国政协委员，毫无保留地提出了如何维护西藏稳定，团结多数，打击少数分裂主义分子，如何全面贯彻党的民族文化宗教政策等方面的宝贵意见。东嘎先生坦荡的襟怀和对藏民族的赤诚让我深受感动和鼓舞。

东嘎先生一生都在为藏民族著书立说，教书育人，传播知识，为藏学研究事业发展培育了一大批人才。我作为东嘎先生的学生之一，他做学问的严谨态度和对藏民族文化的热衷精神，深深地印刻在我的脑海里，也影响了我一辈子。

原载《中国西藏》2013年第3期

我的高僧表哥

丹增

一

今天是藏历七月初五，是佛祖讲经传法的吉祥日。中午刚吃完饭，老家表弟来电话，说我表哥的灵塔修建完工，已经开光，供奉在他所在的贡萨寺大经堂西侧，坐北朝南。是高兴还是难过说不清楚，心里感觉，似乎是一块宝贝丢失了，一棵熟透的果实落地了，一座洁白的雪山显现了，一个圆满的佛子攀着天梯或踏着彩虹或渡着航船走向了彼岸。

表哥是我妈二姐的三儿子，生于 1936 年，记不清哪月哪日生，普通藏族家庭不记生日，记住的是下雪的时候、草青的时候或是割麦的时候之类的标记。据说表哥是秋收前后生的，俗名边巴，可能是星期六生的，因为边巴在藏语里是“星期六”的意思。当他入寺学佛时，取法名——贡觉曲杰桑布，意思是佛祖传法的善智。这名

点酥油灯

字和他的一生相配相称。在他3岁时，父母送他到我家，跟随我父亲学习藏文和佛学常识，8岁被送到贡萨寺剃度为僧。

人生没有源头，也没有尽头，就像万物在湿润的土地里，不知不觉中接受阳光，没有选择地结出各自的果实。人生也像幅地图，图上有你可选择的好多条路，但没有说明你该走哪条。50年代，我和表哥先后进了同一个寺庙，拜同一个活佛为师，在同一个经堂习经礼佛，60年代初各自走上了不同的人生道路。我是在解放军的引领下，脱下僧衣，穿上汉装，离开寺院，走出西藏，到了内地，进了院校。而表哥身不离袈裟，手不离佛珠，口不离佛祖，终于成为一个精通五明，佛学造诣深厚，佛教戒律严明，修道高风峻节，潜心修证般若大法的高僧。

去年九月的一天，我接到表弟从寺院打来的电话，说表哥病重，寺庙僧侣、信徒百姓、亲朋好友十分担忧。为他的康复，喇嘛们祈诵

吉祥之光（陈旻摄）

经文，敬香点灯，信徒们磕头转经，祈求保佑，而亲朋好友争着要为他请医生看病，找药打卦，整个家乡都在为一个高僧的病焦虑操心。

我问表弟，表哥病重后怎么说的？表弟告诉我说，表哥在一次做完佛事活动后，对着周围的僧侣说，肉牛被牵往屠宰场的途中，只要看见青草、河水，抓住一切机会吃一口，饮一口，对即将死亡的命运浑然不觉。我们修行了一辈子，要明白世上没有任何一个生物是只生不灭的，所谓人的诞生，只不过是死亡的反面，有生必有死，人生像一道门，从外看是入口，从内看是出口。既然做完了自己这一辈子想做的事，那么就可以快乐地迎接死亡的到来。

我沉思许久，表哥面对可能发生的不测，精神镇定，明心见性，超越心灵，使我敬之若神明，仰之若日月。可是血缘亲情，世俗影响，我怎么也不忍心就此而已。

我立马打通表弟的电话，告诉他，请转告表哥，是否需要我从那曲或拉萨请个医生看一看，或能否到昆明这样医疗条件较好的地方治一治。

我按常理推测，表哥所在的寺庙海拔在4200多米，空气稀薄，加之长期不食肉类，过午不食，可能缺乏营养。我在家里翻箱倒柜，找来西洋参、铁皮枫斗、螺旋藻之类的绿色生物制品，从邮局快递寄去。过了一周，表弟又来电话，说寄来的药品收到了，表哥只吃了三粒螺旋藻片。这也不是因为治病，而是为了还一份从遥远的地方寄药的情义，不然对不住你。表哥说，脸上起皱纹、头上长白发、牙齿脱落、手脚渐不灵、思

绿荫围绕

转经

维渐迟钝是最正常不过的自然现象，没有不灭的金刚，没有不死的生命，没有不熄的油灯，要是我哪天走了，就像一盏油灯点亮另一盏油灯，也许是天鹅飞入莲花湖中，不是悲痛，而是喜悦。我病了，不给他人添麻烦，我死了，如果不给他人带来悲伤，那我才算修得正果。如果未来兄弟俩能见一面，也算是缘分。听说，从此他不看医生，不吃药品，平静打坐，闭目修行。

我知道一个真正的修行者，从他剃度受戒那天起，就皈依了佛、法、僧三宝，在上师的教导下修习死亡。由此，当死亡来临的时候，心里没有任何痛苦，就像有人保护你过险关一样。一个严守佛教戒律的人，一般脱离了贪欲私欲的恶心，因此，你没有杀生过，不存在仇恨的报复；因为你没有偷盗过，不存在抓捕的报复；因为你没有妄语过，不存在离间的报复；因为你没有邪淫过，不存在恶语的报复；因为你没有贪欲过，不存在嗔怒的报复……因果业报，灵魂转世，死亡只是涅槃寂静之相。这是藏传佛教的一个特殊的教法，我们藏族认为“先知死，后知生”，与汉文化“不知生，焉知死”，在探寻生死观上迥异。佛教认为死去的不过是肉体，灵魂则是永在的，一个修行者的死亡只不过是更换一个纯洁的身体，高尚的灵魂将永在人间。

二

国庆大假我在北京参加一个会议，但因惦记着表哥的病情，便终日惴惴不安、坐卧不宁。会议一结束，我立即买了一张直飞拉萨的机票，5 点钟起床，直奔机场，飞行了 4 小时后，中午 11 点到达拉萨机场，然后转乘丰田越野车，继续前进。

我已经三年没有回过西藏，西藏的秋色是世界上最壮丽的景观，蓝天明净高爽，白云浅淡悠闲，绿草吐露黄丝，河水清澈明净，雪山庄严广袤。汽车一会儿翻山穿云破雾，一会儿穿谷蹚水走石，一会儿爬坡轰鸣尖叫。我在寂寞的车座上，梳理心绪的悲凉，深沉的秋景，沉重的旅途，就像生命的过程，激越到安详，绚烂到平淡，喧哗到寂静，属于你的不是刻骨的悲欢与伤痛，而是永恒的平和与宁静。

太阳落山了，月亮出来了，星星布满夜空，午夜 11 时，才到我家门口。再也没有公路，我连家门也没有进，骑上表弟备好的马，趁着融融的月色，继续沿着十多公里的山坡走向我表哥所在的寺庙。这条道路我再熟悉不过了。50 年前，我每年平均要走上十多趟，哪里有几条沟、几个坡，哪里有几棵大树，我至今记忆犹新。可时代的变迁，家乡的变化，一切显得那么生疏，踩一脚要小心翼翼，抬一头要慌慌张张，终于跨进寺院的大门，鸦雀无声的寺院的静谧，令人起敬的寺院的庄严，消除了我 18 个小时的旅途劳累，我按照佛教礼仪，先到大经堂，点香磕拜，再去到经历了 70 多年风吹雨打的古朴僧舍。

法事活动（杜泽泉摄）

辩经（张祺摄）

表哥的僧舍是土木结构，以传统的木头夹板中脚踩、棍棒冲压泥土垒起墙壁，看起来粗糙简单，却坚固得炮弹都打不垮。这一楼一底不到80平方米，楼下是堆柴火用的，楼上一间是经堂，供奉着本尊玛尔巴和米拉日巴佛像，其余是孤本、善本、手抄本大小不等的各种经书，沿墙垒起的，摆在桌上的，堆在佛龛上的，躺在窗沿上的，不知有多少，20来平方米的屋子里除了三尊佛像就是经书。隔壁是他的禅室，确切地说是卧室兼修行室，约9平方米。

我掀开门帘，看见表哥盘腿端坐在四方形的木床上，那与其说是木床，不如说是木框，后背有个靠板凸起来。他这一生都没有躺睡过，没有仰卧过，几乎所有修行的高僧都是这么度过漫漫长夜。表哥一幅白净消瘦的庄严法相，宽广的脑门闪着亮光，佛法的微妙，佛像的慈善从这里通达心底，佛经中说的慧眼就在这个部位。他干枯的嘴唇微微颤动，上三宝祈祷，下众生保佑，美妙动听的佛语从这纯洁的口中祈颂，细长有力的双手拨弄着已磨成大小不同的佛珠，超越心灵的禅舍修炼、脱开体能的瑜伽功夫就靠这双手结合的姿势中揭示。他微闭的双目凝视着对面墙上挂着的《极乐全境》唐卡，仿佛已做好了一切准备，镇定自如地走向没有战争、没有仇恨、丰衣足食、鲜花盛开的极乐天堂。我不由自主地双手合十，说了一声："表哥我来了。"

他的脸上泛起慈祥笑容，额头上更显出一层层经书夹板似的纹路，浓密伸直的寿眉像成熟的青稞麦芒，双肩垂落着鸡冠黄帽的肩条。我紧张的心寂静了，惋惜的心慰藉了，情感的心敬仰了。死亡是公平的，是必然的，不同的人对死亡有不同的理解，不同的态度，一个终生修行大圆满法的瑜伽上师眼里，死亡正是成就佛果的契机，没有丝毫的恐惧与忧伤，而是一种喜悦的等待。

他终于开口了："你是从这里走出去的，回来看看很好。"说完又闭上眼睛，深思了片刻。双手从跏趺坐的定结上抬起，合掌当胸，脊背挺直，嗫嗫颤动着的嘴唇口诵偈语，凝望虚空片刻，观想冥思，自在专注，自然入定，轻松坦然中祈祷三宝，护佑众生平安，也保佑表弟如意。这是他唯一能做的功德，也是唯一给我的礼遇，给我的回报。

我从寺院回到家里已是深夜一点半了。算起来从首都北京到青藏高原大川长谷中的这穷乡僻壤，空陆两种交通工具 19 个小时，行程 6000 多公里，为的就是与表哥见一面。

一觉醒来，满屋子烟雾腾腾，牛粪火的芳香，酥油茶的清香，青稞酒的醇香，弥漫着久违了的乡情。我起身推门，站在阳台上，

桑耶寺（于丹摄）

阳光明媚，天空蔚蓝如拭，空气清新甜美，这就是我魂牵梦萦、呱呱坠地的剪脐之地，淙淙吸乳的孩童之乡。远处，那拉神山顶戴银冠的雪峰时隐时现，分不清哪是云朵哪是雪山。近处，怒江带着天神的光辉冰清玉洁，泛着闪闪绿光从家门口缓缓远去。看村东横着的那道山梁，那高低错落、粗细参差的柏树林间，隐约可见坐落在雪山脚下，怒江岸边距今600年历史的贡萨寺金顶。似乎当年那熟悉的悠扬的钟声，跨过江河，越过山梁，穿过曙光，在耳旁回荡，悦耳的音波如同高山清泉、林间溪流般清脆婉转，一种怀旧、激越的情绪，促使我直奔山梁，来到插着黄、白、蓝三色经幡、象征长寿如意的“拉孜”石堆旁，久违的贡萨寺便一览无余地展现在眼前。寺庙坐落在雪山脚下伸出的似象鼻的山坡上，金顶是寺院等级象征，闪着光芒的金顶，告示信众这里是解脱恒乐佛土的入口，朝拜者须沿着围墙排列整齐的转经筒，口念六字真言，心想三宝善法，手转殊胜经筒，才能证得佛果。寺院背后的天葬台，四周插满招魂的白幡，不远处，秃鹫在山上盘旋，告示人们灵魂不灭，转世再生，这里可通天国。

我表哥不管风云变幻，不管沧桑演变，以自己的虔诚、纯真、笃定的信仰，在这里守候了70年。1959年初，他年仅24岁，已经学完了五部大论，梵文、医学、历算都达到了很高水平。这年的藏历三月十五日，是一年一度贡萨寺最为壮观的传经辩经法会，是骡子是马，这时要蹓一蹓，是孔雀是雉鸡，这时须展一展。我表哥独坐在大经堂左侧的辩经场那四方形的草垫上，四周坐满十个部落所属的12个寺院的近千名高僧，面前站着12位推选出来的考问僧官。他们腰缠袈裟，手拿佛珠，一会儿拍掌，一会儿单腿踏地，提出连珠炮似的问题。表哥不慌不急，镇定自如，思维敏捷，随机应

五彩经幡（王守明摄）

变，引经据典，对答如流，引得满堂喝彩。他不仅获得格西学位，而且经众僧推举，日旺活佛任命，担任了任期 3 年的贡萨寺诵经师，这是仅次于活佛的学位头衔。在他升堂的庆典仪式上，他身披崭新的黄色袈裟，脚登象征学位的五彩靴子，头戴锦缎绣制的五佛冠帽，在手持彩箭的僧童引导下，走出僧舍，寺院众僧左右排成两队，法乐齐奏，佛旗招展，被簇拥着进入大殿，坐上法台。我从心底既敬佩表哥超人的学识，也羡慕他威严的法相，暗暗下定决心，把表哥作为榜样，把终生当个领诵师作为奋斗目标。

不久，形势发生了天翻地覆的变化，西藏解放了。一批头戴五星，腰挂手枪，身背行李的解放军进驻贡萨寺，听说是一个排，任务是做上层喇嘛的统战工作。我的经师是寺庙的主持活佛，当然是头号统战对象，他的府邸宽敞险要，有许多空房子。这支队伍租借了所有空房住下。我看到这些人，整整齐齐，有模有样，饭前排队唱歌，饭后清扫庭院，与先前听说的青面獠牙、心狠手辣截然不同。我便主动接近他们，感情和信仰一样具有引力，距离近了，看到的印象，可以流入血脉。我那时童心未泯，厌倦了黄卷青灯、闭关坐禅的日子，向往另一种榜样，奋斗另一个目标。我决心跟解放军走，在向表哥告辞时，他的伤感、惋惜、痛心，都表现在夺眶而出的泪水里、微微颤抖的手掌上。他把一双五彩靴子送给我。按照家乡的习俗，这包含着走入他乡的游子，不忘故土乡亲，即便异乡创业建功，也要把脚印留在佛门。这是最高最亲的礼仪。

三

这天下午，我又来看表哥，只见他披着袈裟，结跏趺坐，腰板挺直，面色红润，嗓音清亮，不知是喜还是忧。座前的方桌上，摆放着象征清净无染的干果、香花、净水、白螺等供品。表哥让我坐在他对面早已备好的四方形坐垫上。他说："这世界上的人都是匆匆的过客，生乐死哀，能带走的是慈悲心，留下的也是慈悲心，做人要慈悲为怀，利乐众生。我今天给你一个礼物，是我念了百万遍的'玛尼经'，送你增业力，化慈悲。"按照佛教礼仪，这是大礼，当你缺少解脱自性的佛果时，别人积累的福慧善业是转拨给你善缘，善的种子在无形中种在你的心田。

今天他趁着渐好的身体，做了一次他自己最为神圣、最为隆重、最为稀罕的佛事，为我也为众生祈愿。他从佛龛里请出一尊慈眉善目、双手结着宝印的一尺高的弥勒佛像，从装满法器的皮箱中取出宝瓶、铜镜、铃杵、手鼓，一切按着程序，摆放在台面上，在铺着黄布的方桌上，还供设着妙香、净水、明灯、干果等供品。他向我展露出慈喜的法相，用慈悲的法眼注视着我，似乎在他心中已生起清净喜悦之情。他口中恭敬有礼地念诵着《祈祷文》，身子端庄肃穆，双手在心际合十，在身、口、意三门善业同修中，既忏悔净治众生轮回积造的罪业，又祈求众生积修的善业生出妙果。当他托起盛满智慧、慈悲甘露的宝瓶，用编制成华丽精美的孔雀羽翎，将宝瓶中的圣水滴滴丝丝撒向空中时，这狭窄的土屋中散发出奇异的芳香，似乎清风吹拂，花雨飘降，佛法的妙音在轻轻回落，我顿时生起舒适柔和、安详平和的无穷无尽的快乐。

在返回家的路途中，我回忆起新中国成立后我们兄弟俩第一次见面的情景。那是 1976 年，“文革”即将结束，我从复旦大学新闻系毕业，被分配到西藏日报社工作。一天门卫忽然来电话通知我，外面有个要饭的要见你。我走到门口，站在眼前的人蓬头垢面，身上的绛色氆氇衣补丁摞着补丁，看不出原来的颜色，脚上的藏靴破旧不堪，结着痂的脚趾露出鞋帮，肩上还挎着一个已无法辨认颜色的布袋。我开始以为是一个流浪汉，端详了好久，才认出他就是我阔别 16 年的表哥，难怪门卫把他当成乞丐。

我把他领到刚分到的宿舍里，黄昏来临，屋里没有电灯，只好点燃油灯，没有酥油，就煮点青菜汤。我们兄弟俩对坐在唯一的家具——一张书桌边，彻夜长谈。灯芯火苗微弱地闪动着，时而发出刺刺的响声。这油里可能注入了水，也许因为那时缺油。两只粗糙的瓷碗里的青菜汤，似乎像一面镜子，可以照清脸色。就这样我们

寂静的殿堂（纪宇摄）

聊到了鸡鸣狗叫。表哥由于路途劳累，精疲力竭，讲着讲着头挨着书桌边就睡着了。

表哥刚才告诉我的这些年他的经历，在我的脑海里就像过电影一样，一幕一幕地挥之不去。这样一个皈依了佛门，忠心于三宝，把信仰当生命，把戒律视灵魂的高僧，在动乱、浩劫、灾难的十年中，尽管心如古井之水，信仰却如钢铁长城，坚忍不拔，默默地实

卓沃隆寺

转山（张丽华摄）

践着自己诺言的艰难旅程。

当年我离寺不久，部队撤走了，寺庙没有损伤，但佛事活动减少了，宗教信仰自由，但一半僧人还俗了。他带着几十个虔诚的学僧，遵循着解脱全知果位，涅槃离苦得乐的钢浇铁铸般的信仰，在风雨中固若金汤。1966 年底，一股龙卷风似的革命风暴，没有被高山所阻挡，凶狠地刮到这无名的乡村。一瞬间，黑白颠倒，天翻地覆，一队身穿旧军装、腰系铜头皮带、肩挎黄色书包的藏族青年，领着一帮当地农民兄弟来到贡萨寺。他们有的肩扛十字镐，有的手拿铁锹，有的身背空麻袋，他们原来的慈悲之心一下变得杀气腾腾，原来的虔诚信仰一下变得毫无人性，他们从大经堂开始下手，掀屋顶、挖墙脚、砸门窗，绳索套在佛颈上，像拔河似的往下拉，斧头砍向佛脚，发出刺耳的金属撞击声。散落的佛经，随风漫天飘飞，木质佛像、经书夹板投入熊熊的烈火中，灰烬在火光里四处飞舞。

这支造反大军就在寺院的辩经场安营扎寨，两个月下来，贡萨寺只剩下残垣断壁。他没有哭，这个时候眼泪有些奢侈。灵丹也要在烈火中冶炼，他需要找到残篇断简的佛经，歪七倒八的佛像，七零八落的法器。一件件，一篇篇，一个个，擦净泥土，把自己的袈裟剪成一片片，包好装进牛皮袋里，等待黑夜的到来。这时，对表哥来说黑夜比白天更珍贵，盼的不是太阳而是月亮，只有天黑了，他才能背着这些祖先的遗产，佛祖的灵魂，藏到无人知晓的山洞。每天夜晚，他都要背着沉重的法器和经书，沿着陡峭的山坡，行程近 30 公里，到神山脚下的山洞把抢救出来的文物藏起来，有时一晚要往返两趟，只有星星看见他摸爬滚打，只有月亮照耀着他脚下崎岖的山路。

可是好景不长，一天三个背枪的红卫兵来到寺庙残址察看，发现他在一堵残墙旁搭着篷子住着。他们就像抓捕到叛徒特务一样，不由分说地用枪把表哥押解到公社，交给专政队。曾是万人之上的佛爷，变成牢狱之中的囚徒。他听到外面下着倾盆大雨，风声雷动时，感觉无数锋利的指甲在抓心，无数个锋利的刀子在割身上的肉。那些埋藏在泥土中的佛经、佛像、法器，日晒雨淋，令他内心的痛苦像一锅煮沸的水，但坚定的信念像擎天的支柱，太阳永远从东方升起在西边落下，江河永远从高处流向低处入海，佛法永远从历史起源向未来传承。这时他唯一能做到的仍然是祈祷，再祈祷。祈愿佛、法、僧永远成为饥饿者的食物，口渴者的甘泉，受寒者的温暖，孤独者的亲友，无助者的帮手，无伴者的依靠，佛光永照人心，慈悲永度众生。

这个站着一根蜡、倒下一棵苗的光杆僧人，敲骨吸髓也榨不出油来，专政队只好放他一马，让他劳动改造，为公社放马。他没有嫉恨，没有抱怨，只进监狱门，没进地狱门已经算是幸运，现在既能为有生者施舍慈悲之心，又能观拜大自然的生存恩泽，真是佛祖保佑。他安之若素地拿起放马鞭，每天天不亮，怀揣从寺庙废墟中找来的残缺不全的《八万颂》佛经和一尊释迦牟尼像，赶马上路了。到了水草丰盛的草场，马群悠然自得地吃草饮水，他却盘腿坐在草地上，垒起几块石头当佛龛，摆放着佛祖铜像，摊开佛经高声念诵。这蓝天之下，大地之上，一种叫信仰的力量放射出无限的能量。晚上回去时，将经书和佛像藏在装满青草的背篓里。日复一日，年复一年，马养得膘肥体壮，《八万颂》也倒背如流。专政组撤销了，放马人得到了表扬，劳动改造告一段落。

不知是时来运转，还是佛祖灵验，表哥自由了，人们也不那么歧视他了。他谨记上师教导，“今世幸得具足良缘身，为了求取人生真价值，激起救度众生责任心，修不成熟不能成正觉，”开始了历时七年的云游苦修生涯。

四

他云游的第一站是藏传佛教四大教派之一的噶举派的创始人玛尔巴·却吉洛珠的诞生地卓沃隆寺。他要经过极目无垠的羌塘草原，

行走（郭旗摄）

跨越终年银装素裹的念青唐拉，还要沿着高山峡谷中暴跳如雷横冲直闯的雅鲁藏布巡行。

要朝拜玛尔巴大师诞生地，是因为生于1012年的玛尔巴，小时候天资聪颖，勤学苦练，但又性情执拗，争辩好斗，家里怕影响师徒关系，便筹措纸张两驮、黄金多两、银瓢一把、织锦几匹、良马一匹，将他送往印度，拜名扬四方的释迦益西大师为师学经。玛尔巴前后三次来回，共在印度学密法，闭关修持22年，佛学功底深厚，密法神通大显，名声威震天下。一天在他主持的卓沃隆寺，表演了一种特异的夺舍法。在他静室附近的小路上，一只母鸽尸体横卧，许多乳鸽围着妈妈鸣叫。玛尔巴大师静心屏气注视着死鸽，突然死鸽扑扑地拍着翅膀飞起，小鸽子昂首仰望，十分喜悦。大家回头一看，玛尔巴大师已经停止了呼吸。由于玛尔巴大师灵魂转移的法术，成为众生救度的精神领袖。

要朝圣这样的圣迹，他选择了磕长头这一最苦修、最虔诚的朝拜方式。从贡萨寺到卓沃隆寺距离700多公里。他和一位徒弟做伴，备好了一辆手推车，装满最简单的饮食器具，做了两个木板上钉着软牛皮的护手套和厚牛皮做成的护胸膝罩，开始一步一磕头地上路了。一路双手合十，碰触头顶，祈求法经，碰触前额，祈求佛祖，碰触胸前，祈求神意，“扑通”一声，全身扑倒在地，双手在头前划出一道痕迹作记号，然后站起来，走到记号面前，脚尖不超过划线，再匍匐，一步一磕。要过无桥的江河，先目测河面的宽度，按等身测量后在河边补磕，然后趟水过河。下坡磕头，只要身体能承受，还可以伏地下滑。一到天黑，管它有无村落人家，天当屋、地当床歇脚。要是碰到溪流泉眼，便炊烟冒起，充饥解渴。表哥在这700公里的路途中，送走了灰沙满地、寒风刺骨的严冬，迎来了万物更新、生机勃发的春天，享受着草绿花艳、日暖月明的盛夏，体验到树叶凋落、风凉水枯的深秋，目睹了四季的更替，经历风霜雪雨的考验，用身体丈量着万水千山，用心脏贴近大地的脉搏。他血管里流淌着千年的期盼，心底里升腾着坚定的信仰，脑海里灌满了佛祖的福慧。野兽的侵袭、雨水的浸泡、寒风的吹刮、身体的劳损、衣食的缺乏，对表哥来讲都不是痛苦、折磨，而是一种积德、修炼和快乐。经过两年多的历程，一个太阳刚升起的早晨，他看到了目的地——卓沃隆寺，四周挂满五彩经幡，经幡沟通着生灵与天地间的灵感，经幡能表达人性的善良与美好，经幡跨河流、穿山川、围寺院，迎风飘扬，向大自然传达人类的祈求。

在雪域高原的崇山峻岭中，散落着繁星般的寺院庙宇，这是千百年来，一个不灭的灵魂造就的神迹，还有数不清的巍峨壮丽的神山，神秘莫测的神湖。在西藏最动人的故事是传法，最辉煌的建筑是寺院，最崇高的权威是神灵，最虔诚的行为是朝圣。表哥丢下推车，背上行囊，拄着拐杖一个寺一个寺地朝拜，遇到重要的神山，首先在山脚下磕头跪拜，焚香祈颂，然后绕山转圈。他对着神山诉说着自己的愿望，等待神仙的指引、感恩神山的眷顾，神山的每一粒尘埃折射出神奇的光芒。在翻越每道山梁时，都能见到高高的玛尼石堆，有的石头大如绵羊，上面端庄地刻着威严又神圣的“六字真言”，凡转山的有情众生，看见“六字真言”，就会远离邪恶之念，萌生慈悲之心。一些刻着佛经带着角的牦牛头摆放在玛尼石堆的顶端，太阳的剥蚀，风雨的洗礼，骸骨洁白如同象牙，这些牲畜头顶佛经，启示众生善道，我相信它们下世也能脱离畜牲恶道转生人性善道。那成千上万沾着不同手印的玛尼石，仿佛述说着有人来过，又义无反顾地走了，它们代表着这些人像卫士一般守护着永不消失的神山。

西藏那些奇山异峰、幽谷峭崖、深山密林中，有许多高深莫测、不可思议的修行圣地。大多数是不见阳光的岩洞，悠然寂静的石窟，自然形成的石洞，但四周环境优美，要么有古树苍天，要么有清泉甘甜，要么有奇石怪兽。表哥经过一年多的翻山越岭，一天来到他的本尊密宗大师米拉日巴的修行洞。一座鹰飞不到顶的雪山傲然矗立，山巅冰雪层叠，山腰树木枝繁叶茂，绿林丛中显现出用普通石头垒起一面墙的岩洞，这里是米拉日巴大师最后 22 年的修行圣洞。表哥视上师为再生父母，是上师的善法乳汁培育他成长，这里是他朝思暮想的圣地。表哥来到这处圣地时，眼里含着泪花，盘腿坐在洞前，从背包里取出法器，右手高举唤醒无明沉睡的法鼓在空中摇响，左手握持断除三恶之毒的金刚杵左右摇动，用尽全身的气脉，

米拉日巴修行图
（吉米平阶摄）

以高亢嘹亮、响彻山谷的声音祈颂米拉日巴的“善法金刚道歌”。

这里是所有云游高僧的必拜之地。公元982年，声名远扬、法力无边的西藏瑜伽大师、密宗上师米拉日巴在这山洞中修成正果。米拉日巴幼年失去父母，曾受扶养人的虐待折磨，饱尝人间苦难。长大后学习密法咒术，灵验神通，咒杀冤家。后拜玛尔巴大师为师，赐予佛教心法，玛尔巴大师发现他超凡入圣的智慧、坚忍不拔的意志，便不仅传授了全部灌顶，教授了所有佛法，还亲自授戒，培训静功各法。最终他来到这个岩洞中修行。他在修炼瑜伽业气化智慧气的入定静位时，将一盏装满酥油的灯点燃后，放置在自己的头顶上，灯油不尽，法身不动，经过 11 个月夜以继日的修行，不仅外在的身体轻如羊毛，腾空升降，而且内在的心识犹如莲花花瓣纯洁自如。他舍弃了世俗贪欲，一切献身于佛法传承。

表哥在这神圣而神秘的修行洞中，以米拉日巴修行的方式开始了两年多禅舍修行。他身边除了青稞炒面外，没有任何吃的，在洞中似床的石板上，铺上一张羊皮，双足结金刚跏趺坐，双手在脐下结定印，脊背挺伸笔直，眼前摆放着释迦牟尼佛像，一会儿观想闪着金色光芒的文殊菩萨、法身洁白如玉的观音菩萨、庄严威武的金刚萨埵、慈祥端庄的弥勒菩萨；一会儿自在专注，自然入定，从心念中通过七窍排除嗔怒之气、贪欲之气、愚痴之气，观想前世今生所有罪障被佛祖智慧的火焰所燃烧。在这两年中，表哥以清泉水拌一碗青稞炒面填肚，有时还到附近林中，抓几把野菜来吃。

两年多的修行快结束的一天，他长发蓬乱，衣衫褴褛，骨瘦如柴，在林中穿行时，几个放牧的小孩吓坏了，喊叫着说山上有野人，赶快赶着牲畜回村。牧童碰见野人的故事在村中一传十,十传百，被添油加醋，越传越神奇，越传越神秘。有一天，村里专门组织了几个成年人，专程上山探个究竟。当他们得知表哥的修行经历，无不喜悦敬信、感动敬佩之心油然而生。他们赞美佛教遇到黑夜，仍然高举明灯的旗手。信仰的力量像肥沃的土地，有种子就生根发芽；像大海中的航船，总会度人上岸。村里的人扶老携幼来到洞口，亲眼目睹圣人的法相，亲耳聆听传法的福音，亲身感受法力的加持。经过两年多的深密心法的修行，他得到了来自普贤如来的法身、来自金刚萨埵的报身、来自喜金刚的化身的法脉传承。他修成正果的善业，是在洞口为信众举行长寿灌顶法会，晴空降来丝丝甘露，林间飘起五彩粉花，他将108个珠子串起的佛珠，一粒一粒送给听众，作为告别此地的留念，然后又背起行装，拄着拐杖，继续云游下一站。

表哥7年多的朝圣云游经历，我这拙笔也只能记下一些片段。据他的徒弟说，他们朝圣的神山、神湖不下百处，朝拜的寺庙300多座，至于行程岂止千里万里。

我时时铭记在心、事事坚持不渝的百般圣语是表哥那次离开我宿舍时的告别，他特地嘱咐我说，你是公干，国家养着你，要做好人，佛教好人的标准有几条，不要杀生，你会健康长寿；不要偷盗，你会丰衣足食；不要邪淫，你会家庭和睦；不要妄语，你会免遭陷害；不要嫉妒，你会得到尊重；不要嗔怒，你会心情快乐；不要贪欲，你会一生平安；总之，要多做善事，利乐众生。国家好人的标准我不懂，做到这些也是国家有用的人。

史无前例的十年浩劫，最终灰飞烟灭。踏上一千只脚不得翻身的人和事，又像雹打霜冻的禾苗，雨后云雾中的春笋，舒筋活骨，抖擞精神，昂起首，重新挺起了腰。千百年来，在雪域高原融入土壤、流入血脉的佛教像暴发的山洪，寒冬之后的暖流，以不可阻挡的力量漫延、渗透、兴旺，充满哲理的大师们的风骨余韵再次传遍，迷离炫目、庄严雄奇的寺院庙宇重新修复，历经磨难、心如铁石的高僧大德，重传佛法。只要存在，就有他的合理性，千年传承的文明，不可能被几句恐吓的口号所摧毁。

我表哥又回到贡萨寺，在废墟上重新展现当年的风姿。他们起初走村串寨化缘，诵经祈祷筹资，求亲靠友赞助，把得来的收入一分一毛积攒起来，先盖起了古朴幽静的僧舍，还没有还俗的喇嘛陆续返回，不久，建盖了容纳上千人的大经堂，门旁左右新塑的四大金刚神

阿里纳木纳尼圣山（益西多吉摄）

像威武轩昂，精心绘制的壁画鲜艳夺目。当朝霞满天，东方露出鱼肚白，经堂顶上又响起了悠扬的法号声，喇嘛们披着绛色的袈裟，纷纷走出僧舍，奔跑着、拥挤着在经堂里各自寻找自己的法垫。

又一个十年过去了，天空变得更加晴朗，阳光变得更加灿烂。语言是很难表达真情的，发自内心的笑脸和哭声才是真情的真实外露。贡萨寺已经全面恢复重建。寺院背后的雪山，庄严巍峨，晶莹洁白，寺院坐落的山脉，犹如铁城，壁立千仞。一年一度最令人振奋的祈愿法会在寺院的跳神广场举行，赶着牛、骑着马、背着行装的善男信女，从四面八方聚集到这里，人声鼎沸，香火旺盛。寺院的日旺活佛和表哥共同举办了利根顿悟者的明力灌顶和钝根渐悟者的加被灌顶。用彩粉绘制的坛城图案，镶嵌着珠宝玉石的甘露宝瓶，悬挂着五色绸条的护寿彩箭，经过高僧们多年的授记、开示、加持，第一次展示在信众面前。十万遍会供、灯供发愿等隆重的佛事活动，

诵经（益西多吉摄）

感恩信众的不移佛念，报答信众的布施供会。美丽的坛城推沙入河，华丽的彩箭触额加持，宝瓶中的甘露饮入口中。这繁杂有序的灌顶仪式，清除众人身口意的障垢，注入殊胜永恒的潜力。使此生或往生善心者长寿，知足者快乐，心想者事成，智慧者如愿。不久，表哥不食肉类，过午不食，在那 9 平方米的僧舍里又闭关修行了 3 年 3 月零 3 天。

五

我和表哥的最后一次告别是我到后的第三天下午。我明天就要离开，也许这是我们最后一次相见。他可能病情加重，已经不能言语了。只见他法眼微闭，端坐入定。我环视这破旧的僧舍，除了几尊佛像，就是经书，陈旧的袈裟僧袍，补丁摞着补丁，用了 50 多年的木碗被磨得铮亮，床上铺的羊皮垫已经脱毛，他全部东西加起来，也卖不得千把块钱。他的贴身弟子云丹喇嘛，似乎觉察出我的心思，拿出一沓厚厚的账本。上面用密密麻麻的手写藏文记录着施主布施的钱款，我随手翻动着，大的有 3 万 5 万，小的有 1 元两元，记录着施主的姓名、款额和祈求。

云丹喇嘛告诉我，这 30 年来，他收到的布施款项有六七百万，但从未为自己花过其中的一分钱。他一般手不碰现钱，这也是一种最高的戒律，所有钱财由徒弟经手。他常跟徒弟说，“信众供奉的资粮，不是给人的，而是供佛的；寄托哀思超度亡灵的供奉，不是给人的，而是求神的；祈求善道的布施，不是给人的，而是供寺的，全部款项用于修建寺院。”他还拿出相当数量的钱救助残疾人和困难户。他常说，供奉佛菩萨不是为了给你带来多少发财升官的恩惠，而是敬信之心生起敬意和信心，对贫穷、弱者、智残、孤独者的财布施，超过对佛、法、僧布施功德的几倍。要记住这些弱者也许是你前世的父母。他抚养了 30 多位孤寡老人，定期供应食品衣物。他修建供奉在大经堂中央的如来佛像有两层楼房高，由三只狮子托举的高大八瓣莲花宝座，镶饰着闪光发亮的众多摩尼宝珠，上面铺着宝莲日月轮垫。宝座上的如来世尊双足结着金刚跏趺，右手举着法轮，象征法轮常转不息，左手持着法铃，象征慈悲法度施教。佛像的法体具足庄严，佛面慈眉善目。信奉藏传佛教的藏族信众认为：大日如来是藏密最高层次的佛，他以智慧之光遍照世间万物，不分昼夜，不分内外，不管有情无情，都能启发佛性，获得成就。“如来日光遍照法界，亦能开发众生善根，乃至世界事业由之成办。”这也许是表哥建佛的初衷吧。他绘制的 3 米多高的巨幅“三世”佛的唐卡悬挂在大经堂高大粗壮的两根柱子间，伸展的硬木轴心粗如手臂，盖面的黄绸遮幔鲜艳夺目，红色的双条绸带灵动飘逸，掀开遮幔，用各色天然矿物颜料绘制的东方琉璃世界的教主药师佛，西方极乐世界的主佛阿弥陀佛，婆娑世界的教主释迦牟尼佛，一个个鲜活的形象跃然出世，栩栩如生，令人心生敬仰之情。

表哥为什么绘制“三世佛”？我猜想，药师佛曾发愿：“消除众生疾病，使之具足诸根，身相端正，资具丰饶，离诸横难。”有疾病苦恼的信众，请来僧侣祈颂《药师佛祈请文》，点燃七层旋转之灯，悬挂五色续命神幡，就能解除害身之疾。释迦牟尼佛曾发愿解除众生不堪忍受的痛苦，以慈悲心怀和无畏精神救度众生。无量寿佛则代表智慧，因为人的无限潜能是智慧的开发，消除业障知障，获得喜乐智慧、胜喜智慧。而人们的祈愿是否灵验，个人可以各执己见，各修心得。但在这里，只有一个孤独的老僧，用金子般的纯洁，海螺般的洁白，甘露般清透的心愿，为众生默默祈福，令人心生感动皈依之情。

表哥用两斤黄金打造的金灯，供置在诸佛的供台上，由专人轮番添油，像一个永生不灭的长明灯。灯芯顶尖闪动摇晃的火星，就像一个老僧跳动的慈悲心苗。佛经上说，世间有 1008 尊佛，他们一一降临人间，人类才能得到最后的解脱，那时世界将是一个和平安乐的净土，因为人解脱了贪、嗔、愚、痴的苦闷。但是那是一个无限遥远、无限漫长的过程。佛有三世，过去是燃灯佛的时代，那是万年前，没有残酷战争，没有贫富差距，没有贵贱之分的幸福时代。现在是释迦牟尼佛的时代，要历经若干个千年，要遭受战争、瘟疫、洪水、地震的灾难，唯有心怀慈悲、行善利众才能减缓痛苦。要等待的是将来弥勒佛的时代，那是满山瓜果飘香、满地谷物肥硕、空气清新飘香、河水清澈见底、人与人亲如兄妹的无限美好时代。西藏人是善良的、乐观的，对未来充满信心与期盼，对现实充满满足与感恩，对佛祖满怀信心与虔诚，表哥就是这千千万万个虔诚信仰者之一。

六

回到家乡的第四天清晨，我乘坐民航班机，从拉萨贡嘎机场返回成都。刚下飞机，手机铃声响起，我表弟抽泣着告诉我，“表哥早晨6时圆寂了。”我既无震惊，也没有惋惜，更没有痛苦。在世界最初形成的时候，浩瀚的大海中绽放出1002朵金莲，祥瑞之兆人间将降生1002位传法佛陀，释迦牟尼以开悟成佛的圣迹，是第四位降临的佛陀。又从遥远的南国来了108佛学大家，越过喜马拉雅，将佛法传播到雪域高原。今天佛教徒们将108粒珠子串在一线，要么挽在手腕，要么挂在项颈，要么手指捻动，是百般珍惜，万般奉持法脉的传承。生老病死是自然规律，以一次生命换来行善积德、修佛利众，以生死轮回、因果报应看待人生，死亡就像从牢狱般的人间进入莲池般的快乐净土，这当然是花开花落、日出日落般的自然现象，也是佛教离苦得乐、进入快乐天堂的常规而已。因此我对表哥的圆寂没有更多的悲伤，只有默默地为他的往生祈福。

再后来，表弟不断来电话告诉我善后的事宜。遗体按照佛教仪轨带上五冠佛帽，身披黄色法衣，面罩丝绸遮幔，端坐于僧舍木床上。点燃香灯，摆放食果，请来活佛高僧日夜祈颂“敬香经”。信徒百姓络绎不绝前来朝拜，他们潸然泪下，磕头敬香。22天法体端庄肃穆，法相平静安详。寺院选择了吉日良辰，举行了隆重的火葬。在寺院附近的法场上，搭建起石砖垒起的平台，上面用一层沙子拓印出藏文“阿”字的印迹，用白粉勾绘明晰的吉祥图案，写着经文的木板交叉垒起四方形的葬台。上百名高僧念诵着舒缓沉郁的祈文，

沉思（益西多吉摄）

法体置于木架中，在击鼓鸣锣的法号声中，开始点火敬油，火烟如海朝、如野雾，冲腾着、弥漫着，绵延数里，飘向天际，伴随着深沉、浑厚、凝重的佛乐，缓慢飘升到遥远的天空。

在火化的木灰中，日旺活佛捡出了许多晶莹明亮的五色舍利珠子。为了纪念，为了感恩，也为了膜拜传承，寺院修建了表哥的灵塔。灵塔的结构是按佛教的基本哲学思想“四界”的形象展示。四方的底座是土，阶梯式的束腰是心灵趣悟的四个阶段，圆鼓的塔肚代表水，塔刹上的十三圈相轮代表火，塔顶树起的日月代表风的气息，其中的日是空，象征精神和灵气。土、水、火、风、空象征一个人从出生、生活、死亡，精神、生命无穷无尽的轮回转世。

智慧、勤劳、善良的藏族先民，从佛教传入西藏以来，就用智慧之火从石块中冶炼出黄金；用果敢的胆略，从湖海中取出珍奇瑰宝；用先辈的神工，塑造起不计其数的神圣灵塔。一座座宝塔，以巧夺天工、独具匠心的直观形象表现了佛教艺术精神的强大和生命的永恒。

佛塔、佛经、佛像象征着佛的身、语、意，每一尊灵塔讲述着一个生命在没有雕琢的状态下诞生，在痛苦的人生历练中变得完美，臻于完善，成为高尚、纯洁的圣人的故事。我表哥的灵塔建得朴素、简洁、小巧，里面仅仅装着他常用的法器和舍利骨灰，就像他活着的时候褴褛的衣衫包裹着一个坚韧虔诚的灵魂。

原载《中国西藏》2015 年第 1、2、3、4 期

藏传绘画艺术大师安多·强巴的一生

楞本才让·二毛

编者按：藏传绘画艺术大师，西藏美协第一任主席安多·强巴传奇的一生，在西藏绘画史上留下了重重的一笔。这位居住在布达拉宫山上的世纪老人，20世纪30年代徒步到拉萨，脱掉袈裟走进八廓街，成为拉萨街头一位藏族画家，他绘制的唐卡被供奉为珍宝，他笔下的人物个个栩栩如生，他创作的巨幅壁画，至今在布达拉宫、罗布林卡中鲜艳如初。

赶羊的小木棍是他最初的画笔

1915年，安多·强巴在青海尖扎县的一家半农半牧的家庭中诞生。他是一个非常不起眼的小孩子，头发微微卷曲着，一身脏脏的小藏袍，喜欢打石头，在放牧的路上会大声地唱歌，与他人不同的

藏传绘画艺术大师安多·强巴的近影（文群太提供）

是他手中赶着羊的小木棍，是他最早握起的画笔。他说："那时，我根本不知道什么是画画，也不知道自己在画什么，更没有人教过我。那时，所谓的画画，就是用手指在地上画，用拨火棍在石头上、墙上画。家里穷，买不起纸和笔，我就把大地当纸，树枝当笔，糊里糊涂地开始'画'了！"7岁那年，他脱去了藏袍，到家乡的艾隆寺出家，成了一名小扎巴。

安多·强巴开始学习经文，黎明时起床，磕三个头，然后开始大声地朗诵颂祷词，早上的时间还要书写藏文，中午饭后他就可以画画了。上了年纪的老喇嘛会爱怜地看着他沉醉的模样，常常还会揪揪他的耳朵，他会不时地得到十分珍贵的几张纸和用矿石碾磨成的墨水，一张张小画上是他熟悉的山、草原、牛羊，以及一些歪歪扭扭的帐篷和土房子。寺院里有一些模糊的壁画，他猜想着上面的故事，用指头在手心里模仿地画着。他是艾隆寺最小，也是最调皮的扎巴。同时他又非常的聪慧好学，虽然经常让老师头疼，但他越来越出类拔萃。

云游塔尔寺

寺院其实就是一所综合性的学府。传授哲学、礼仪、建筑、医学、天文历算、绘画及雕塑艺术等等方面的知识，安多·强巴说：“我对经文的兴趣不是很大，相比画画、雕塑，还有木匠、石匠的活，我就觉得经文枯燥，所以我的注意力一直不集中，总感觉我应该做些更有意思的、更快乐和更自由的事。”

表面上，他和所有的情侣一样，接受了 20 多年传统的严格的完整的寺院教育，过着一种普通的出家人生活，在寺院规定的假期里，回家短暂地住几天，脸上带着一个喇嘛特有的微笑，把袈裟整理的干净又得体，甚至给得了常见病的乡亲开开药，这也是他在寺院里学的，然后，他赶回寺庙，重复着每一天，也重复地想象着越来越清晰的梦想。

他说：“每当我拿起笔时，忽然就有了一种冲动，脑子里会有奇怪的念头，我就不管什么。十分快地画下来，有时不要说别人，连我自己都觉得难以理解，我那时画的都是些山水景色，那些平时人人熟悉的风景，在我的笔下，不知怎么就有一种怪怪的味道！”

“云游”是出家人的特权，对于俗人来说，只是“漂游”“漫游”或者“旅游”。而一个长年身处森严寺院里年轻僧人，最渴望的就是揣着自己的木碗，与同伴一起欢笑着走出去，走进外面的阳光世界。

安多·强巴第一次远行到塔尔寺，在高大茂密的树下站了好久好久，菩提树的一片树叶竟也落在他的肩膀上了，他幸福地笑了。

他见到了从未看见过的巨幅壁画，满满地延伸在悠长的回廊两边，他现在已经能读懂上面所有的内容了，他还见到了一位正在调和矿石颜料粉末的老画师，那异样的香气让他激动无比。他奢想有一天，也会有这样一面大大的墙壁让他尽情地画一画，把他的虔诚、热爱、情感、激情全部画上去，让自己的生命永远熔化在里面。这次云游，虽然十分短促，但却使安多·强巴大开眼界，尤其是看到雄伟庞大的塔尔寺，竟有好几千的喇嘛，而且那些云游的喇嘛，去的地方更多、更远。不仅到过圣地拉萨，而且还去内地的佛教圣山道场朝拜，有的人居然还去过印度和中国南面的许多国家……

回到艾隆寺以后，安多·强巴再也坐不住了！

尽管没有上师，可他画什么“像”什么

1938 年，23 岁的安多·强巴成为拉卜楞寺一位年轻的习修僧，拉卜楞寺是格鲁派六大寺庙之一，更是佛画艺术的宝库，几乎每座宫殿里的佛画都是鸿篇巨制，技巧精湛高超，内容丰富多彩，对于初出茅庐的安多·强巴，真是一片艺术的海洋。

他先进入闻思学院（显宗学院）学习，内容是浩瀚的五大论。这五大部经典，共分十三级台阶式层次，要全部学完一般至少需要 15 年的时间，所以，我们的安多·强巴是不会去完成这样的学业的，他要走的那条路，不是循规蹈矩的，是他人所没有走过的路。

那么，要想在拉卜楞寺画几幅甚至一幅宗教绘画谈何容易！尤其是佛教密宗最注重“事相”，在绘制佛像前，绘画者首先要从心灵深处发愿，然后进入法坛接受灌顶。授受咒语印法，在冥思观修中证得大自在，才能开始作画。更严格的是，画画处必须讲究百步之内无臭无秽、清净幽美。出入作画的地方，要一出一浴，穿干净的衣服，不能与别人闲谈。佛像完成后，还须请高僧大德开光加持，才是圆满。

安多·强巴显然不具备这样的机缘。从开始他就没有上师，也就没有藏传佛教最注重的传承。他只是一个在地上、墙上、石头上乱写乱画的怪僧，可他画什么就“像”什么。

脱掉袈裟，走进八廓街

那时去拉萨，靠的是脚力和糌粑，奢侈点就带几条风干肉。幸运点就会遇上一支商队，或者一群僧人，从拉卜楞到拉萨，近八千公里的路程要走好几个月。旅途之艰辛，难以想象！这年 27 岁的安多·强巴裹着一件十分破旧的袈裟，外带一个小小的包袱，终于到了拉萨。

拉萨，起伏在大片大片的林卡和沼泽地上。那时没有一截马路，城里的人主要居住在八廓街、鲁布、巴郎学一带，而最活跃的是外藏来的朝圣者们，他们使这座古老的圣地无比的鲜活，荡漾着世俗的快乐和满足。

安多·强巴被这自由的气氛感染了，他在拉萨西面山上的哲蚌寺呆了一年，就脱去了袈裟，融入了八廓街形形色色的人群中间。安多·强巴说：“初来拉萨谋生挺不容易。我从哲蚌寺下山以后，就成了一个游子，怎么办，总要吃饭。八廓街什么样的人都有，各自的活法不一样。无奈中我拿起画笔开始谋生。”

围绕着大昭寺，在东西南北四个角，竖立着四根高高的旗杆，挂着各色的经幡，具有神圣的象征意义，管理这四根经旗杆的人叫“热杰巴”。他们是安多·强巴在拉萨最早的朋友。因为安多·强巴最早是在旗杆下，靠着石头，给过往的人画画，而这些自由散漫、不修边幅的“热杰巴”就充当了他的助手，他们非常乐意为这位英俊的安多小伙子服务，更尽力地为他喝彩捧场。

第一个藏族街头画家

对在八廓街忽然出现的街头画家，人们还没弄清他的称谓，但他的画却十分抢手。“人们评价我画的唐卡很逼真，尤其是他们喜欢的人物画就更活灵活现。其实在这之前我还没有好好画过人物呢！”我的名声在拉萨就很快传开了，后来惊动了噶伦拉鲁·次旺多吉，他派人到处找我……

神殿布达拉宫上传下来的口谕，让这个来自安多默默无闻的云游僧、小画家、穷艺人着实吓了一跳，一时摸不着头脑，当他知道是拉鲁·次旺多吉偶尔听说了他的传闻，引起了兴趣，想让安多·强巴给自己画个像时，他才吐了一口气，他拿着送来的照片，不几天就完成了，结果拉鲁非常满意，因为他从未见过这样的画，或者说这样新的画法。

从那以后，找我画画的，尤其是画人像的就更多了。我的收入就多了，一张像可以收 100 两藏银。当时 20 两藏银合一块大洋，一幅画的收入可以买到 60 多斤酥油。一个月只用几天的时间画画就足够我们四个伙伴的开支。只要

安多强巴作品长寿图

口袋里有钱就行了，其他的时间云游四方，非常的惬意、愉快和舒服！

他穿上了来自印度的粗条花纹的西服，蓄起了头发，他的眼睛不知道什么时候怎么近视了，于是，他的鼻梁上又多了一副茶色的眼镜，这在当时是不容易配的。

他走在人群中，格外地醒目，而且人们对他越来越尊敬，因为他常常是从布达拉宫下来喝茶的。他可不是一个苦修苦行苦钻苦想的艺术家，他骨子里是一个热爱生命，追求享受、自由和爱情的人，所以他更注重实用，更看重现实，更忠诚自己的内心。所以，他虽然常常被人控制，但他总会有余地保留下自己的一点小空间和几个好朋友尽情地享乐。

享誉西藏的宫廷画师

这些朋友当中，有英年早逝的根敦群培。他的画风或多或少受了这位师长的影响和滋补，他们时常在一起。浪游在拉萨的各个好去处。安多强巴到现在还清晰记得，根敦群培最爱吃一个汉族开的烤饼铺做的肉馅饼，而买饼子的钱是一位女朋友塞在大大的印度火柴盒子里给他们的。当时，他俩都是噶厦注意的特别的人物，只不过两人的命运和结局大不相同。安多・强巴十分得宠，而根敦群培被关进了布达拉宫下面的郎子厦监狱。安多・强巴每次上下布达拉宫，都会路过那高高的监墙。

安多・强巴成了噶厦官员、贵族、庄园主等达官贵人家的座上宾。这些当时西藏的统治者们，让安多・强巴在他们的藏柜、柱子、梁上、墙壁上画下了许多花鸟禽兽和风景。当然，他画的最多的还是唐卡和壁画，以及高僧活佛法像，一时间推崇至极，安多・强巴从一个游子进入了西藏的上层社会。

他的壁画，至今在安详秀美的罗布林卡中鲜艳如初。

把毛泽东画进唐卡的第一人

1954 年全国人大第一次会议召开时，人们赶制着各种纪念品。阿沛・阿旺晋美特意让安多・强巴画一张毛主席的唐卡，作为西藏人民的礼物，敬献了毛主席。这是毛泽东得到的唯一把他画进唐卡的画像，而安多・强巴对这幅唐卡并不满意。他总强调：把毛主席的脸画得太平了，缺少生动感。后来他跟随大师来到北京。

西藏代表团回藏时，他要求留下来，那是因为他在中央美术学院参观时，刚好碰上人体写生课，他觉得这种方法很好，可以让自己大大长进。而在西藏是办不到的，他的要求被同意了。他很可能是第一个学习接受了西方油画技法的藏族人，从而使他的画在浩瀚的藏传佛教绘画中脱颖而出，独树一帜。他自己也被写进了历史。

在北京短短的一年多的学习时间结束了。这时他正值壮年，身体、精神、环境等处于最佳状态，他一生创作高峰也正是这段时期。他把主要的精力放在宗教绘画上，而且侧重于人物。安多·强巴是一个深受人们喜爱的“画匠”，他画了不少传统的家庭装饰画。有“蒙人驭虎”“财神牵象”之类的壁画，更多是描绘藏式家具，从柜子、藏桌到佛龛，而他画的唐卡，一般人是很难得到的。

沉寂的日子

1959 年拉萨城里一片混乱，安多·强巴十分惶恐，在达赖逃亡前夕他意外地“病”了一场。对自己生活境遇的忽变，安多·强巴是没有多少心理准备的。从金碧辉煌的宫殿到烟熏火燎的百姓人家，他都能以一颗平静心谦恭地活着，总是平静地面对这一切。

他奇迹般地逃脱了“文化大革命”的洗劫，人们似乎忘了和平解放前安多·强巴的地位和待遇，以及他的那些宗教画，而在他画的毛主席身穿军装，手拿语录挥手天地间的大幅肖像前激动得热泪盈眶。安多·强巴似乎很熟悉这种狂热和激情，这同样是真实的，令人感动的。

几乎是在同时，他潜藏在空空的哲蚌寺的一间隐蔽的小房间里，偷偷地画了一批唐卡。那时，哲蚌寺里没有一个僧人，曾经的“哲蚌颇章”是粮库。而他的那些学友，一个个不知去向。反而已是一个俗人的安多·强巴又神秘地回来了，他穿着有四个口袋的中山装，一次一次地走在山路上，有些伤感。

“我上哲蚌寺的时候，是一个穷僧人，下山后是一个游子，而现在，我有这么多的孩子、学生，每月领到工资，真是很幸运！那时我藏在哲蚌寺画唐卡，也主要是一种怀念，一种精神上的寄托，结果，在很暗的光线下，紧紧张张画出来的画居然更传神、更好看，我相信是有护法神保佑的，当时如果被发现了，那就全完了！”

很遗憾的是，他画的那么多毛主席的画像，没有找到一张，画在墙上的80年代初就被粉饰掉了，而那些巨大的牌子，就更不知道扔到哪里去了。

唯有藏得很隐秘的唐卡，完好地保存下来了。有的留给了哲蚌寺，有的散落在民间，被供奉的人视为珍宝，一般不予示人。

而他自己一生没有留存一幅自己的作品，如果想看看，他就去布达拉宫、罗布林卡和寺庙，在收藏画的人家喝碗茶，坐一坐，就满足了。

美协第一任主席

经历了旧西藏、西藏和平解放、民主改革、“文化大革命”、拨乱反正和改革开放后，安多·强巴看着修复一新的壁画，身上充满了力量，他生命的暮春来临了，并健康地迎来了21世纪。

上哲蚌寺时，老一点的喇嘛都认出他来了，有的还挤着眼睛责怪老强巴那时骗了他们，一下山就把袈裟脱了。他们亲热的笑声回荡在哲蚌寺措钦大殿前的广场上，安多·强巴在褐红色的墙壁上，一时性起，飞快用大拇指的指甲画下了哲蚌寺全景，郁郁葱葱的树林让他想到了当时去拉萨时的情景。

在他画的一幅无比动人、飘飘欲飞的“卓嘎”（白度母）唐卡前，老人禁不住伤感地说：“我画了一辈子的仙女美人，但我却从未得到过一个真正美的女人！”

安多·强巴和第一个妻子生活了7年之后，1957年他又搬到了策墨林的一个小院里，一个非常清秀的拉萨少女成为他的第二个夫人。第二个妻子生了7个小孩，没有一个继承他的画业。长子格隆现在开了一家甜茶馆，他有极高的绘画天分。现在他的第二个妻子，仍然住在二楼，要爬上木制的楼梯，微微倾斜的栏杆有些接口处腐朽了。房间里的布局没怎么变，他和儿子格隆在多年前合作画的藏柜依旧摆在那儿，墙上的镜框里水粉画是他的原作，水粉颜料从内地带进来的十分珍稀。在几张折了好几折的描彩的老照片上，我们发现他的第二位妻子比从前瘦小了一些，但脸上的皱纹却不是太多，依稀可辨昔日的容颜。小院今天依旧是从前的规模，窄小的走廊、飘散着桑烟……

1981年安多·强巴当选为西藏美术家协会的第一任主席，1984年出国去印度，在印度的时候，他画了一张《吐蕃三英主》的巨幅唐卡，令人惊叹！当时就有人劝他留下来，被他拒绝，依然回到了拉萨的家。

晚年的辉煌

在拉萨好几家豪华的酒店宾馆的墙壁上、天棚顶上，安多·强巴把晚年的热情倾注成拉萨那永远的风景，还有那些永远飘飞在他心中的“拉姆”。他在75岁的时候，居然迎来了他的第3个妻子，一位高大壮实的安多女子。他们是一个家乡的，这场婚姻使老人的晚年充满了怀旧的意味，而且，他从离开安多尖扎县后，只回去了一次，带回了这位妻子，并养育了2个孩子：大的是个女儿，今年12岁；小的叫罗丹，今年刚满8岁，长得十分标致，尤其是眼神和下巴与父亲非常相似，他俩都在布达拉宫西面的新村小学上学，年

大画家安多强巴在作画（廖东凡提供）

迈的父亲对他们更是疼爱倍加，常常站在平台上注视着他们背着书包走进人群中。

小罗丹经常充当爸爸的助手。在安多·强巴晚年的宗教作品中，儿子是他画释迦牟尼的模特，金刚跏趺端坐在他面前，父子俩在幸福的时光中，共同完成了最珍稀的几幅作品。而安多·强巴的罕世才情，更影响滋润着他们的成长。

他虽然已经是一位老人了，但他非常健康，精神抖擞，走起路来，大步流星，喜欢吃磨的很细的糌粑。用肉汤炖的土豆粉丝，蘸一点西藏的辣椒。他被更多的人请出去，在拉萨新起的高楼大厦中，画下了异常奇美的风景画。

他们的家，就住在布达拉宫脚下，在一层层延伸的石阶旁，一个单独的藏式小院，墙沿上摆满了鲜花。有各色的度母花、菊花和冬青，还有一条纯种的北京哈巴狗。村拆迁后，虽然让安多·强巴很不熟悉，但他每天站在这里，可以看见以前关押根敦群培监狱的旧址，以及布达拉宫广场上飞驰的汽车和闪烁的霓虹灯、老外和旅游者。

他像从前一样，喜欢出门，去八廓街的老朋友家，转经；带着儿子和女儿慢慢地爬上头顶的布达拉宫。

安多·强巴美术学校

把自己积累一生的学识和经验留给后人，是他最大的心愿。在布达拉宫东侧，从前藏军司令部的房间里，挂着一幅铜牌，上面刻着“西藏安多·强巴私立美术学校”，这是在西藏自治区有关领导和有关部门及朋友们的帮助下创办起来的。

西藏和平解放前，他曾办了一个唐卡学习班，学生大多是贵族和官员的子弟，而现在，四十多位学生全来自民间，有十来岁的，也有三十来岁的。他们在著名的安多·强巴亲自教授指导下，除了学习传统的唐卡艺术绘画，主要研习独有的“安多·强巴画派”的技法和精髓。学生的作品在社会上深受欢迎和称赞，这是老人最欣慰的。

他想把学校的规模再扩大一些，能招收更多的学生，能更正规地进行教学，能带学生到更多更远的寺庙去参观学习，盼望学生能走出西藏，到更广阔的天地里飞翔，他相信，在有生之年自己的愿望是一定能实现的！

原载《中国西藏》2001年第4期

热振寺的“帕邦塘廓”节

热振·单增晋美

热振格培林寺位于拉萨市北 240 公里的林周县唐果乡境内，风光优美，是藏传佛教噶当派寺庙。相传很久以前，这里草树不生，是松赞干布把洗头水泼在山上并祈祷祝福后才自然长出了 25000 棵柏树。1057 年，阿底峡尊者的徒弟仲顿巴居士在这个“一弯清流，柏树环绕”的地方创建了热振寺。在藏文里，“热振”的“热”是指根治一切烦恼的法门，“振”则是持续到超脱轮回三界为止。

1948 年，我出生于拉萨市的一个西藏地方政府小官吏的家庭，3 岁时被选为五世热振活佛土登江白益西丹白坚赞的转世灵童，住进与世隔绝的热振拉章内，坐上了第六世热振活佛的宝座。

据史籍记载，每逢藏历羊年的七月十五日，密集空行母荼吉尼卡珠玛桑瓦益西等十万天女下凡，诸路女神即在热振设坛集会，过转神魂磐石节。我还是在 1955 年第一次参加了“热振·转神魂磐石节”（藏语：热振帕邦塘廓节）佛事活动。今年适逢藏历铁羊年，党

热振寺全景

和人民政府实行宗教信仰自由，恢复重大宗教节日，支持和保护信徒进行正常的宗教活动的政策，使我有机会参加恢复 1991 年 8 月 20 日至 27 日（藏历七月十日至十七日）的“热振 · 帕邦塘廓”节并主持其佛事活动，使热振寺全体僧众和广大信徒盼望已久的心愿成为现实。此时又正值西藏和平解放 40 周年，真是“因缘殊胜，得未曾有，天作之合，喜上加喜”，抚今思昔，感慨万千。

转神魂磐石

8 月 5 日，林周县县政府成立恢复“帕邦塘廓”节筹备小组，县长坚赞亲自担任组长。节前，小组进行了大量的筹备工作。庆典前夕，连下暴雨，冲垮了从拉萨和当雄到热振寺的两条公路。特别是拉萨—热振寺线被冲断九处，冲垮桥梁一座，一时间给筹备工作带来许多意外的困难。在拉萨市政府的支持下，小组紧急动员，组织人力物力，抢修公路，使节日前公路畅通，保证了这次佛事活动的顺利进行。

8 月 19 日，各地信教群众陆续到达热振“帕邦塘”。

20 日上午 11 时，按照传统宗教习俗，热振寺喇嘛仪仗队和百姓代表仪仗队各 50 人，骑马排列整齐，从热振寺山脚下，在夹道香坛的浓浓烟霭中，拉开了热振 · 帕邦塘廓节——转神魂磐石节的序幕。自彼时直到 8 月 27 日，每天从清晨到天黑，转神魂磐石的人络绎不绝；朝朝暮暮，神魂磐石旁人流涌动，就像一串佛珠在高僧手中转动不停……

念经 · 赛马 · 跳神

25 日上午 9 点，热振寺喇嘛列队，手举各种经幡，由寺院吹号打鼓到达帕邦塘。11 点，热振 · 帕邦塘廓节典礼大会隆重举行。我代表热振寺民主管理委员会讲话。之后，按照历史的和民族的传统宗教习俗，进行佛事和赛马等活动。

12 点半，为以密集空行母荼吉尼卡珠玛桑瓦益西为首的十万女神设坛“热振帕邦塘”，祭祀上供，热振寺喇嘛则在供食石盘前搭起的帐篷里诵念《上师供》。这天，供食石盘上堆满了热振寺和广大信教群众捐赠的糌粑、酥油、奶渣以及各种点心、糖果等。供佛品“措”（糌粑团）由 21 麻袋糌粑做成，制作精细，酥油粘成的花纹格外美丽，吸引了众多信徒。诵经仪式结束后，由信徒自由吃拿，转瞬间大堆供佛品无影无踪。参加庆典的自治区、拉萨市和林周县党政领导以及其他来宾都给诵经法场捐送了哈达和礼品。总计这天由党政部门、来宾和各地信徒的捐赠，热振寺喇嘛人均布施收入 100 元左右。

赛马在林周县彭多区 7 个乡和当雄县乌马乡的骑手中进行。一时间，草场上骏马飞奔，群雄追逐；道旁围观者欢呼鼓舞，呐喊助威，热闹至极。前 12 名分别由林周县县政府、我和热振寺各奖发 120 元到 10 元。

由瑜伽师阿密·强久仁青创办的跳神，历史上是在寺内举行的噶当四供之一的外供。今年信徒多，来宾多（有 4 万余人），考虑到安全问题和宾客们的心愿，决定改在帕邦塘进行。

为了恢复传统的跳神活动，抢救宗教文化，政府专门拨款 5 万元，热振寺又借贷 4 万元，重新制作了面具、服装、法器等跳神用具。热振寺的 12 名老喇嘛则克服重重困难，任劳任怨，悉心指导年轻喇嘛排练，终于抢救出地道的热振寺跳神。

跳神活动是从下午开始的。带有佛教艺术古老色彩的“热振嘎强”（热振寺跳神舞）在烈日炎炎下的帕邦塘绿色地毯上循序演出。喇嘛们满头满身大汗，却那么虔诚，那么严肃，带着发自内心的兴奋全心全意地跳着。当我来到后台要对他们表示感谢时，却激动得流下了眼泪。有的领导了解了神舞排练情况后，建议将其推向拉萨、内地以至全世界。有的来宾对我说，“神舞跳得好极了。演员们严肃认真，动作整齐，节奏分明，舞步稳健，使古老的神舞充满了宗教文化艺术的魅力。”

朝佛转经

热振寺安静幽雅的大殿里，酥油灯大放光明，香炉里藏香袅袅，冒着浓郁的芳香。主尊佛江白多吉（妙集金刚）节日里显得更加安详，更加慈蔼，仿佛在为转经朝佛的信徒们大发慈悲，为人间幸福，为普度众生而祈祷祝福，这使得转经朝佛的人们更多、更虔诚了。

转“帕邦塘廓”（张鹰摄）

入夜，平时空旷的大草场上突如繁星落地，变得五光十色。在2500多顶帐篷里，牧民们身穿节日盛装，吃着新鲜牛羊肉，喝着新鲜酥油打出来的酥油茶，边说边唱边跳，欢笑声、歌声交织在一起。有的信徒拿着佛珠，念着经文，围着十万神魂磐石转个不停；也有人在帐篷里一夜之间成了“不夜城”。

23日，根据当地信教群众的要求，我们安排中国佛协西藏分会常务理事扎龙孜珠·土登坚赞活佛给僧俗群众讲经，传授长寿灌顶。他在讲经同时，还向当地群众宣讲了党的宗教政策，党和政府对恢复帕邦塘廓节的重视和支持，祝福大家幸福愉快。扎龙孜珠·土登坚赞活佛还将当天信徒捐给他的4020元人民币捐送给了热振寺。

记者招待会

这次热振·帕邦塘廓节的恢复，是党的宗教政策的进一步贯彻落实。我们除邀请自治区和拉萨市党政领导和佛协领导、三大寺负责人外，还请了不少文化、宣传以及其他新闻界人士参加。

为了让更多的区内外、国内外朋友和国际友人了解热振寺的历史和现状，了解十一届三中全会以来党在西藏贯彻落实民族、宗教政策的情况，为了维护祖国统一、加强民族团结，我们决定召开新闻记者招待会。

招待会由我主持，林周县县长坚赞、县人大副主任扎西旦巴、副县长郭兰、县政协负责人仁增多吉等都出席；参加招待会的有来自我区和北京、陕西、四川等地的50多位记者。我们就记者提出的关于恢复热振·帕邦塘廓节及其有关活动的问题一一作了回答。

这次热振·帕邦塘廓节除了宗教活动外，还安

僧人乐队（张鹰摄）

金刚法舞（张鹰摄）

巨大的贡品堆（张鹰摄）

排了丰富的文艺活动，如马术技巧表演、群众业余藏戏团表演、五世热振活佛亲自创造和提倡的“热振卓”（民间对歌舞）表演等等，不仅给节日增添了光彩，也丰富了群众的文化生活。同时，一些活动的开展也促进了热振寺宗教文化的弘扬，促进了我区特别是热振寺周围县乡经济的发展。

原载《中国西藏》1992 年第 1 期

瑜伽师“盖当娃”
——西藏佛教密宗巡礼

周伟　谢继胜

自从西藏著名的高僧玛尔巴将其在印度所学密法传授给弟子以后，噶举派就开始注重口传秘法的实修。并在西藏及其他藏区陆续兴建了一些著名的专门修习密法的寺院。其中最为有名的是那朵吉普寺。该寺位于日喀则的西北部，住寺僧人约二百多人，其中有一个活佛做主持。全藏赫赫有名的瑜伽师“盖当娃”都是由这座寺院培养的。

进入密封的石窟

要培养一名“盖当娃”并非是一件容易的事。为此，寺规规定，所有想进行瑜伽密法训练的僧人，都必须在那朵吉普寺先做三年时间的各种杂务，这一点与西藏任何教派的寺院的规定是一样的。三年后开始转入密法修习。他们必须用三年三个月零三天的时间学习

在青浦山洞修行的女尼（谢继胜摄）

三种特殊的密法，又称为“三年三法”。此后，学习密法的僧人要在一些对藏密瑜伽有长期研习的高僧大德的指导下，继续进行多年的苦修，时间有的是七年，有的可能是十二年。

据史料记载，除那朵吉普寺外，在今天的原西藏日喀则和白朗县之间，还有一所著名的噶举派寺院台觉林寺，也有专门培养“盖当娃”的瑜伽学院。

在那朵吉普寺和台觉林寺研习过多年藏密瑜伽的僧人，尽管说都已具备了超过常人的能力，但要最后成为一名全藏知名的“盖当娃”还要经过一段时间的闭关自修，并通过传统的测试。

每一位瑜伽师要选吉日进入一间与世隔绝的石屋，每间石屋的洞门都要砌石堵死，仅留一小口，并用帘子封住，瑜伽师就从此洞口收取食物。他们在闭关密修期间，只有两座寺院最大的喇嘛（住持）可以与之通话。

神秘的“吐姆”功

闭关期间秘修的瑜伽密法称之为“吐姆”，“吐姆”法既是一种能增加自身热量的呼吸法，又是一种奇特的腾身轻功。如果一个瑜伽师掌握了这种密法，他就可以只穿十几片破烂麻布，吃半开的水煮的面糊，在与世隔绝、大雪弥漫的冰天雪地里闭关自修。有“吐姆”功的瑜伽师还可以连续不断地烘干冰水浸过的麻布，吞下十二块生面团，在同一个时间内消化。

在《西藏见闻录》中有类似的记述，一位高僧裸身在雪地上打坐，然后有人将一床刚从冰水中打捞起的棉被裹在他身上，没有多久就见棉被热气升腾，不久就成了干被。至于藏密瑜伽师盘腿打坐漂浮空中的传说则是很多的。

当代藏密轻功目睹记

1991 年，《雪域文化》（春季号）上发表了一篇柏舟的文章，题为《藏密轻功目睹记》。这里试引一段：

> 索朗桑结活佛站起来，脱下黄色袈裟，套上一条红黄竖条相间的短围裙，然后重新盘腿脚心向上坐在卡垫上。他闭起双眼，双手十字交成捧物状搁于小腹下方。他开始诵起经来，他紧锁眉头，上身开始前后左右逆时针扭动。渐趋急剧，他从鼻孔里长长地喷出几口粗气。
>
> 大约六七分钟过去了。猛地，索朗桑结活佛全身向上腾起，距地有一米高。整个腾空过程中，活佛始终呈双腿盘坐状，双手自然下垂置于大腿上，没有任何依靠四肢作用的迹象……活佛连续腾起五六次，每次耗时约二秒钟，

中间无明显停顿。然后他坐下来调节呼吸。大约一分钟以后，索朗桑结又突然离地。这次是横向飞行，活佛从所坐圆垫处急速飞向二米之外的卡垫，稳稳地坐在那里，然后又飞回圆垫，间隔时间也极短暂。整个飞行过程中，活佛身体始终保持平衡，同样无四肢用力迹象。飞行轨迹成弧线，最高处距地近一米。活佛来回飞行了约三趟，最后飞回圆垫上，以开始的姿势坐着诵起经来。

从这篇文章所记述的情况来看，密宗瑜伽中的“吐姆”法并没有因为时间的流逝而消亡，相反，在今天的雪域藏地，这种古老的文化还在继续发展。

夏鲁寺的惊人测试

一般的瑜伽师在修炼到一定阶段，都要对其进行测试，而在后藏的那朵吉普寺和台觉林寺为获得“盖当娃”称号进行“吐姆”法修习的特殊僧人，则要进行更为严格的测试。

后藏最有名望的夏鲁寺，将被作为测试的场所。接受测试的瑜伽师首先要在夏鲁寺一间地下室闭关静修七天。举行测试仪式的时间一般都在藏历十月十日这一天。在规定举行测试仪式的那天早晨，当时的西藏噶厦还要指派两名在日喀则任职的官员代表来到夏鲁寺，监督整个仪式。届时，方圆百里乃至更远的信仰者成群结队汇聚在夏鲁寺，以睹这一场面。

政府官员在地下室顶棚开口处附近落座，在他们发出仪式开始的叫声后，地下室内的瑜伽师要依靠“吐姆”法中腾空法升至棚顶，然后通过狭窄的出口冲出地面。此后他必须立刻用新剥下来的牦牛皮把自己的身体裹住，用自己身体的热力将湿牛皮烘干。测试仪式的结果经两位官员认定后，牛皮还要拿到观众人群中评判。

成功地进行两次测试以后，这些瑜伽师就成了真正的“盖当娃”。几天以后，这些“盖当娃”将离开这里，去完成一项最奇特、也最神秘的使命，这就是闻名西藏地区的“转六场”巡游。

修行的女尼（谢继胜摄）

“转六场”神游藏地

依据西藏古老的传统，那朵吉普寺和台觉林寺两座寺院在每个藏历鸡年，都要轮流派出他们培养的“盖当娃”和其他两位功力高深的瑜伽师一起进行称作“转六场”的巡游。巡游者从后藏的夏鲁寺出发，途经日喀则到拉萨，再从拉萨至桑耶，然后穿过洛扎至聂塘、江孜，最后返回夏鲁寺。

西藏学者认为，这次巡游除了与一些神秘的宗教仪式有联系外，主要的目的还在于检验西藏主要瑜伽师的力量，并通过这些“盖当娃”所具有的法力来平抚他们所经过的地方。

修行密宗的禅房（噶玛摄）

参加巡游的“盖当娃”，其装束相同于平常僧人所穿的衣服，只是身上多缠了一条宽腰带。脖子上挂着念珠，腰带上插一把橛。他们长头发一部分盘成一个发髻，上面插一装饰物，其余的头发可以允许随意披在肩上。耳朵上戴着白海螺制成的巨大耳环。耳朵遮掩在熊毛绳织成的魔屏之后。“盖当娃”的右手持三叉戟，戟上一般装饰有流缨和其他饰物；左手持一根胫骨法号。另外，陪伴“盖当娃”一起巡游的另外两名瑜伽师的穿戴与普通僧人是完全一样的。他们长发披肩，戴有海螺耳环，每人手持一根很长的藤条。

当这些巡游者要离开夏鲁寺时，从日喀则来的官员还要在“盖当娃”身上缠的一根宽腰带上盖上几个大印鉴，这样就可以保证他们在经历这一段最为艰难的巡游中不能脱掉衣服轻松一下。此外，陪伴这些瑜伽师上路的还有几位地方官员和仆人。

步伐令常人望尘莫及

由于长年的特殊训练，“盖当娃”和另外两名瑜伽师的步伐已与常人不同。一般来说，一位普通的朝圣者要走完巡游者“转六场”的全部路程，没有好几个星期是不行的，而一位“盖当娃”仅仅只要两周时间就可重返夏鲁寺。因此很多西藏人都认为他们掌握了一种能使步履加快的密咒。有一些年轻力壮的小伙子想与这些瑜伽师比比腿力而跟在巡游者后面，他们刚开始也觉得这些大名鼎鼎的“盖当娃”步伐并不显得很快，但由于他们没有苦练过瑜伽密法，缺少走路的耐力，很快就被甩得无影无踪了。

“盖当娃”和其他两位瑜伽师的巡游生活是非常枯燥艰苦的。白天，他们必须不停地在干燥的山道上，顶着强烈的太阳疾行，没有一次喘息，更不允许进食，因为跟在他们身后的官员随时都在监视着，只有到了晚上，他们才能吃点东西，喝点水，然后休息两三个小时。即便这样，他们仍然不能躺下睡觉，还必须坐禅入定。

每到一处重镇或人多的村舍，“盖当娃”和他的同伴都要参加一种专门的迎神仪式。穿着盛装的群众排成一队，在一座座敞开的香炉里“煨桑”焚香，许多信徒不断地向主瑜伽神“盖当娃”供奉禅杖，以表示他们的敬意。为护佑众生，“盖当娃”也不断地用他的三叉戟禅杖触碰人们，并向天空抛撒青稞种子。这种传统的宗教仪式使人们相信：“盖当娃”经过的地方，将充满宁静，再不会有灾难，幸福和吉祥之神将降临。

布达拉宫的门为他打开

几天以后，“盖当娃”一行到达圣地拉萨。这时，他一人必须先走上布达拉宫的台阶。当他经过达赖喇嘛寝宫脚下的两座石碑中的第一个时，必须吹响胫骨法号。听到法号后，达赖喇嘛寝宫里的佣人必须打开布达拉宫所有的门，然后在每间屋子的佛龛上上香，过了一会儿，主瑜伽师“盖当娃”来到布达拉宫的大门口，这时他又第三次吹响法号。随后，这位主瑜伽师穿过一个专门为他打开的房门，一路撒下供品青稞。

当他完成上面的种种仪式后，这位来自后藏的赫赫有名的瑜伽师便成了达赖喇嘛和拉萨显贵们的座上宾。在布达拉宫，他会被人引导前去晋见达赖喇嘛。然后可以坐在那里喝两杯酥油茶，这种特殊的赏赐可以说连许多高僧大德也不敢奢想。会见很快就结束了，“盖当娃”起身向达赖喇嘛深深地施跪拜礼，然后离开布达拉宫。以后的时间，可以说是“盖当娃”和他的另外两位陪行瑜伽师的最为风光的日子，他们不断地出入于上流社会，在他们经过的每一间贵族宅屋里抛撒驱邪净屋的青稞。当主人向他们供奉完禅杖后，“盖当娃”开始起身向前用自己的额头去碰主人的额头。人们相信这种仪式可以护佑全家吉祥如意。

很快，漫长的巡游仪式结束了。主瑜伽师“盖当娃”和他的两位伴侣要休息好几个月，然后又重新开始修习禅定和瑜伽训练，在以后的岁月里，还有许多仪式需要他们去完成。

原载《中国西藏》1993 年第 2 期

到拉萨去朝圣

马丽华

黑色的大地是我用身体丈量过来的，
白色的云彩是我用手指数过来的，
陡峭的山崖是我像爬梯子一样攀上，
平坦的草原我像读经书一样掀过……

从囊谦来的朝圣者

我们是在一个风雪天里，在拉萨东北 200 里外的雪绒沟里邂逅了他们的。开始我们只发现了茫茫雪原上的几顶小帐篷，随之又看见了他们的一群驮牛，最后才看到了他们的人。

这是一群历时一年多，从家乡青海囊谦磕长头去拉萨朝圣的人。

囊谦人宗教感极强，去拉萨朝圣既是传统也是时尚。谁要是能以这种极端的方式即以三步一身的磕头方式历尽艰辛到达拉萨，谁的名字就会在家乡得以广泛而深入的传诵。这是人们所追求的理想。

八廓街煨桑炉和经幡杆（楚翘摄）

这支队伍由老老少少 18 人组成，最年长的是 73 岁的仁增曲珍，其次是仁增曲珍的丈夫、小她 10 岁的桑秋多吉；最年幼的是不足半岁的贡觉群培，他的父亲仁钦罗布、母亲阿旺曲珍也是朝圣者。这支队伍的灵魂人物是桑秋多吉和仁增曲珍之子、29 岁的僧人罗布桑布。1991 年藏历十月初四、公历 11 月 10 日，在乡亲们敬献哈达和热情祝福中，罗布桑布一行俯下身去，在山村的土地上磕下了第一个等身长头。从此他们在荒山野地、风雪烈日中就这样行进了一年之久。

1992 年 12 月 13 日，当他们终于如愿以偿地磕到拉萨大昭寺释迦牟尼金像跟前时，这支队伍仍是 18 人，不过成员有所变化——长达 1 年 1 月零 3 天的旅程中，一些原来的同伴离去，一些后来的人参与，还有一些人来了又走了。他们之中，最年长的仍是仁增曲珍，她已 74 岁；最年幼的仍是贡觉群培，他已 1 岁半多。每人所磨损的生牛皮做的围裙不止 8 张；用坏的木制手套不计其数；上路时的 15 头牦牛、6 匹马所剩无几。

那是一个风雪天，铅云欲堕，漫野皆白。一行数十人蠕动在旷野雪地上，双手扬起落下，身体此起彼伏，寂静的山谷中响起了木板摩擦冻土的声响，混合着绵绵不绝的诵经声。貌如印地安部落酋长的父亲桑秋多吉，面部纵横的每一条纹路都刻划着虔诚；英俊的儿子罗布桑布的眼神总是迷茫，总是穿越了现实世界而专注于遥不可及的未来时空。紧随身后的青年僧人嘎玛洛萨、仁钦罗布、江羊文色、嘎玛西珠他们，尼姑英索、江羊卓玛她们神情都一样庄重，对周围的事物视而不见。

他们在风雪中乞讨，站成横列的男子们一手摇鼓，一手执铃，披肩长发与僧裙及铃鼓的流苏风中翻飞，雪粒纷纷扬扬从空中斜斜地倾泻。沉郁苍凉的男声伴着铃鼓之声在荒野中散播开来，他们唱诵的是名叫“觉”的经文，大意为：

为使宇宙众生脱离苦海、幸福安乐，作为传播教义的使者，我正以自己的行为做表率，超越俗念，一心向佛。释迦牟尼等大师未完成的事业，要以我的意志使之完成；对于不懂教法者，要以我之力使之明晰；对于信仰宗教者，要以我之力使之完善。

罗布桑布，一位年轻的宗教献身者

罗布桑布这个名字，直译就是“好宝贝”。稍许了解一下他的身世，这名字中所饱含的珍爱之意就不言自明了。在囊谦这片老而又老的土地上，土王统治一直延续到20世纪50年代。罗布桑布的父亲出生于囊谦国王的经师世家；母亲则出生于国王属下的百户。父亲桑秋多吉曾在川藏公路的林芝段当道班工人多年；而母亲曾是家乡一位活佛的妻子。在生育了4个孩子以后，活佛去世。60年代初，母亲仁增曲珍改嫁给桑秋多吉，就在她45岁、丈夫35岁那一年，他俩唯一的亲子“好宝贝”降生了。

罗布桑布是在川藏公路边上出生并长大成人的。小时读过几年书，与汉族小孩相处学会了说汉话。他自小就下决心要干一番大事业，以报答好父母，但命运安排他先是当了道班的临时工。18岁那年，又随父母回到了家乡囊谦的山村。多才多艺的罗布桑布能写会画，能歌善舞，口琴、电子琴、吹奏乐和打击乐；木工、铁匠、雕刻匠；修理钟表和家用电器，还可以当半个医生：朝圣途中带着注射用品，为生病的伙伴打针。由于他的人品和才华，家乡人敬重他，称他为“奇才”。面对终生职业的最终选择，他也许不假思索地走上了宗教职业者这条道路。这是家乡人观念中的最高选择——这也体现了封闭的社会环境对于命运的决定性影响。在他的家乡一带，很少听说哪一位体格健全、神智健全的青年男女未为僧尼。

家乡的宁玛、噶举、萨迦诸教派，不像格鲁派那样严禁僧人婚娶。朝圣伙伴中的青年僧人嘎玛洛萨、仁钦罗布就已娶妻生子。身为格龙的罗布桑布已发誓终身不婚。9 年的僧人生活把罗布桑布重塑成今天的形象：绛色僧裙裹着修长身材，面容清癯，长发拂肩，犹如古代豪侠只是秀气文静一些。本应光洁的额头被大地磨出了厚茧。双眼深邃而迷蒙，犹如冥想中的哲人目光不会炯炯，又如佛之慧眼饱含悲悯反倒黯然。

他所秉有的天性使他的行为具有了强烈的个人特点。他是这支朝圣队伍成功的组织者。我们注意到这群人的与众不同之处：艰苦的旅途中，只要条件稍稍允许，他们即沐浴更衣，洗涤卧具，尽可能地短时清爽；18 人的集体各有分工，团结和睦。尤其令人惊讶的是，一年多的旅程中，罗布桑布坚持每天在藏文历书上记简志，在笔记本上写日记。

荒原上的 4 顶帐篷

在最终抵达拉萨的 18 人中，有僧人 8 人、尼姑 5 人、俗人 5 人。俗人中包括罗布桑布的母亲和一位亲属、贡觉群培母子、昌都人西热邦久。

最初一同上路的几位老人和孩子，中途搭便车走了；上路 3 个月后与囊谦来的朝圣者相遇。7 人中 3 人磕头，4 人为烧茶侍者。在他们的恳求下，罗布桑布答应同行。但因为上路时所带干粮干肉早已用光，靠乞讨度日，而无论人多人少，施主总是布施同量的食物和柴草，所以同行一个月后，只得劝说那 7 人分头赶路去了。

半年后，昌都四姐弟赶了上来。他们是 28 岁的尼姑姐姐嘎羊拉姆，27 岁的俗人哥哥西热邦久，24 岁的尼姑妹妹江羊卓玛，20 岁的格龙弟弟嘎玛西珠。他们来自昌都县的妥坝沟，是一个十兄妹的牧民大家庭。除两个姐姐已出嫁外，家中还有四姐弟主持家政。上一年的秋季，差不多与罗布桑布他们启程的同时，这四姐弟也磕头上了路，到罗布桑布的活佛哥哥的才玛布寺院朝拜。在那里听说了罗布桑布他们已出发两个月的消息。久仰罗布桑布的为人，四姐弟加快了进度，星夜兼程，每天磕到很晚才歇息，第二天早早又上路，直追到初夏 6 月，在藏北比如县的加休边嘎地方，终于会合。此后无论如何也不肯离开，直到拉萨。

自那时起，这支朝圣部落由 4 顶白布帐篷组成。中间覆盖着遮阳帘的大些的帐篷，住着罗布桑布的家人和亲戚：父母、表姐尼姑次珍曲珍，部落管家、小个子僧人多丹。主帐篷一侧的小帐篷里，住着三位尼姑：才仁、英索母女两个，嘎玛洛萨的表妹、胖尼姑德中俊美。

他们中有 11 个人是磕头的，其他的多为后勤人员。按照他们的说法，分工虽有别，功德是相同的。总管多丹掌管后勤大权，组织拔寨扎寨、选定营地、化缘乞讨、分配所得粮茶柴。化缘时也有大致分工，有管化柴的，有管化粮的。所有人都安于尊卑而毫无怨言。嘎羊拉姆的 3 个弟妹都是磕头的，她耐心地为他们烧茶打点，耐心地为她的俗人弟弟洗发编辫。在谈到罗布桑布的时候，她美丽的大眼睛里闪烁着异样的光芒，向往地倾诉说，在我所遇见的所有人中罗布桑布是最勤劳、最善良、最有才华的人。我格外崇敬他，他吩咐我做什么我都乐意做；他走到哪里，我们愿意跟他到哪里。她还说，和他朝夕相处，我内心是惶恐不安的：怎么能与高贵的他平起平坐呢？但愿与罗布桑布同在一寺院，这是我终身的福分。

色拉寺黄金坛城（楚翘摄）

桑秋多吉和仁增曲珍这对沧桑一世的老夫妻，晚年心思宁静而单纯。无论一生中有多少祈愿，此行都将一次性地给以了结。就为了一个好于今生的来世，他们把家中 10 多头牦牛、50 多只山绵羊寄养在亲戚家，请一尼姑照看家室，就这样风霜雨雪地前往心中的圣地。桑秋多吉每天都在为宇宙众生灵祈祷，每天都在祝福国家元首和宗教领袖们万寿无疆。他从来都是一丝不苟地完成着磕头的每一程序，额头硬茧每天都被蹭出新鲜的血。在他每天的强调提醒下，年轻的僧尼们严格遵守规范，在无人监督的场合，磕头也从不取巧。

大昭寺广场（楚翘摄）

磕头的规矩是这样的：每天自上路起，只准念经，不能讲话，如遇非讲不可时，要先念经以求宽恕。途中遇河，要目测河距，涉水而过后补磕。下山时因有惯性，也不能占有便宜，下了山要补磕

相应距离。在雪深过膝的色杂波拉雪山，实在无法磕头，就拿绳子丈量过，到拉萨后，每人补磕 4800 个头。严守规矩使他们一路受到称赞。这使他们引以为自豪。

每天磕头有一定程序。早饭后步行到昨晚做了记号的地方，站一横排，合掌齐诵祈祷经。傍晚结束时，要向东南西北四方磕头，意即拜见此地诸神灵，今晚我将暂栖于此，请求保护；向来的方向磕三个头，答谢一路诸神灵和万物，为我提供的生活必需水与火；向前方再磕三个头，告示我明天将要打扰地方神；最后向前方唯唯鞠躬三次，不尽的感谢和祝福尽在其中。

两位老人安详地坐在爱子身旁，旷野中小小帐内充溢着温情与和美。这位英俊的儿子保持着他温和的权威，使这个部落散射着仁爱的光辉。说起内部的事情，罗布桑布说，为了一个共同的目标，我们走在了一起，这是我们的缘分。而以这种艰苦的方式去拉萨朝圣为的是净化自身，为世人树立起一个献身者的榜样。有一次，小个子多丹和大个子江羊文色发生了激烈争执。罗布桑布拿这些话开导他俩，他俩就买了肉和茶款待大家，发誓说，听罗布桑布的。从此再不争吵，像亲兄弟那样团结。待我们熟悉起来的时候，我们就越来越多地了解这群年轻人中有趣的事。例如小个子多丹是个食肉类，不吃肉就迈不动步。有一回遇到意外之喜：猎人猎杀了公鹿，取了鹿茸就走了，多丹背回了鹿美餐了几顿；但有一回，他差点成了狗熊的美餐。在一条山沟里他突然撞上了一只狗熊，掉头便跑，狗熊紧追不舍。多丹急中生智，藏身于石缝，笨蛋狗熊居然没有发现他。我们还知道胖尼姑不雅的外号叫“猪八戒”；还知道昌都人西热邦久得了奇怪的眼病，凡是他看准了水中放脚的石头，一脚下去必定踩进水里。还有从小在家乡长大的外甥，到拉萨不认妈妈了，总是随了舅舅罗布桑布喊“姐姐”。

当然我们不知道的故事还更多。

旅程日记

1 年 1 月零 3 日，算一算，整整 399 个昼夜，把每天所作所为简要成一句话记在长条的藏历上。罗布桑布心平气和地翻阅，慢条斯理地讲解。没有惊天动地的事情，不过就记了今天到了何处，见过何人，遇到何事，某人病了，某牛死了或卖了之类琐屑事务。我们就这样领略到他们所经历过的云和月，风和霜，雨雪和阳光。一条长长的穿越了岁月和荒野的遗迹——是身迹，和心迹。

1991年藏历十月初四，公历11月10日，出发。

两天后到达囊谦古国遗址，文成公主玛尼石处。

12月4日，嘎玛洛萨病危，尼姑们都哭了。为他念经并打针。嘎玛洛萨右肋下剧痛，当时所有磕头的人两肋都痛。

1992年元月1日，翻越青海与西藏交界的色杂波拉雪山。雪深无法磕头，只好趟雪而过。翻过山已是深夜。找到当地百姓，请求牛粪和住宿。人家说过往香客有好人也有坏人，坏人又偷又抢，我不知你们是好是坏！说着骂着，还是给了些牛粪。用牛粪火慢慢烘烤双手，才把冻住的手板套脱下。

1月21日，第一次讨饭。

1月24日，第二次讨饭。这一天还发生了一件事：心爱的小青马掉进冰河里了。

1月28日，到达丁青县农村。

2月9日启程，路遇囊谦朝圣者7人。后同行一个月分手。

2月20日路遇四川8人磕头,不是三步一磕而是走十多步一磕。

3月1日，磕到丁青境内大雪山协拉山顶。

3月3日，尼姑才仁、英索的牛失足掉进协拉山雪窟里。因牦牛体格硕大，无法将它拖出。直到3月5日藏历年这一天，四川朝圣8人到达，央求这群汉子帮助，把已冻残了腿脚的牦牛半抬半拉地拖下山。

另一头牦牛死得更惨。一切都是命中注定。那一晚，表姐次珍玉珍的牦牛独自离开了牛群。人们四处寻找，第三天才在一条水沟旁找到它。它已奄奄一息，人们看到它似乎在哭，并发现它尾巴之下豁然洞开，黑黢黢有如一口山洞，内中狼藉。原来是卑鄙残忍的豺狗从肛门里钻了进去将牛的肠子吞吃一空。表姐痛不欲生，全体僧尼为死去的牛作了超度仪式。

6 月 9 日，9 头牛中的 7 头病了。等待了 16 天后才痊愈。

7 月 30 日到 8 月 25 日，从嘉黎步行往返于墨竹工卡，参加“直鲁噶举”仪式。后将仅剩的 5 头牛寄放在嘉黎百姓家。

10 月 15 日，朝拜直贡堤寺。丢失 6 匹马。

在随后的记录中，频频提示仁钦罗布病倒、病重、急送拉萨医院抢救等情况。接近拉萨最后几十公里，是多事之旅，断断续续行进了一个月。仁钦罗布佝偻着日趋瘦小的身子，险些一命归西。英索也是。她长时间的发烧，跟不上磕头的伙伴们，只能早出晚归，形单影只地匍匐在青黑的沥青路面上。

终于罗布桑布记下了旅程的最后一笔——

1992 年 12 月 12 日，藏历十月十五日，朝圣大昭寺。

到达圣地

藏历十月十五日，是隆重的宗教节日。为等待这一吉日，他们在东郊罗布桑布的二姐家休整了几天，补磕了差不多一年前翻越色杂波拉雪山时欠下的 4800 个等身长头。还做了一些法事祝福吉祥。

这一天大昭寺前香烟弥漫，朝圣者经商者人头攒动。当手套板擦滑地面的声响传来，人丛中立即让出了一条狭长的通道。闻讯赶来的 8 位在拉萨工作或经商的囊谦老乡身穿彩色缎袍、头缠黑丝缨络、手捧洁白哈达尾随。围观人群中不时有香客走出来，依次向每一位磕头人发放布施，一元钱，或几毛钱。饱经风吹日晒的黑红脸膛、黏结着风尘的散发、额头的印记、褴褛衣饰，都足以赢得普遍赞誉和英雄

大昭寺觉沃佛像（程德美摄）

桂冠。他们以格外庄重的神情，一步步接近圣地的凯旋门。

大昭寺关闭的深红色门扉迎向他们开启，匍匐者穿越天井，直磕进神圣寺院中的至圣殿堂——释迦牟尼12岁等身像前。按规矩，他们要一直磕到佛祖脚下，才算得上功德圆满，完成此行。就在灯火幽暗的经堂内，面向金碧辉煌的佛祖，这群来自远方的虔信者，齐齐站定，久久地朗声诵读有关释迦牟尼的颂辞，各式各类供奉的、祈祷的、祝福的经文。男女混声的齐诵庄严地回旋灌注于整个经堂。历尽艰辛的人此刻甘之如饴。

我看到了那一张张熟悉的面庞上的激动与迷醉。圣地是置于神圣世界与世俗世界之间的大门。置身于圣地，意味着融入永恒的力量之中。他们已登堂入室。位居正中的桑秋多吉满脸汗水，泪光闪闪；多丹则热泪纵横不能自已；嘎羊拉姆紧闭双目口中喃喃；仁钦罗布和英索的无神眼光里透露着惯常的苦难和无奈。领诵者罗布桑

八廓街小巷里穿梭着游客（楚翘摄）

布的超然神色中，有一丝如释重负的轻松。此时此地，正是这群人孜孜以求多年的如梦境界，单调卑微的生命在这个瞬间璀璨地放射光华。此时此地，这群已超凡脱俗的人，这群除去自身几乎一无所有的人，正在做的一件动人的事就是，他们满怀至上的幸福和仁慈，为全人类祝福。祝福世间所有生灵时时吉祥、处处吉祥，白天吉祥，夜晚吉祥，日日吉祥，岁岁吉祥，生生世世都吉祥——“扎西—秀！”“扎西—秀！”祝福吉祥成为被反复吟诵的主题。

冗长的经文念诵完毕，接下来的是最辉煌、最神圣的结束动作：再磕三个头，就可以将头触在佛祖脚下。

但这个动作没能完成。当桑秋多吉父子扬起双手，俯身拜倒时，守在一旁、有些不耐的僧人不由分说地抓住他们的衣领，推推搡搡，令他们尽快绕佛像转一圈——就这样草草收了场。

“只差三个头啊，”老泪纵横的桑秋多吉为此留下了终身遗憾。

神圣的光芒褪尽，我们熟悉的人们恢复了常态，一副大功告成的松弛。

罗布桑布的眼神重又迷茫，它穿越俗世，投向常人视线未能到达的远方。

朝拜三大寺之后，听说他们还将去藏南藏西等地，是搭乘汽车而不再磕头。要去朝拜桑耶寺、萨迦寺等著名寺庙，有可能的话，还要去阿里的冈仁布齐神山。只有仁钦罗布，要返回拉萨以东 60 多公里的地方，补磕这一段距离。

然后，罗布桑布，你这英俊的康巴男人，你这发愿戒绝尘世之缘的年轻的格龙，你还将去往何方呢?

原载《中国西藏》1993 年第 3 期

扎什伦布寺“羌姆”观瞻记

廖东凡

羌姆，又称金刚神舞，通俗的说法叫“跳神”。这是藏传佛教喇嘛们表演的宗教舞蹈。

随着西藏宗教文化的传播，不少人对“羌姆”有着极浓的兴趣，但是，这种具有神秘色彩的宗教舞，并不是经常或者轻易能看到的。它是一种密宗仪轨，只有在特定的时间、特定的地点由经过密宗灌顶的特定僧人才能表演。在西藏日喀则一年一度的西莫青波节里，我看过扎什伦布寺护法僧院喇嘛的“羌姆”表演。两年过去了，但那沉洪的法号声，激荡的皮鼓响，还有诸神的蹁跹舞姿，庄严妙相，时常在我耳边萦回，眼前显现，留下了难以忘怀的印象。

扎寺的金刚神舞院

走进扎什伦布寺的东侧新修的神舞院，迎面是一个露天大舞台。舞台四周坐满了身着节日盛装的男男女女，还有不少外国人。舞台

扎什伦布寺内一角（楚翘摄）

正回一幢两层藏式楼房，建筑非常讲究。楼下贵宾席，右侧已有许多高僧活佛在那里正襟危坐，左侧也有不少人走动，看样子是政府官员和各方面代表人物。楼上有十世班禅大师观看“羌姆”的房间，现在大师圆寂，楼房窗户紧闭，还用黄布蒙得严严实实。据说要等十一世班禅大师灵童坐床，门窗才能重新开启。

我的朋友边多先生告诉我，西莫青波，意为大型表演，每年藏历八月在日喀则举行，具体日子由星算学家推算。西莫青波节日内容非常丰富，其中最主要最吸引人的内容是跳“羌姆”。它由七世班禅丹白尼玛于 1846 年创立，开始在日喀则东郊的贡纠林卡（园林）举行，那是历世班禅大师夏日的驻锡地，据说那时节日内容很多，跳羌姆，演藏戏，表演杂耍、技艺、歌舞活动，往往延续到半个月之久。1954 年年楚河涨大水，贡纠林卡宫殿神堂被冲毁，西莫青波节移到日喀则城西德清颇章宫举行，“文化大革命”结束，十世班禅大师亲自主持恢复西莫青波节和羌姆表演，很快成为西藏最引人注目的宗教艺术盛会。因为原先的演出场地过于偏狭，十世班禅大师又倡建了这座金刚神舞院。考虑到当代人生活和工作节奏都比较紧张，节目活动缩短到三天。第一天是大黑天的助手切丑巴纳为主神的羌姆，第二天是具誓阎王唐青曲杰为主神的羌姆，第三天是游艺娱乐活动。十世班禅大师呕心沥血恢复了羌姆和修建了神舞院，自己只观瞻了一届，便溘然离开人世，确实令人缅怀不已。

红色的大门缓缓打开

这时候，我看见舞台正北面，一张红色的大门缓缓打开。十几位身穿绛红袈裟，肩披酱色披风，头戴鸡冠形僧帽（孜夏）的高大喇嘛，扛着八面旗帜鱼贯而出。他们来到露天舞台中间，很有气势地将旗帜展开，用木叉支架，插于舞台两侧，每树一旗，喇嘛们扬撒糌粑，观众高呼“曲晓”（神胜利了），顿时全场烟雾弥漫，吼声震天，八面三角形巨纛，在高原强风中猎猎飞扬，哗啦啦地响成一片，似乎雪域诸神，正在纷纷飞落。

边多先生说，这八面旗帜，代表扎什伦布寺的八位护法大神，黑旗代表大黑天六臂怙主，白旗代表保护神青嘎瓦，蓝旗代表吉祥天母班丹拉姆，红旗代表红面狱主姜森，黄旗代表北方天王财神朗色，另外三面旗，分别代表宝帐怙主（黑色）、白色怙主（白色）、四面怙主（黑色）。这些护法大神亲临舞场，使整个羌姆更具权威性和神秘感。

出旗之后，再出乐队。喇嘛乐师们绕场一周，然后在舞台西侧秩序井然地就座。他们神情凝重，静静等待演奏的指令。我数了数，其中有大法号 4 支、腿骨号 4 支、金唢呐 4 支、大铜钹 4 副、小铜钹4副、羊皮鼓12面，全部乐师达五六十人，其演奏音量可想而知。乐廊中间立一法坛，法坛上坐着护法僧院导师、羌姆总监喇嘛次仁，面容清瘦，精神抖擞，他手持铃杵，口念经咒，微微示意，顿时号音大作，羌姆正式开始了。

庄严妙相，舞步回旋

第一个出场的，是一位汉僧打扮的老和尚领着6位小和尚。老和尚头戴大面具，慈眉善目，步履蹒跚，脸上总是乐呵呵地笑着。6位小和尚，头戴胖头娃娃面具，颜色有红有黄有蓝，伴着打击乐的节奏，摹仿种种劳动动作，显得憨厚而又可爱。他们名叫“金达哈香”，意为施主和尚。相传早在吐蕃王朝时期，唐朝派遣过不少僧人，进藏帮助翻译佛经，传播妙法。将这些汉僧的形象保留在羌姆里，表示不忘他们的贡献，也有民族团结的意思。

接下来的舞蹈称为“夏吉雅尼”，出一位鹿神一位牦牛神。他们身穿彩缎战袍，鹿角和牛角上披着长长的哈达。左手持盛血的颅器，右手拿金刚橛，在法号声中，矜持而舒缓地起舞，他们跳得很潇洒，很有派头。边多先生从旁解释说，其实他们不是鹿，也不是牦牛，他们是地狱之主阎王派往世间的使者，名字秘而不宣，以观世人的善恶和苦乐。

边多的话还没说完，只听得观众中一阵惊叫，4个全身骷髅白骨的鬼物，以极快的速度回旋舞蹈而出，舞过通道，舞下台阶，在观众面前任意翩跹，随心蹦跳，呼啸奔跑，精彩异常，又略带一些恐怖。还是边多先生给我点拨，他说，这些角色称为“多达”，译成汉语是“陀林尸主”，他们是天葬场的精灵，天葬一万具尸体才出现一个。别看模样可怕，心地是慈悲的。他们是护法神的化身。

扎什伦布寺羌姆表演现场（噶哇扎西摄）

多达们用木架抬上一个糌粑捏成的人形，丑陋至极，手脚都被铁链牢牢固定。这个东西叫“林嘎”，它是敌魔和邪恶的化身，砍杀和超度林嘎，是金刚神舞的主要目的。今天抬出的是男性，明天还要抬出一个女性林嘎。七天前由喇嘛们做好，日夜诵经念咒，将敌魔的魂魄摄进其中……

这组骷髅物刚刚下场，又一组骷髅鬼物呼啸而出。他们名叫“托嘎”，意为“白圆头盖骨”，光头，赤脚，挥舞一把花棍，尊容比多达还要吓人。据说他们也是吉祥神，能把罪恶的灵魂引向解脱之路。

经过几场轻松活泼的表演之后，器乐的情绪为之一变，舞台气氛立刻显得格外凝重起来。16 位密法咒师，以庄严缓慢的舞步徐徐进入中场。他们头戴黑色圆帽，帽檐下眼神森森；身穿宽大的黑袍，前胸后背也有许多眼睛。据说古代咒师的祭服，应由 4 张完整的人皮制作。一支致敬队奏着热烈的乐曲，绕场半周来到咒师们面前，敬献掺有五种金银粉末的金酒，向天空和大地抛洒祭祀本尊护法诸

扎什伦布寺的活佛、高僧和嘉宾们观看羌姆表演（噶哇扎西摄）

神，召请他们降临神舞场。相传16位咒师，是怖畏金刚16条腿的化身，因此具有召请雪域诸神的魔力。

从我进藏时起，常听人家说起“阿扎纳”这个名字，被当成“小丑”“滑稽人物”的代名词。黑帽咒师退场后，8个阿扎那出来表演。他们高鼻深目，髭胡卷曲，头缠彩巾，完全是古印度修行者打扮。其实阿扎纳是印地语，意为游方僧。这段羌姆表现古代印度僧人在西藏传播佛教的情形，一点也不可笑的。人们把他们当成小丑，也许是他们的模样和舞蹈动作比较奇特的缘故吧！

4位门神之后，出现乌鸦神和猫头鹰神，他们总是无休无止的争斗。中午短时间的休息，观众分散到附近的树林里野餐，下午第一场演出切丑巴纳神舞，他是大黑天六臂怙主的助手，格鲁派创始

扎什伦布寺的窗户（楚翘摄）

人宗喀巴大师的护法，也是今天羌姆的主神。因为他的出场，整个乐队音量都大大增加。他身穿黑色战袍，满身披挂骨饰，头戴面容威猛的黑色大面具。他的出场真是威风凛凛，神气活现，两个僧人搀扶着他步下石阶，在舞台中时进时退，左转右旋。有 8 个持刀的猛神挥刀狂舞，那是他勇敢无畏的随从们！

下一个舞蹈称为“卡堆嘎纳”，一个白面具神，一个黑面具神，双方亮出拳头大的骰子，在舞台上进行赌博。白神骰子 6 个眼，黑神骰子只有一个眼，结果白胜黑负。致敬队上场，向白神献哈达祝贺胜利。白神象征白天，黑神象征夜晚；白神表示光明，黑神意味黑暗。也有人说，白神代表正义，黑神代表邪恶，正义战胜邪恶，当然值得欢庆。

八比丘舞，八勇士舞，他们都是主宰藏人生死的孜玛日大神威武的仪仗队成员。

扎什伦布寺的土地护法神乔乌·青嘎瓦上场了，他是一尊白色的神、容貌堂堂的神。青嘎瓦原是拉萨东北热振寺的保护神，后由一世达赖根敦主巴请到扎寺，做了这里的保护神。扎寺后面山上有他的神庙。舞台上的他，是一位头戴金冠身披白袍的王者，4 名神祇不离他的左右。一位面目凶猛、持板斧、披虎皮裙的红色神，是他的开路将军；另外三位面具、服装都与青嘎瓦酷似，不过小一号，他们是大神的明妃、王子和大臣。

在每场羌姆之间，总要出现两位滑稽人物即兴表演，逗得观众捧腹大笑，使全场气氛非常活跃，一个是老头儿，一个是老太婆，头戴布制立体面具，怪模怪样腰系马铃，走起路来叮叮当当响个不停。传说他们也不是一般人，是日喀则东郊贡纠林卡地方土地神的化身，通过他们串场表演，可使众生吉祥圆满，长寿安宁。

斩杀“林嘎”的仪轨

羌姆临近结束时，要斩杀糌粑制作的人形林嘎，将宗教舞推上高潮。出场的有两位，一红一黑，光头赤膊，挂巨大的白色耳环，胸披人皮，獠牙森森，容貌凶猛。红面神捆住林嘎，黑面神抡起板斧，一斧一斧地砍，直到砍得七零八落，飞溅四方。他们被称为“来格”，意为“执行者”“刀斧手”。为甘丹寺附近拉莫强久巧寺梵天猛像的化身，称“断命梵天”。第二天羌姆中，砍杀林嘎者，除了上面两位，还有掌管雪域黑头藏人生死祸福的孜玛热大神，合称“孜玛热三眷属”。

林嘎砍碎了，一只活泼的小鹿跑了上来。踩着号音鼓点，随意起舞，蹦跳自如，跳到东，跳到西，最后跳到林嘎旁边，单腿跪下，双手叉腰，连连甩动犄角，把林嘎抛向四面八方，不少人把碎块揣进怀里，带回去进行供奉。小鹿是拉莫强久巧寺善像梵天的化身，他抛掷林嘎是解脱有罪的灵魂，使之走上天堂之路。小鹿总是由小喇嘛扮演，活泼机灵，招人喜爱。

第一天羌姆共 16 段，整个舞蹈在 8 位称为秦巴的武士舞中结束。第二天要跳以具誓阎王唐青曲杰为主神的舞蹈，也是 16 段。

焚化“刀玛”的辉煌之举

舞蹈结束后，举行焚化“刀玛”的仪式，刀玛是糌粑制成的施食，半人多高，有点像带触角的巨型水雷，上半部涂成红色，表示火焰；下半部涂成黑色，象征威猛。从佛理上讲修佛行以施舍为第一，而施舍饿鬼为最。第一天刀玛称为黑色大神乞丑巴纳供施；第二天刀玛称为具誓阎王唐青曲杰供施。7 天前由佛法僧院制作完成，供在两位大神像前，日夜诵经念咒，请求威光加被，能使一切敌魔灭无量之罪，生无量之福，所得之饮食变为甘露美食，以解脱苦海而生诸净土。他还说，不懂佛理的人，总以为斩杀林嘎、焚化刀玛是害人的行为，其实佛教不论显宗密宗，都以慈悲为本，利乐众生、解脱苦难是其唯一宗旨。里面所讲的敌魔，主要指人类本身的弱点和恶念，也就是所谓“我执”，例如损人利己，争强好胜，愚痴贪欲，仇恨嫉妒。造成世间无数争纷和苦难，使人们陷入不可自拔的渊薮。林嘎是这些恶念的代表，刀玛即解脱恶念的办法。这不是平和的办法，而是威猛的办法，正如医生开刀一样，开刀是不得已，目的不是杀人，而是拯救人的性命。斩杀林嘎，焚化刀玛，是为了使罪恶的灵魂解脱恶缘，归于善趣，升入天界，是无尚功德的体现。这些奥义是后来采访羌姆总监喇嘛次仁听到的。

焚化刀玛在金刚神舞院外某地举行，数以百计的僧人，包括刚刚卸装的喇嘛演员，以护法神大纛为前导，击鼓吹号，抬着巨大的刀玛走出神舞院，不远处已经搭起一个数人高的青稞草屋，成千上万信徒香客在这里围了里三层外三层。摆好刀玛，喇嘛次仁做手印法，众僧趁势将刀玛扔进草房，洒油点火，借着高原的夜风，大火熊熊燃起，威光直冲天际，烈焰轰鸣，火星飞溅，把周围的树林房舍，僧俗人众，照得金光灿烂，格外壮观。随着狂热的欢呼，刀玛被焚烧了，象征噩运消除，幸福普降，藏西日喀则大地，吉祥欢乐的岁月将世代长流。

历世班禅大师和“羌姆”

喇嘛次仁是个很随和很爽快的高僧，虽然年过七十，又在法座上正襟危坐了几个小时，但神情开朗，脸无倦容，有条有理地讲起西莫青波羌姆形成的历史。

他说，早先，西藏宁玛、萨迦、噶举各派都有自己的羌姆，唯独格鲁派没有。公元 1645 年四世班禅洛桑曲杰，在扎寺密宗院创办了腊月二十九日驱邪羌姆，是为格鲁派神舞之始。

他又说，西莫青波羌姆形成较晚，离现在也有 150 年了。1825 年（藏历十四饶迥木鸡年），七世班禅丹白尼玛筹建扎寺护法院，僧人 80 名。1846 年，七世亲自指导该院僧人捧练新羌姆，在当年藏历八月西莫青波节演出，称为西莫青波羌姆。这台羌姆在本寺密宗院羌姆的基础上，再吸收拉萨旦加林、策墨林、木鹿寺、蔡公堂寺、达孜县拉莫强久巧寺、山南多吉扎寺的一些神祇和跳法而形成的。八世班禅丹白旺秋，把抛掷刀玛的仪轨搞得更热烈更庄重，并使羌姆表演由一天延至三天。九世班禅曲吉尼玛，对宗教艺术有着特殊的爱好。在他 20 岁的时候，重新整理了全部羌姆，加快了节奏，使

文物保护 人人有责

扎什伦布寺（楚翘摄）

之更活跃，更有观赏性。他为乐队添置了“同钦”（法号）、“冈令”（腿骨号）、“甲令”（金唢呐），为演员添置了崭新的面具和织锦缎神舞服装，重新做了护法神大旗。九世班禅 36 岁时，亲自主持塑造了扎寺强巴大佛。他在羌姆中加入具誓阎王、阎王使者 8 男 8 女、土地护法神青嘎瓦等内容，在大佛开光典礼上进行表演。

最后，喇嘛次仁很动情地说：“十世班禅大师重建金刚法舞的业绩，在整个藏区早已遍为人知。记得 1982 年夏天，大师来到日喀则，专门叫我跳了几个动作看看。我虽然荒废了 24 年，而且已经 63 岁，但身子还听招唤，没穿舞服也没戴面具，一口气跳了 5 段。大师连声说好！好！他说，羌姆是西藏宗教之宝，一定不能失传。后来亲自主持新的金刚神舞院的修建。从 1985 年西莫青波节开始，我们年年都跳羌姆，至今从未中断。”

原载《中国西藏》1993 年第 4 期

藏区四大圣湖与母体崇拜

德吉卓玛

了解西藏的人都知道青藏高原有许多大大小小的湖泊，高高低低的山峰。民间故事中一般大山是雄性，是男子，是丈夫；湖泊是雌性，是女子，是妻子、母亲。藏族先民认为这都是神山圣湖，是绝对不能亵渎的。这是人类原始自然崇拜的重要表现形式之一，而且占有极其独特的地位。

传至今日，藏族地区最著名的四大圣湖即：玛旁雍错（错即湖）、羊卓雍错、拉姆纳木错（纳木湖）和雍错赤雪嘉姆（青海湖）。在众多民间传说中，这四大圣湖与其他湖泊一样，都与神女、仙女、姑娘、妇人有关。藏族先民把湖泊和女性紧紧地联系在一起，形成了藏民族色彩纷呈的圣湖母体崇拜。

被尊为“母亲怀抱”的玛旁雍错

玛旁雍错即永恒不败之碧玉湖，人们认为此湖具有八种永恒不

神湖拉姆拉错，每当寻访达赖喇嘛、班禅额尔德尼等大活佛的转世灵童之前，都要到此观湖卜相，以受神示。（土登摄）

圣湖玛旁雍错（杜宏摄）

败的功德，那是因为相传米拉日巴与那若苯琼为争夺冈底斯圣山时曾在此斗法，后因米拉日巴获胜而得此名。

玛旁雍错位于今阿里地区普兰县境内，湖面海拔 4588 米，面积为 412 平方公里，是世界上海拔最高的淡水湖之一。其大其高其美，在青藏高原众湖之中都称不上“之最”，唯其“神圣”使众湖一一退避，被尊为众湖之国中至高至尊的王后。因此，关于玛旁雍错的传说亦不胜其多。传说玛旁雍错是特提斯海的女儿，与冈底斯雪山相爱，不幸被点化成湖泊；又说，在很早以前，阿里贡居湖中栖着一条非常大的鱼，一次大鱼游到玛旁雍错，漂浮在湖面，仿佛母亲抱着的婴儿。至今藏族民间称它为母亲怀抱中的碧玉湖，也就是说她是女性或母亲。

从古到今玛旁雍错又与冈底斯雪山一道同为佛教、苯教、印度

湖边食草的马匹（云鼎子疯摄）

纳木错湖边（道坞·晋美摄）

教、耆那教所崇拜，而不同宗教对于玛旁雍错又有不同的解释和描述，赋予它不同的功能。

佛教认为，在瞻部洲之中心，香积山之南，大雪山之北，有玛追湖（即玛旁雍错），为龙王的领地；又说，曾有一婆罗门把祭祀的圣水泼到这里形成了湖，后来为龙王的驻锡地；有佛经又说，佛陀降世前的一天夜里，其母摩耶夫人梦见众神把她送到玛旁雍错沐浴，在洗净身上的一切污秽之后，在准备接受佛陀的妊娠之际，佛陀出现在冈底斯山方向，他乘骑一头大象化作一道光进入母胎……

印度教认为，玛旁雍错是由婆罗摩神所创造。相传末那识修缮了冈底斯山之后，在那里遇见了梵天和雪山神女，他们在此已苦行了十二年，但一直无处沐浴便通过日希斯向婆罗摩神请求，从此有了玛旁雍错。在印度，玛旁雍错叫玛那沙罗发尔，即玛那沙湖，印度经典中称该湖能洗涤人类一切罪孽，认为凡是身体能触到其土地或在其中沐浴过的人，将走向勃拉马的天堂，谁饮过该湖中之水则

圣湖玛旁雍错（道坞・晋美摄）

将升上湿婆的天宫里，并解脱百次轮回的罪孽。

藏传佛教则认为，玛旁雍错是由于转轮王纽邦为解救广大贫苦百姓，广济博施的十二年间，挖坑倒的淘米水形成了湖泊。湖水具有八种功德，饮用沐浴可达大乐空行界；转湖朝圣可获正觉果；松赞干布认为，玛旁雍错居住着龙王菩萨，湖水充满功德；修炼密宗者认为湖中居住着金刚五亥母佛母等。它被藏传佛教各派所崇拜，因此，环湖建有各宗派的许多庙宇。

苯教认为它是苯教女神本姆达韦利韦赐施甘露玉液聚集而成的，故称之为玛垂斯钦即玛垂大甘露。说湖中有玛垂龙王等的 360 座龙宫，从色究竟天的宫殿内，一年四季春夏秋冬不停地流出一根马尾般细长的甘露水，融汇于该湖中，因而玛旁雍错为最殊胜。

苯教尊玛旁雍错为生命或命根湖，是生命之源，具有无穷财富和功德，称它为玛旁雍益错姆，即母亲怀抱之碧玉湖，认为用其沐浴能清净所有污垢，消除灾难恶缘，成就一切事业，延年益寿；转湖朝圣、饮用亦是功德无量。

唐朝高僧玄奘在《大唐西域记》里把玛旁雍错称之为“西天瑶池”，表达崇敬之情。

综上所述，我们看到玛旁雍错在不同地区、不同民族、不同宗教信仰中的文化意义，也看到其在藏民族文化中的演变过程及突出其女性化——龙女、母亲、金刚亥母佛母等，从而体现了女性在藏民族圣湖崇拜中的文化内涵。

龙女变成的羊卓雍错

羊卓雍湖是上部牧场的碧玉湖之意。它位于浪卡子县雅鲁藏布江南岸，湖面海拔 4441 米，湖水面积 638 平方公里，是喜马拉雅

纳木错扎西岛

山北麓最大的内陆湖泊，绚丽多姿。藏族民歌赞美她“天上的仙境，人间的羊卓”。民间传说该湖是仙女下凡变成的。又说，很久以前这里是个泉眼，附近住着一家富人，家中的佣人叫达娃。一天达娃在泉边救了一条小金鱼，小金鱼变成一位美丽的姑娘并送给他一件宝贝。主人发现后，硬要达娃带他到泉边找宝贝和姑娘。没达到目的，富人将达娃推进泉眼淹死。此时姑娘出现了，并变成无边的波涛向富人袭来。富人得恶报，从此这里形成了一泓碧蓝清澈、妖娆无比的湖泊。

另外，人们崇奉羊卓雍湖更多的是将她奉为羊卓错达钦姆即羊卓雍大湖主——多杰盖吉佐即金刚障碍之主，是藏区的女护法神。

羊卓雍错（道坞·晋美摄）

因此，羊卓雍湖既是龙女的化身，又是女护法神的驻锡地，兼具多重功能或神力。

帝释天的女儿拉姆纳木错

拉姆纳木错是天湖女神之意，蒙古语称之为腾格里海。位于今藏北当雄、班戈境内，湖面海拔 4718 米，面积 1920 平方公里，是西藏境内最大的湖泊，也是我国第二大咸水湖，素以海拔高、面积大、景色秀丽而著称。相传，纳木错的水源是天宫御厨里的琼浆玉液，是天宫神女的一面绝妙的宝镜；另说，有位勤劳美丽的牧女一夜在梦里得到神的旨意，便来到纳木湖边看见从湖面升起一漂亮女子并对她说：“四月十五日到普苏隆（纳木错北岸）来领孩子。”后来果然应验了。

藏族民间信仰还认为，纳木错是神山念青唐古拉的伴偶、藏地守护神秋莫多吉贡扎玛的居住地，是帝释天的女儿，又名最胜佛母帝释天之女纳木曲曼。她肤色深蓝，两手三眼，右手持宝幢，左手拿宝镜，头系顶髻，余发侧垂，身着诱医神女之装束，坐骑为玉龙，是苯教的保护神。藏传佛教形成后，又被吸纳为藏地的保护神为人们供祭、奉养和崇拜。

藏传佛教还认为纳木错是胜乐金刚的道场，身语意俱全，是藏传佛教著名的圣地之一。《纳木错圣地发愿》道：“在此坐禅顷刻，可成就佛地道，获得菩萨果位。”转湖朝圣能得到渊博的知识和无量之功德，并能消除恶习和一切烦恼痛苦，受益于今生和来世。因此，每逢藏历羊年四五月份，有不计其数的香客不惜长途跋涉来此地转湖朝圣，而此地各派寺庙也要举行各种法会祭奉、供养纳木错湖守护神。

赤雪女王九姐妹居所雍错赤雪嘉姆

雍错赤雪嘉姆意为碧玉湖赤雪女王，又称青海湖。它位于青海省东北部的刚察、海晏、共和、天峻四县境内，湖面海拔 3196 米，面积 4635 平方公里，是我国最大的内陆湖和咸水湖。它像一面巨大的镜子镶嵌在日月山、大通山和青海南山之中。

人们说，很久以前，这里是一片草原，人们共用的一眼泉取水后需以石掩盖。终于有一女性取水后未掩石头，致使泉水泛涌，形成大海。后一菩萨（有说莲花生大师）从印度搬来玛哈代瓦山压住

经幡飞舞（云鼎子疯摄）

泉眼，这就是如今矗立在青海湖中的海心山。女妖也搬来一座山峰（天峻县境内）相击，结果被撞碎，就是现今湖中西南部的孤插山。到了赤松德赞时期，莲花生收伏女妖使其皈依佛法保护藏土，成为藏地的保护女神。

民间传说青海湖里居住着赤雪女王九姐妹神，也有藏文文献中记载湖中住着湖曼秋姆五姐妹。其实，无论哪种说法青海湖一直为

人们尊为神灵加以崇拜。每逢藏历羊年，数以万计的人来此转湖朝拜。湖中海心山最高处曾有两座小庙，是安多藏区著名的修行圣地，常有僧尼在此闭关修炼。

青海湖不仅为藏民族尊奉为保护神，而且也被历代中央王朝所重视，唐玄宗、宋仁宗、清雍正均加封于它。至今共和县倒淌河还保存有清朝修的海神庙，以祭祀海神。

由此看来，无论是民间传说还是宗教文化现象，都把湖泊尊奉为母体或女性，赋予其人格化加以崇拜。藏族认为，这些湖泊不仅具有生育功能，使人类繁衍、万物生长，是生命之源；而且它还是龙宫，是一切财富之源（藏族认为龙神又是财神）。藏北牧人的《赞山词》中说：有三个外溢湖，上处的玛旁雍错，像金灯的酥油往外溢；中部的纳木错秋姆湖，像银杯的净水往外溢；下方的赤秀嘉妈湖，像罗盘的牛奶往外溢，这三个湖是全藏区的守护女神，她们能保佑众生，使五谷丰登，畜牧兴旺。至今，每逢藏历十五日，那些不生育的年轻妇女都要到湖边转湖祈祷，求其恩赐。

原载《中国西藏》1999 年第 5 期

原始苯教中的骨卦占卜与仪轨

仁青旺杰

在藏东一些边远山区，至今仍保留着古老的原始苯教占卜遗俗。那些职业卦师有文化的称为“阿乌贡巴”，不用文字的称为“什巴”，父传子，口耳代代相传。这些人物在村寨中很受尊重。他们的法力大的可以呼风雨、避冰雹，小的可以手指一挥，恶狗吓得尿滴，口中念念有词，拇指食指一弹，无论多牢固的锁，“当”的一声自己弹开，令人百思不得其解。

羊膀卦

羊膀卦，又称揪羊膀或烧羊膀。羊膀以山羊、绵羊、野生动物中的獐、鹿、岩羊、盘羊的膀骨又以生取为最佳。

膀骨上的肉要刮干净，用刀割去软骨部分，待骨干定后使用。一般卦师家中平时就存放很多，一些求卦者也自备上门。

在海拔 2000 米左右的松林中有一种火捻草，又称火草。其叶正面呈绿色、背面白色。卦师临秋上山采摘这种捻草，大多捆成团吊在火塘上让烟熏，这种熏过的草易上火，除烧羊膀用外，山里的人出门在外随身带作打火捻，生火或吸烟用，民间一些土法在揉搓过的捻上抹少许鹿香，为病人作灸疗用，还很有效。

卦师烧羊膀没有更多的仪式、一般要求在晚上待天上的星星出齐后，才开始烧，据说这个时间算卦最准确，求卦者将其需要问的事说明，报上姓名与属相便可以开始。

卦师左手提羊膀，右手将捻草搓成一小团，在牙边擦一擦、起到沾黏作用、使贴在羊膀上。接着在火塘中用一根燃着小柴禾或用火钳夹一个火炭。烧着捻草后，将火炭在冒烟的捻草上反时针绕三圈、口里念道“可热，可热……”这是一句土语，意思为：“开始、开始……”然后颂扬羊膀卦祖师其古罗卡。内容大体为：“你是天下无所不晓、无所不知者。别人看不见的你能看见。别人听不见的你能听见。今天我不问别的，只求你为 ×××，属相 × 者，说明疑难之事，有凶报凶，无凶报吉……”

这些基本固定的词念完，火也烧到了骨部，此时卦师将羊膀骨放在前面，附加两句：“此卦如有错处，不是我的责任，是你看错、听错。”如此把责任推给卦的祖师爷其古罗卡。

骨头冷却后开始判卦，卦师将羊膀骨换一面，左手握膀骨，右手食指将指头放进口里蘸口水，擦干净烧过的捻草和秽物。骨面呈现出一团圆形烧黑或烧黄的痕迹，在这团烧过的地方，或左、或右、或上、或下，烧炸的纹路十分清晰，而且有些纹路到了中间或端部分叉，卦师便以此为根据判断吉凶祸福。

融入日常生活的鸡头卦

鸡头卦、又称看鸡脑壳。在信奉原始苯教的山乡，看鸡头算卦，不分男女老少，人人都能说出一二三。当然这中间还有业余和专业两种，业余者只能看个大概有无凶吉、有无小偷光临等；专业者则不同，据说一个鸡头可以看出 108 个部位和问题。

看鸡头不分公鸡母鸡，但煮下锅时鸡头要完整，而且不宜先放盐。因放了盐的鸡头骨会发黑或变色，影响判卦。

走进信奉原始苯教的村民家中做客，无论如何要款待一只鸡。主人十分热情地捉鸡，客人即便想吃也要做出阻拦样子客气一番，显出主客之间的关系不同一般。

从杀鸡到下锅，客人和主人就都已在看卦了，其间能看出很多现象，如杀完鸡刀口冒下的血多少、血的色度、血泡方位等。一卦双关，既看了客人，又看了主人家自己。如果客人是特别好的朋友或亲戚，主人便会不作保留的相告卦中所卜的一切。

在没有看鸡头以前，看鸡内脏也有很多讲究，鸡肝大小，有无残缺。如果是母鸡还看腹内未生蛋多少等等，总之名目繁多。

正式看鸡头还有一次谦让，主人会把鸡头放在一个空碗内，先请客人看、推来让去，还是请家中长者先看。看鸡头同样分东西南北，上下左右，人神畜鬼。第一先将鸡头皮剥下来，看顶部是否光滑、有无光泽、有无红黑斑点，顶中有一根线均匀而下，左卜主、右卜客。特别讲究斑点，黑斑点代表死亡，红斑点代表凶灾。这种灾难有无可救，请巫师能否解除等等。

看过顶部看鸡舌，鸡舌扯了内剩三根连在一起的仔骨，左右两根，左卜主、右卜客，双双拉伸比较，能看出主客的地位、官位、财力、势力等。长者所卜为上乘，占卜时主客相互客套一番，说些恭敬话，彼此十分融洽，不能有意讽刺、揶揄。

接下来看眼眶，眼眶的隔骨亮度、有无孔洞，在这个部位可看双方的财运，有无小偷，会不会失财丢物等等。

鸡嘴外壳强硬，开水烫过丢了外壳还有内骨、轻轻一抽，抽出一个三角形的骨架，以此判断主客座家户的屋基好坏。房屋吉不吉祥等。还有鸡颈部的凸位等等。总之吃一只鸡，就可卜一次鸡头卦。对于时下人来说，既是一次民俗观赏、又是认识一种原始文化的可贵机会。

活鸡骨看骨伤

村寨里有人上山砍柴、放牧等，有时不慎摔伤，这里主要是指骨伤，伤势严重，又没有表现在外表，要想准确知道其伤在何处，主人家就立刻请来什巴，什巴马上抓一只红公鸡，在公鸡身上洒一点清水，烧一点柏枝或檀香，把鸡在烟上熏一熏，称之为检浴。然后有一段长长的口颂经，待念完，立刻将鸡嘴搬开对着伤者的口，相互吸气吐气，接下来将鸡的脖子拧断，用小刀刮肉、露出全身的骨头、翅膀代表手，怪的是，伤者的断骨处映在鸡骨上，其痕迹十分清晰，如断了肋骨，在第几根的位置上都能看到，一般鸡骨上反映的是黑色。看清了伤势和部位，便请当地藏医或土草药医生依情敷药，世世代代就这样延续下来。曾有伤者被送进县城拍 X 光片，与什巴判断无误。

打鸡驱灾邪

打鸡又叫断口嘴，是信奉原始苯教的山民中常见的一种驱灾仪轨，这种仪轨可用于许多时间和场合。最为重要和庄严的是在年头或岁尾举行的仪式，家庭成员必须到齐，再就是为某一场官司或家中发生的一些异常现象举行，如常有病痛，噩梦不断，路遇不祥之物等等，总之一切不祥均可请什巴打鸡驱灾驱邪。

打鸡的什巴有两种，一种能称为高手的，应主家之邀后，先祭其所供奉的护法神，再念咒语。他们面对敞开的大门、双手紧握鸡脚，开始念咒，令人闻之心惊胆战，不到半个小时，刚才高昂着头活蹦乱跳的公鸡，气绝死去，这种什巴所做的法事，据当地人讲有百分之百的灵验。但这种什巴不易请到，特别是在现在，什巴已越来越少了。

另一种打鸡则是一般什巴的仪轨：天快黑尽，人畜均归家，什巴要主家准备一碗青稞或大米，一把柏枝及一只大公鸡。

什巴接过主家捉来的公鸡，要看看是否健康，鸡冠有无残缺，爪子是不是尖利，检验完毕开始仪式。

在浓浓的烟雾中，把鸡边熏边用一枝鲜树叶沾起清水洒在公鸡头上、身上检浴。检浴在苯教中很常见，苯教徒认为，人或物都有一种无形的脏物，这种物是鬼怪，或是土、木、水、石等精灵。熏烟洒水后能消除一切孽障，还其本来面目，做事就会顺当。所以去探望病人、参加红白喜事或出远门等等，归来时都要进行一次烟熏水沐的检浴。

公鸡检浴后，什巴用左手握住鸡的双脚，右手抓一把青稞或大米，朝着平日所奉的神位方向，向其护法神，诸如祖宗延续下来供奉的宗神、山神、九头龙神等祈祷。报上自己的姓名和属相，并十分谦虚地说："我本人无能，凭借先祖之神，某某山神的威力，为某某家进行此项活动。"主家为求得你们的神灵、准备了丰盛供品。什巴大多饮酒，这大堆赞语说完，主家马上敬上一碗酒，什巴端起酒杯用无名指朝头顶、两肩弹敬酒后，大喝几口，便开始第二项重要仪式。

什巴左手握住公鸡的双脚，右手高举刀。刀是什巴常配在腰间的一把一尺到一尺五左右的专用藏刀，刀不能借用，更不能用其他刀代替。什巴们共同的开头语是一句咒语叹词："叶阿哈合！"这句叹词必须高声叫出，威震一切鬼怪，便开始用刀面边打公鸡边念咒语，在公鸡的惨叫声中，什巴说道：此时此刻，虽然我无更大的力量，但我身后站着 × 神 × 神。你这只公鸡不应是一只平凡的鸡，你从天上下来叫响白天和黑夜，你尖尖的嘴啄一切仇人和恶魔，你的爪抓一切仇人和恶魔。过去的一年，主家敬神不灵，恶鬼作祟，招财不进，鬼怪作祟，是非口舌不断，是仇人冤家作祟……今天晚上你必须给我把这些鬼怪、仇人的灵魂抓来接受我的制裁，接受我的惩罚……

如此边打边咒，直到把鸡打死才开始警告鬼怪和仇人：我本来具有消灭你们的本领，今天警告一次，如果今后还要骚扰主家，我将怎样怎样。一大堆耸人听闻的话语。

这一切做完后，又一个响亮的"叶阿哈合"，将死鸡和刀一并扔向大门口，如果刀口向外，鸡身横着而且头脚向外，说明一切大功告成，达到了所有应该达到的效果。什巴高兴，主家满意，开始烫鸡，在场的人都要吃此鸡肉，称之为吃鬼肉。

烫好鸡内脏的心肝，鸡头、鸡翅交给什巴，什巴将此物烧在火塘内，待烧熟后放在一个木盘内供献诸神，进行一番祈祷，然后，什巴边啃供过的骨头，边从骨头上判断一年的运程，此时锅里的"鬼肉"已熟，在场的人都开始饮酒、吃肉，完成一切仪式。

在藏区东部边远的山村，至今人们想知道自己的吉凶祸福、病患和灾异缘由，都得请什巴，这些什巴要价不高，随主家心意，多少不论，但不能空手而归。

今天我们见到的苯教、无论寺院还是僧人活佛，都像其他佛教正规寺院模式，从经文到教规，有一整套完善的理论，鄙视民间什巴之类的巫师。但巫师对今天的正规苯教寺院，除对熟悉的经卷和神像供奉承认外，对其他亦都不以为然，认为他们自己所行的一套才叫苯波、才是祖师东巴西绕传下的本来教仪。

历史发展到今天，这类原始文化在边远山区仍有保留，不能不说是一种远古藏族文化的活化石，今人对此的认识，将有助于对藏族传统文化的发掘和研究。

原载《中国西藏》2001年第2期

我和擦擦的故事

张鹰

说到收藏擦擦，对我来说纯属一种偶然，就像我从来没注意过自己是什么时候对摄影痴迷一样，一切都是自然而然发生、发展的。如果真要追其根源，无非也是出于对西藏文化的热恋吧！起初我并没有收藏的意识，更没有想做什么擦擦收藏家，只是把它作为画画和摄影之余的一项爱好。没想到随着时间的推移，藏品的不断增多，我开始对擦擦越来越着迷，而且成了一个彻彻底底

胜乐金刚，香料彩绘，直径 20.5 厘米。（张鹰摄）

莲花生极乐世界铜模（张鹰摄）

的擦擦发烧友，甚至常常在睡梦中也为得到一个好的擦擦而高兴地笑醒。因这份“痴迷”，在我的生活与擦擦交融着谱写出一个个故事的同时，擦擦也成为我丰富人生经历的见证。

对擦擦的青睐是从80年代后期开始的。那时我经常下乡采风，常年出没于乡间村寨、寺庙，接触擦擦的机会很多，时常把一些认为艺术性较强，造型较好的擦擦收集起来。我最早喜欢擦擦就像喜欢其他民间工艺品一样，这也是西藏不少画画人的毛病，每次下乡回来总是要捎带几块喜欢的石刻、陶器、编织之类的东西，三天两头的总想往古董市场跑，直到后来才发现应该有所选择的收藏。这段时间里和边多先生在一起又学到不少关于擦擦的历史、用途、种类等知识，大大加深了我对擦擦的兴趣，这才把精力集中在擦擦的收藏整理中，开始有意识、有目的地到处寻找。凡是我到过的地方：

神山、圣湖、寺庙、佛塔、村落等都有过我寻找擦擦的足迹，拉萨、日喀则旧货市场是我常常光顾之地。20 多年积累下来共藏有不同种类、造型的擦擦千余种，翻资料，请教学者，自然而然对擦擦的研究也越来越深入。

“擦擦”一词的由来是印度语的音译，公元 10 世纪后开始从印度传入西藏，据说佛教前弘期西藏就有过擦擦，但证据还不够确凿。擦擦的盛行时期是阿底峡入藏传教时期，至今阿里古格地区还保留有大量那一时期的佛塔，所有塔内都藏有数以万计的不同造型的擦擦，现在我们能看到的最早期的擦擦也属于那一时期，包括拉萨北郊的帕邦卡，阿底峡也曾在此传教修塔。擦擦的普及大约在公元 13—15 世纪以后，其作用不只是塔藏，寺院佛龛供奉，佩带护身，上供还愿，甚至防病避邪等都用擦擦。也是在这一时期，擦擦才真正融入了藏族群众的日常生活中，这以后它所表现的内容也就不计其数，可以说凡是有形象的佛尊、菩萨、护法神、高僧大德等都可能有相应的擦擦，说它是一个微缩的神佛世界一点都不夸张。

擦擦虽然只是一些小巧的泥土之作，但就是在这些脱模泥塑中还隐喻着许许多多动人的传说，也正是这些传说更加丰富了我的收藏情趣。一次我得到一枚铅制的擦擦，当时我还真没在意，认为这是现代人制作，就随便放在柜子上，一位懂行的藏族朋友看到，说它是猎人做的擦擦，我马上追根问底，这才深知其意：过去西藏大多地方都有狩猎的习惯，但大量猎杀生灵与佛教教义不许杀生相违背，所以猎人们到了晚年后要将猎具送放到寺庙去，所剩的铅弹全部制成擦擦，并供放到神山之上，然后将晚年的全部时间用作朝佛念经，以赎回一生所犯罪孽。

一次偶然的机会，我得到了“象头财神”擦擦，在此之前土旦曲扎先生曾经给我讲述过“象头神”的传说，当时我激动的心情无法言表。象头财神擦擦据说是宗喀巴大师亲手制作，相传大师生前有一串非常珍贵的人头骨念珠，一次手中念珠的绳子断了，珠子全部散落在地上，结果怎么也收不齐全，既然成不了一串念珠，大师只好按所剩珠子的数量做了如数的象头神擦擦，在每个擦擦中安放了一颗人头骨念珠。每次当我小心翼翼地拿起这枚珍爱的擦擦，放在耳边轻轻地摇动，里边珠子的响动声总是让我心情激荡，仿佛此时的我真的穿越了时空，亲眼目睹了宗喀巴大师的音容。

土旦曲扎是浪卡子德隆寺的活佛，也是西藏民间工艺专家，一次偶然的机会他看了我的全部收藏，大为震惊，我想他也许是为藏民族如此丰富精深的擦擦文化而振奋，也许是为我的精神所感动，他向我讲述了不少有关擦擦的奥秘，并动员本寺庙的僧人帮忙收集。其中有萨迦法王为他的母亲制作的擦擦，有德隆寺初建时安放在墙中的擦擦，据他说那是西藏最早的擦擦，大约在公元 7—8 世纪，要真是那样，可算是非常珍贵了。

有一种擦擦迄今我还没有见过，藏语称“眯抵”，外形似塔，倒没有什么特别，只是形体很小，每个擦擦的底部都有一个洞，里面空心，所以很轻。制作这种擦擦的要求是：晾晒时将擦擦放在草尖上，以草不倒为标准。据说这种擦擦是修道之人在不得不格杀作恶多端者之后，为洗清罪孽而为自己做的一种擦擦。相传在洛扎、浪卡子一带有一个有名的活佛古如次旺公子，其母亲经常作恶乡民，罪孽深重，为了惩恶扬善，他不得不杀死了自己的母亲，为了洗清自己的罪孽，他做了很多“眯抵”擦擦，并修了一座佛塔，将擦擦装入塔中。据说米拉日巴生前曾杀过不少恶人，也做过不少的“眯抵”擦擦。

佛塔，泥制，阿底峡时期，直径6.6厘米。（张鹰摄）

象头财神，泥制，宗喀巴大师制，直径11厘米。（张鹰摄）

擦擦中还有一种子母擦，即擦擦中装有擦擦，这种擦擦一般为塔状，体形较小，只是从外表很难分辨出来。

烧制彩绘的擦擦一般是比较讲究的一种，大多是作为供奉来用，始建于宋代的夏鲁寺神殿内四周墙壁上全部用烧制过的擦擦拼贴，虽然因时间久远，脱落很多，但余下的擦擦都完好无损。在烧制的擦擦中据说有一种用气功烧成的擦擦，藏语称之为“益西门”，“益西”是自然的意思，“门”意为火，其意思为自然之火，据说是具有很高地位的高僧才能有法力烧成这种擦擦。

擦擦既然是什么人都可以制作，当然也有高低贵贱之分，

莲花生极乐世界泥塑彩绘（张鹰摄）

由活佛高僧制作的擦擦非常珍贵，如最早阿底峡制作的擦擦，到后来宗喀巴大师以及历代达赖喇嘛、班禅大师都制作擦擦，这些擦擦的背面部留有活佛、高僧的手印指纹。过去还有一种只有达赖喇嘛和班禅大师才能制作的擦擦，如“玛依”擦擦，造型为牛背金刚，是历代达赖喇嘛制作的。班禅大师制作的“班青准堆”意为灭蛇，图中是一条毒蛇成S形，一利剑刺中蛇头，这两种擦擦在布达拉宫和扎什伦布寺都是最高权力的象征。制作擦擦的土都是从高山的修行洞中采集的，并要掺入活佛大师亲手配制的药水。这种擦擦过去一般只有贵族、官员和少数军官才能得到，平时戴在胸前，说是可以防身治病，传说中刀枪不入的擦擦就是这种。

布擦也是非常珍贵的一种，按照藏传佛教仪轨，达赖、班禅圆寂后要实行塔葬，在塔葬之前要用盐巴、藏红花等各种名贵药材将活佛高僧法体中血水吸干，这些药物要反复不停更换，直至完全干透再塑金身，每次换下的药物要与泥土掺和起来制成擦擦，这种擦擦就叫布擦。听说在过去一个布擦可以换到几头牦牛。我的藏品中有幸有十世班禅大师的几个布擦，这都得感谢边多先生和其他几位藏族朋友的帮忙。

活佛骨灰制成的擦擦也很珍贵，西藏过去德高望重的大德高僧圆寂后，众僧信徒们为了纪念他，修筑佛塔，塔内要放置活佛骨灰制作的擦擦，这样人们认为佛光永驻，会带给人们智慧与安宁。有的用高僧骨灰制成的擦擦也归放到神山圣地，明显不同于其他擦擦的就是：每一个擦擦都用黄布包裹，类似佛衣。两年前哲蚌寺朋友送给我两枚朗仁活佛的擦擦，这是用活佛的骨灰做成的，一般情况下寺庙只送给尊贵的客人，我能有幸得到感到非常高兴。

寺庙制作擦擦已经为数不多，前不久我去尼木采风，无意间听当地人讲，卡如乡一个尼姑寺里有一个被列为国家二级文物的擦擦铜模，便与一行人匆匆前往，恰逢此时寺内尼姑们正在制作擦擦，这种场面还真让我开了眼界。铜模的画面是莲花生极乐世界，问及它的历史，尼姑们说：“没人知道，反正很古老。”据说西藏现在只有两个地方有这种铜模，一个在昌都，一个就在这个宁玛派尼姑寺内。铜模又大又重，是我见过的最大的模具，要两个人才能抬动，看他们制作擦擦还真壮观：先在地上铺一块羊皮，羊皮上再铺块布，布上撒几颗青稞，然后将和好的泥放在布上，将铜模抬起扣压在泥块上，再由一力气大的尼姑抱起块大石头对着铜模上端使劲往下砸，直至泥土全部嵌入模内。这让我想起几年前文联工艺厂内借了一具大昭寺的铜模，类似此铜模，但相比小得多。我曾用它做了几次擦擦都不成功，今天看来是方法不当。我随着尼姑参观了她们库房内的众多擦擦，有彩绘的，还有没来得及着色的，这些都是准备卖给那些前来朝佛的人的。虽然在此之前我已经有了一个类似的，但我还是欣然买下了一个没有涂色的擦擦，就当是对这份珍贵知识的永久纪念吧！

多年的收藏在充实我的生活的同时，也让我真正明白了收藏的真谛。每当我看见书柜里摆放得整整齐齐的各种各样的擦擦，心里总有一种说不出的甜蜜和激动，就像在无声无息的时间长河里找寻到了世界上最美丽的贝壳，当我在它们绚丽的光彩中沉醉时，也在刹那间看见了泛舟于西藏文明之海的意义。

原载《中国西藏》2004 年第 4 期

漫话乃宁寺

平措扎西

乃宁寺在藏语里有旧寺，或者圣迹要地之意。

顾名思义，它的历史悠远久长，是现存少有的藏传佛教前弘期的寺庙。它和藏地许多寺院有着千丝万缕的关系，所以，要探寻众寺之源，还得问究于乃宁寺。

乃宁寺静躺在年楚河南面的山脚，昔日如宝石般璀璨的它，如今被日渐增多的豪华村居所遮蔽，虽离公路咫尺之距，在路上疾驰的过客却不容易看到它。我有幸走近它，瞻仰它，了解了它一路走过的历史，

宗喀巴大师壁画

乃宁曲德寺灵塔

深深地被它的深邃惊叹！它就像一块吸力极强的海绵，吮吸着千余年的沧桑，只要轻轻碰触，历史的点点粟粟就会滴落眼前。

一

乃宁寺的创建者是嘉降白桑瓦，他系莲花生大师的亲传弟子。据传，嘉降白桑瓦当过赤松德赞、赛那莱、赤热巴巾三代赞普的上师，佛学造诣很高。在他临终时，他的子弟希望他预示乃宁寺的将来。嘉降白桑瓦叫弟子拿一块帛来，在帛上留下了自己的一双脚印。在他脚印边正好显现了88位上师头像。弟子请他解谜。他说，88个观世音化身将降临乃宁寺，成为乃宁寺台主。而数字88，又正好与他的寿龄相同，更为称奇的是，这88位上师，半数正好为子承父嗣台主，另外半数为选任堪布。稍微对西藏历史有研究的人都知道，在西藏，寺庙有两大类，一类为父传子嗣的寺，叫白衣带辫院，一类是戒律严密的上师堪布制，叫红衣僧人院。最有历史的寺宇大都属于前者。乃宁寺作为前弘期的宁玛派寺院，当属前者。

朗达玛灭佛，声势浩大。然而，几乎听不到乃宁寺遭难的说法。我想可能有三方面原因：一是乃宁寺的创建者嘉降白桑瓦，是三代赞普的上师，不敢冒犯；二是乃宁寺远离重灾腹地拉萨，鞭长莫及；三是或许乃宁寺属于白衣带辫寺，僧人亦俗亦僧，参加生产劳动，而朗达玛要打破的是，不劳作却被供养的寺院制度。

乃宁寺前44代台主怎样管理乃宁寺，不得而知。在乃宁寺志《乃宁教史》几乎没有记载，只有后44个堪布管理寺院的简单记载。

经查找资料，寻问知者，探究分析，使出所有方法，笔者得出的结论是：乃宁寺在千余年历史里走下来，能够生存，就是它能够贴合当时的社会，用现在的话来说，就是能够与时俱进。它从最初的宁玛派，改宗为噶当派，又从噶当派，改为了新噶当格鲁派，一路自动顺应时代，使我们看不到乃宁寺的无奈，看不到它在强行逼迫下，不得已改宗的史说。

二

1021年，高僧阿底峡亲抵阿里，开启了藏传佛教后弘期之门。后来仲顿巴迎请阿底峡到卫藏，吸引了远近信徒。

与达孜不远的约地方有三兄弟，长兄叫约曲旺，次子叫约常松，小弟叫约托白，他们三兄弟在道场听阿底峡大师讲经，一听便入了迷。讲经结束，众人纷纷离去，只有兄弟仨还依依不舍。阿底峡面带微笑问他们道："信我吗？" 兄弟仨异口同声说："信。""那请你们入佛门。"他们说："我们没有学佛费用。"阿底峡允诺由他提供。

除了提供足够的资粮、请其他高僧为他们授戒传法外，阿底峡还亲自给他们授法、传教诫，把马头明王法论和观音内外密修法，毫无保留地传给了兄弟仨。这个举动让人不可思议。因为这些经论阿底峡没有传给不惜牺牲自己、出巨资迎请他到西藏的施主拉喇嘛强久沃，也没有传给冒着生命危险、历经艰难险阻、请他到西藏的译师那措，也没传给从卫藏远赴阿里迎请他、并服侍他多年、和他形影不离的仲顿巴。此番举动让这些大师对阿底峡很不理解。有人问阿底峡，为什么偏偏要传给他们仨兄弟？阿底峡双手合十、深情地说，约三兄弟是观世音的真正化身。约三兄弟也不负阿底峡，彻悟了他的经论。

学成后阿底峡吩咐他们沿年河而去，在未开化的地方各自建寺弘法。仨亲兄弟按阿底峡的教诲，去年河上游寻迹，约曲旺在乃宁找到了自己的归地，约常松在江热等地建起了僧人寺，约托白在切芒等地建起寺宇。他们建起的寺宇，都成为年河上游历史最长的后弘期寺庙，至今名留西藏史书。

长兄约曲旺到达乃宁寺，此时，恰逢乃宁的嫡传普巴培正断子承。普巴培担心在他这辈断了嫡传，折了嘉降白桑瓦的宏业，该是如何的不孝？正忧心焦虑时，约曲旺来到乃宁，他对普巴培说，我能否在你的寺庙收徒讲经，如果这样，你是否不悦？普巴培说，父老时，正来子，我何乐而不为呢？

普巴培把嘉降白桑瓦子传所要完成的事，远如防雹、祭祀、维修赞普所建寺，近如不加害属地的鱼类兽类、不送害于远行人等，一五一十交代给约曲旺，也把乃宁寺的管理权力交给了约曲旺。

乃宁寺跳神活动

到此，乃宁寺世袭体制正式告终，而此时，子传世系到了 44 代整。从约曲旺起，开始了堪布选接制，乃宁寺的教派，也从宁玛派改为噶当派。

三

18 世纪初，噶厦的一个禁令，让乃宁寺走向衰微。

卫藏战争发生后，噶厦开始调查肃清与阿、隆、扎噶伦的属下官员有过来往的乃宁、江热等寺。后来，噶厦下令乃宁寺此后不得选派堪布，并没收乃宁寺的大半寺田，赏给在卫藏战争中有功的桑顶寺。

乃宁曲德寺创始人嘉降白桑瓦塑像

大明皇帝所赐佛祖水中现唐卡

行走在乃宁的村巷，问户名，寻史迹。无意中听到许多民房都带着寺院印记，如赤康顶、仲孜昌阿、斯塘、吾尔苏、卓仓、吉康洛、吉康强、达热白、达娃廓、顿珠林、夏钦等，显然都是寺院扎仓名，一打听，才知道住户曾住过乃宁寺，住户搬出时，把原寺房木料拆来在村落盖房，让寺庙扎仓的名字，陨散到了民间。如赤康顶这个房名意为万房上部，从这个房名看得出，当时乃宁寺的僧数达到了一万个，此后数量开始锐减。

我对赤康顶这个房名十分感兴趣，给我讲解的乃宁寺民管会主任强巴说，乃宁堪布智钦西热巴在佛教界赫赫有名，据说他讲经时，僧数达万余，学经僧翻动经书的声音，能惊动对面草坪上吃草的牛羊。这种说法可能过于夸张，但也足见乃宁寺僧人多得惊人。当时的寺墙，也是又高又厚的三层，现存的墙是最里一层，可见当时的乃宁寺防备之森严，称得上是雄踞后藏各寺之首的大寺。

后藏诸寺宇追根寻源，多数高僧或堪布均是乃宁寺派去的。就连声名远扬的扎什伦布寺，其堪布或高僧，最初都是从乃宁派去。乃宁遭遇不测之时，扎寺却得到不断壮大，双方的地位悬殊逐渐拉开，到后来竟变成扎寺给乃宁寺派去高僧。一时香火鼎盛的庞大寺院，像一户没落的大家族，没有逃脱衰落的窘境。

当时的乃宁寺主见寺庙境地每况愈下，在护法神像前大吐苦水，说再也管理不了乃宁寺。这时，乃宁寺护法神开口承诺，我绝不会让乃宁寺消亡。当然，这个承诺也许是民间的期许吧。

四

1904 年，乃宁寺遭遇了历史上从未有过的大劫难。那年正是英国侵略中国西藏之时。

> 工布阿达到了，
> 阿达兄弟到了，
> 乃宁石板广场，
> 顿成红色血海。

这首歌在西藏流传了几代人。小时候听了这首歌，我才知道有个寺庙叫乃宁寺，那里发生了一场英国列强与藏族人的战争。前面歌词中所说的场面，就是在乃宁寺乌孜大殿门口发生的。这场战争，是继廓尔喀入侵之后，西藏又一次对外来入侵者的反抗。

英军要进入西藏腹地，第一个要经过的城市就是江孜。距江孜约 10 公里的乃宁，就像是打在通往江孜路上的一颗钉子，对英军的后防供给线造成很大威胁。西藏地方政府认识到这点，把乃宁寺作为重点防守阵地，从康区和工布调集了 1000 余藏军，在乃宁寺防守。

寺院原本是祈祷远离战争苦难的精神乐园，这里的僧人从未想过参与到杀场，但战事已推至眼前……古谚道：“教法若遇对敌，法杖也作长矛。”何况连家园都快保不住了。古老的寺宇即将发生一起杀戮，乃宁寺的僧人都做了出战的准备，壮年僧人手持长刀木棒，老年僧人念经祈祷，诅咒英军。

战争开始了，英军攻打寺庙，藏军紧防严守。高约 10 米，宽约 3 米的寺墙是堪布仁钦旺久花巨资，用三年的时间筑成的功德墙，这时却发挥了城堡的作用，英军怎么也攻不进去。次日，英军改变策略，从江洛调来援兵，从乃宁寺后山自下而上进攻，攻上了山头。占据了寺庙高点后，从山上往下扔炸药包，坚固的寺墙被炸出了很大的缺口。乃宁寺失守，英军冲入平日里清静幽远的大院，藏军敌不过英军，退回乌孜殿内紧闭大门。英军团团包围乌孜大殿，喊话要求投降。义军们从门缝里窥视，见英军军官杂莎哈站在喇嘛上马石台，向乌孜殿喊话缴枪投降，殿内藏军顿时怒火冲天。在工布兵阿达尼玛扎西和夺多的率领下，打开乌孜殿大门，飞刀冲向敌群，顿时敌阵大乱。工布兵善于用大刀，片片大刀上下飞舞，杀得英军眼花缭乱，阿达尼玛扎西一刀把英军军官杂莎哈砍死在地，自己也中弹牺牲。经过约两个小时的拼杀厮打，藏军最终寡不敌众撤离乃宁寺，乃宁寺失守，大院石板上血流成河。

乃宁寺被占领后，英军放火焚烧了大经堂，抢走了不少珍贵文物，使原本不济的乃宁寺雪上加霜，举目所及凋零惨败，剩下的几百名僧人，又逝去了不少，偌大的寺宇变得空旷寂寥。

曾在抗英战争中使用过的武器，至今留存在乃宁寺。

抗英战争过后，十三世达赖喇嘛不忍心看着有千年历史，经过宁玛、噶当、格鲁三个教派，在西藏佛教史上，具有举足轻重地位的乃宁寺落入这番惨境，想恢复重建乃宁寺，经过一番思考后，在后藏调集了江孜、堆穷、旺旦、白朗、南木林等宗豁的民众，在原乃宁寺南面，另辟土地，建了新乃宁寺。

由于经费所限，原来佛堂 20 柱，经堂 45 柱的五层经堂，现已缩成了佛堂 2 柱，经堂 30 柱的三层经堂。如今游览新经堂，也能寻找到当时施工时开支拮据的痕迹，有些地方壁画绘制简单，场面不完整，第三层佛堂干脆就省了壁画。乃宁寺目前完全有条件做些改善，可为了尊重历史，保持了原状，这个明智的做法，让我们能够看到历史真迹。

不管怎么简陋，缩小的经堂佛殿，让人们有了精神的依存地。新寺盖完后，僧人们在寺前小河刷洗劫后余生的佛像，据说，洗得河水都变成了黑色，那些经历大火的佛像和佛塔等法器，在崭新的佛堂尤为显眼，犹如那场灾难的印记。

五

在乃宁寺，一幅佛祖站立的唐卡，别具风格。

这是一幅用金汁原料、笔法细腻、具有明显汉地绘画风格的唐卡，唐卡左右两边有藏汉字的祈文。一打听，这幅唐卡还与乃宁寺堪布降央仁钦坚赞有关。在记录不全、内容相当简略的《乃宁教史》中，降央仁钦坚赞的笔墨占了不少。写他具有非凡才华时说，3 岁就能辨认乃宁寺壁画上的 18 种字体。他佛学造诣高深，无数高僧为听他讲经，奔赴乃宁，许多西藏佛教界名人，都对他顶礼膜拜，如囊钦贡嘎帕父子、大司徒索朗白父子、夏鲁堪钦、仁达瓦、宗喀巴、克珠杰等，都师从于他。他不仅在学识上有成就，在弘法功业上，也被人传颂，声名甚至远扬至内地及蒙古等地。

大约在 1378 年，明朝皇帝下了诏书，邀请降央仁钦坚赞到明朝帝都南京去讲经传法，降央仁钦坚赞乐意接受诏邀，与一行随从经过了漫长的跋涉，到达明朝皇都，并在那里广为布法，深得永乐皇帝的赏识，赐予金册等礼品。在众礼品中，赏赐的佛祖站立画像，堪称内库稀世珍宝，这幅珍宝被称作水影佛陀。

相传，佛在世时，天界的佛母一时厌倦修佛，佛祖知道后欲去天界劝母，临行时，其他比丘要佛祖在世间留个像，以便佛不在期间瞻仰。佛体光彩夺目，凡人不能直视，怎么办？雕刻艺人想了办法，请佛站在湖边，然后照着湖中显现的佛影，用檀香雕塑，故名为水影佛陀。这是佛在世时的雕品，极为珍贵。佛教传到内地时，作为贵品，水影佛陀被送到内地。内库中又有上代皇帝让画师临摹的水影佛陀，永乐皇帝不惜爱物，让人加写汉藏祈文，送给降央仁钦坚赞带回西藏。

一见到陈旧发黑的原装画筒，不难联想到六百年前，降央仁钦坚赞荣归乃宁时的情景。皇帝赐予的贵物，理当是乃宁寺的宝物，每年乃宁寺的金刚央桑仪式上，让众人瞻仰顶礼一次，平时又收存于殿箱中。

六

1377 年，乃宁寺迎来了一个叱咤藏传佛教界的人物，这就是格鲁派的创始人、号称第二佛陀的宗喀巴。

20 岁的宗喀巴到乃宁寺，是为辩论般若而来。他在乃宁寺，拜堪布降央仁钦坚赞为师，学习了显密深理。在乃宁僧人的请求下，给乃宁寺僧人讲了《阿毗达磨集论》，这是他首次在卫藏为僧众讲授经论。过了五六年，宗喀巴又来到乃宁，这时的他，已经广游藏地各名寺，拜访了许多高僧大德，已是显密教的不凡大师了。

宗喀巴的志向是云游四方，广纳学识，传播严守戒律的思想。无论乃宁寺的僧人们如何挽留，他终归要离开这里。为了不让僧众失望，他吩咐画师，按他的模样画一幅壁画。画作完成后，连他自己看了也连连称：“真是像我。”后人就把这幅画称为“像我画”。据说，这幅画画完后，他亲自加持，当时因画作还未干透，抛撒的几粒青稞沾在了上面。几百年后，多仁班智达来乃宁寺朝佛时，拿走了一粒沾在大师唇上的青稞。如今大师的这幅壁画，仍然留存在乌孜大殿的墙面上，微笑面对不断涌来的朝圣者。

宗喀巴走后，乃宁寺的教规自然改为格鲁派。

几十年后，宗喀巴在拉萨建立甘丹寺，树立了格鲁派的根据地，又创立了尽显格鲁派风尚的拉萨传召大法会。乃宁寺僧人对大师更加景仰，他们在乃宁举办金刚央桑仪式时，把宗喀巴的唐卡画像迎到法座上，表示对大师的无限顶礼。

细读乃宁历史，乃宁的传奇，还不止以上这些，让乃宁寺更显珍贵之处的是，这里又是格鲁派三尊师都曾下榻研习的寺宇。

宗喀巴的亲传弟子、格鲁派三尊师之一的贾曹杰是在乃宁寺出家学经，走上学佛道路的。

贾曹杰出生在乃宁寺附近，后来到乃宁寺出家，剃度师给他取法名叫达玛仁青，从此他发誓，要么在山脉像铁链包围似的乃宁，做个富人，要么做个超出常人的智者，绝不做等闲之辈。达玛仁青在乃宁学成后，开始游走各地拜师学经，更有幸的是，能够师从宗喀巴大师。

相传，他走遍各地后，带着让众多高僧败北的傲气，前来跟宗喀巴一决高下。他找到宗喀巴大师时，正碰上大师为僧众授法。他想，此时正是与宗喀巴辩论、施展才华、驳倒大师的大好机会。于是，连帽子都不摘，径直来到讲经席，想面对众僧与宗喀巴辩论，宗喀巴见他傲慢无礼，就从法座上走下来，走到下面的僧众席位继续开讲。而达玛仁钦盛气凌人，依然戴着帽子坐上了宗喀巴的法座，听大师讲法。听了一会儿，才知道宗喀巴所讲的法理，都是他闻所未闻的高深之理，在大师跟前，他感觉自己像一个无知的孩子。他羞愧于自己的无知，摘下帽子走下大师法座，盘腿坐在僧众中间。

这是一则传说，后人把他戴帽坐上宗喀巴大师的座位，看成是

作者（左）采访乃宁曲德寺寺管会负责人

预示了他要继宗喀巴大师，作甘丹寺法台。

也有一种说法，大师在聂热地时，达玛仁钦想与大师辩论，后听了大师的开讲，被大师学识的渊博和精深所折服，叩拜大师为师，形影不离 12 年，甘愿作服侍，大师所讲他都听取，记录整理，大师所讲他都不忘消化，在显密知海中，成了宗喀巴的传人，并著了格鲁派的开宗之经论数部。宗喀巴临终前，把他的斗篷和帽子传给他，预示了接大师之任做甘丹的法座。宗喀巴圆寂后，他以无可争辩的学识，被格鲁派僧人推上了甘丹的法座，从此，称他为贾曹杰，意为替法主尊者。

在贾曹杰成就卓著、拜随他的人像莲花招引蜜蜂的时候，他还是不忘他的学经摇篮——乃宁寺，他此后数次来到乃宁寺学经辩经。

1431 年，他在乃宁时，另一位格鲁派大师正在当钦寺，他得知贾曹杰的到来，慕名来到乃宁寺拜见了贾曹杰，他就是格鲁派另外一位开宗之师——克珠杰。两位大师相见如故，在乃宁寺辩论经义，商讨格鲁派的发展规划，之后他们俩又结伴来到拉萨。那时，贾曹杰当上甘丹赤巴已 13 年，他把学识不亚于自己的克珠杰推举为甘丹赤巴法座，自己退下来静修法理。

宗喀巴洛桑扎巴、贾曹杰达玛仁钦、克珠杰格列白桑，三位大师作为格鲁派前三任甘丹寺法主，对格鲁派的创建发展，可谓鞠躬尽瘁，后人称他们仨为“杰遥赛松”（三父子尊主）。

每当我们瞻仰三尊主像时，都会想起他们学经辩经、与他们一生成长密切相连的乃宁寺。

原载《中国西藏》2017 年第 2 期

胸怀苍生　利乐有情
——十一世班禅在西藏开展系列佛事和社会活动

王淑　赵二召　郑朔

今年是新中国成立70周年，也是西藏民主改革60周年，西藏经济社会发展取得了历史性成就。在习近平新时代中国特色社会主义思想，特别是习近平总书记关于治边稳藏重要论述的指引下，

十一世班禅朝拜释迦牟尼十二岁等身佛像（王淑摄）

十一世班禅在扎什伦布寺为信教群众摸顶赐福（王淑摄）

西藏各族人民获得感、幸福感、安全感显著增强。60 年来西藏取得的辉煌成就，充分彰显了社会主义制度的巨大优越性。

胸怀苍生、利乐有情。6 月 11 日起，全国政协常委、中国佛教协会副会长、中国佛教协会西藏分会会长班禅额尔德尼·确吉杰布在西藏各地弘法利生。

十一世班禅历时 3 个多月，行程上万里，不顾舟车劳顿、路途险远，奔波在海拔 4000 米以上的高原，先后在拉萨市、日喀则市、阿里地区、那曲市等地开展各项佛事和社会活动。

抵达拉萨　朝拜释迦牟尼佛像

6 月 11 日，身着藏族传统盛装的拉萨群众，向十一世班禅敬献象征吉祥如意的“切玛”和洁白的哈达，表达拉萨各族各界人士和僧俗信教群众的美好祝愿。

仪表庄重、福慧双全的十一世班禅手持哈达徐徐走到大昭寺释迦牟尼佛像前，虔诚而庄重地向释迦牟尼十二岁等身佛像叩头朝拜，敬献哈达。双手合十带领众僧念诵经文，祈愿五谷丰登、国泰民安。

十一世班禅在拉萨期间，恰逢一年一度的萨嘎达瓦节。6 月 17 日是藏历土猪年四月十五，是西藏最隆重的宗教节日萨嘎达瓦节。相传藏历四月十五是佛教创始人释迦牟尼诞生、成道及涅槃的日子。

当日，十一世班禅为西藏佛学院全体僧尼讲经授法。西藏佛学院是西藏第一所高层次藏传佛教综合性院校，这里汇集了各教派优秀传承，各大教派和睦相处，充分发挥了佛教多元文化互学共存的优势。十一世班禅勉励全院僧尼学员要珍惜在佛学院学习成长的机会，遵循释迦牟尼佛旨，践行“四谛”真理，潜心钻研佛法、精进学识，提高宗教造诣和修为，持戒守律、潜心修法、广闻知识、爱国爱教、弘法利民，做到既能闻思修，又能讲辩著，自觉肩负起维护祖国统一、民族团结、社会稳定的使命，努力造福信众和社会。

在拉萨期间，十一世班禅还前往卓玛拉康、扎叶巴寺、桑阿寺等寺庙朝拜礼佛，为寺庙僧众传授随许皈依经，带领僧众祈愿五谷丰登、国泰民安，并举行一系列利乐众生的佛事活动。

在达孜工业园区，十一世班禅详细了解青稞产业对于精准扶贫、脱贫攻坚方面起到的促进作用，频频点头表达了对拉萨达孜产业园区发展的赞许。在飘着藏香味的优格仓企业，十一世班禅详细了解了西藏优格仓企业在坚守传统、助力脱贫攻坚中所取得的显著成绩。当听到不少企业员工因为工业园区的蓬勃发展而有了一份稳定的收入，甚至一些家庭完全依靠工资收入就可以脱贫，十一世班禅欣慰地笑了。

回抵日喀则扎什伦布寺

十一世班禅圆满结束在拉萨的各项佛事和社会调研活动后，乘坐火车回抵日喀则扎什伦布寺举行一系列佛事活动。在扎什伦布寺措钦大殿，十一世班禅虔诚叩拜了供奉于此的佛祖释迦牟尼佛像和藏传佛教格鲁派创始人宗喀巴塑像。

在近一个月的时间里，十一世班禅朝拜了扎什伦布寺主要佛殿并在扎什伦布寺为广大僧众传授和开示《纳唐百法》随许密宗灌顶，观摩僧人《因明学》显宗教法立宗答辩，参加扎什伦布寺祈愿法会并为信教群众摸顶赐福等。

在诸多佛事活动中，十一世班禅展现出一位宗教领袖应有的风范，彰显出他作为藏传佛教格鲁派大活佛的庄严形象。西藏昌都强巴林寺的僧人强巴拉桑说："非常幸运得到了十一世班禅的《纳唐百法》随许密宗灌顶，大师在方方面面都体现出了佛学理论扎实、密宗造诣深厚，是我们僧众学习的榜样。"

展佛是扎什伦布寺夏季较大的传统习俗活动，每年从藏历五月十四日开始至藏历五月十六日结束。展佛期间（7 月 15—17 日），十一世班禅登上法会临时宝座参加祈愿法会，为信教群众和游客摸顶赐福。

日喀则市岗巴县的吉鲁老人说："有十一世班禅这样的大师弘扬正法，生活更加吉祥圆满，今天能拜见到十一世班禅，心里感到无比幸福。"

秘境阿里时隔五年再次迎来十一世班禅

十一世班禅完成驻锡地日喀则扎什伦布寺的一系列佛事活动后抵达阿里。这也是十一世班禅时隔 5 年后第二次来到阿里开展佛事

十一世班禅看望阿里地区儿童福利院的孩子们（王淑摄）

和社会活动。

十一世班禅先后在普兰县楚果寺、科迦寺，札达县托林寺、古格王朝遗址，日土县伦珠曲典寺礼佛朝拜，并祭拜了圣湖玛旁雍错和神山冈仁波齐。其间十一世班禅参观调研了阿里地区城市建设、生态文明建设、“双集中”供养中心、噶尔县昆莎现代农牧科技示范园等。

十一世班禅在高僧的引领下，来到西藏三大圣湖之一的玛旁雍错的祭湖台，登上法座，摇动法铃，与众僧虔诚诵经，随后逐一将五彩绸缎、哈达、五谷、宝瓶等供品交由僧人送至湖心献供，祈愿国泰民安，风调雨顺，万物生灵永续繁衍。

十一世班禅在神山冈仁波齐脚下的色雄滩登上煨桑台一侧的法座，娴熟地摇动法铃，与僧众共同诵经祈福，祈祷风调雨顺、五谷丰登、国泰民安，祈求神山护佑有情众生。

7 月 24 日至 25 日，十一世班禅在札达县托林寺登上加查拉康正门前临时宝座，在寺庙高僧引领下，为长寿灌顶供品加持，带领众僧共同诵经，为 1000 余名僧俗信教群众进行长寿灌顶。随后，僧人向信教群众一一分发圣水和圣果，在场信教群众争相接受赐福。

古格王朝遗址位于阿里札达县托林镇，是全国第一批重点文物保护单位之一，为研究西藏历史和古代建筑提供了重要的实物资料。在参观古格王朝遗址过程中，十一世班禅说："古格王朝遗址是老祖宗留下的宝贵的文化遗产，无论是从文物保护角度还是从旅游角度，我们都要尽心尽力去传承保护管理好。近些年国家投入巨额资金，

十一世班禅在古格王朝遗址（郑朔摄）

对古格王朝遗址进行了大规模修缮和保护，这充分体现了中央对西藏民族文化遗产的高度重视和关怀。”

十一世班禅在参加各项活动期间，专程看望阿里地区“双集中”供养服务中心的老人和孩子们，给老人和孩子们带去了亲人般的关怀。一位老阿妈当场紧紧拉着十一世班禅的手放在自己的额头，感动地流泪，嘴里不停地说“突吉其，突吉其”（谢谢！谢谢！）。十一世班禅和老人们围坐在一起饱含深情地说：“在党中央的关心关怀下，老人家弱有所扶、老有所养、病有所医、住有所居，这充分体现了社会主义制度的无比优越性，看到你们健康幸福的生活我很欣慰，我会为你们祈祷，我会再来看望你们。”充满温情的一幕使在场人员无不动容。

在与阿里地区各族各界代表的座谈会上，十一世班禅说：“我们

十一世班禅在阿里了解当地生态绿化建设和城镇建设情况（郑朔摄）

各族各界要饮水思源，用心用行践行习近平总书记‘加强民族团结、建设美丽西藏’的重要指示精神，倍加珍惜民族团结，为社会发展、人民幸福、国家稳定发挥各族各界的积极作用。”

十一世班禅在阿里地区期间的佛事活动中，将信教群众的供养款全部捐献给了当地的扶贫事业。阿里地区政协委员、宗教人士桑旦说：“几年来，十一世班禅的讲经说法让我们感觉到其宗教造诣很高，学识修为、信念胸怀和人格魅力让我们无比感动和钦佩。十一世班禅的一言一语饱含深情、充满真理、影响深远，他在广大信教群众中声誉很高，深受广大信教群众的崇拜和信仰。为听十一世班禅的讲经说法，有些信教群众不顾路途遥远，甚至骑马两天赶来拜见十一世班禅，接受摸顶赐福，广大信教群众得到了充分的满足。”

那曲人民的好儿子

十一世班禅生于西藏自治区那曲市嘉黎县，自 1995 年坐床以来，经 20 多年勤修苦学，佛学造诣深厚，见识广博，深受信众敬仰。8 月 4 日，恰逢“羌塘恰青格萨尔赛马艺术节”即将开幕，十一世班禅重返家乡那曲。

十一世班禅十分关心关怀家乡农牧民的生产生活情况，在那曲市尼玛县，十一世班禅先后了解了尼玛县“万亩千畜”运营和带动贫困户脱贫情况、易地扶贫搬迁集中安置点农牧民群众生产生活情况等。对于尼玛县取得的脱贫攻坚成就，十一世班禅非常赞赏。

得知十一世班禅要来，草原上的信教群众把家中最华贵的衣服都穿在了身上。在有着近 200 年历史的那曲市孝登寺，十一世班禅为寺庙僧众和早早在此等候的信教群众举行长寿灌顶、摸顶赐福，为僧俗信众发放长寿金刚结、长寿丸等。摸顶中，有信众请十一世班禅吹一吹眼睛或抚摸伤痛处，十一世班禅总会一一满足。

在那曲市宗教界代表人士座谈会上，十一世班禅说："我是那曲人民的儿子，看到家乡近些年的发展巨变，我感到由衷的高兴。"十一世班禅希望那曲佛协和宗教界代表人士始终把弘扬爱国爱教、护国利民传统放在首要位置，引领寺庙僧尼和信教群众维护祖国统一、民族团结和社会稳定。要加强信仰建设，秉承众生平等、深信因果的佛教理念，为国家发展、社会和谐、人民幸福培润信仰力量。要加强教风建设，严于律己、以身垂范，弘扬爱国守法、爱教守戒，注重闻思修，精进讲辩著。加强理论建设，深入挖掘和阐释教义教规中有利于社会和谐、时代进步、健康文明的内容，坚定走藏传佛教中国化方向，不断推进藏传佛教与社会主义社会相适应的道路。

勉励青年　殷殷嘱托

8 月 11 日，十一世班禅再次返回拉萨，参观西藏百万农奴解放纪念馆，应邀出席首届西藏青年美力赋能大会，并对青年朋友深情寄语。十一世班禅说："我们要做行动派、不做观望者，鼓励更多年轻人、更多力量，投身到藏文化传统手工艺事业中来，以广阔视野、多元思维和进取气魄，开辟出藏文化传统手工艺传承发展的一片新天地，并以实际行动和智慧催生创新之花、收获之果。"

8 月 14 日下午，西藏自治区党委书记吴英杰在拉萨亲切会见了班禅额尔德尼·确吉杰布。十一世班禅畅谈了在藏期间的切身感受。他说，这次回到家乡看到各民族群众生活越来越好，西部偏远地区的牧民也过上了有电、有水、有供暖的好日子，实现了幼有所教、老有所养、病有所医、住有所居，为家乡人民的幸福生活感到由衷的高兴。一路看到自治区党委、政府全面贯彻落实习近平总书记的重要指示和党中央的决策部署，看到各级各部门和广大党员干部不改初心和本色，全心全意为人民服务、为各族群众谋福祉，自己深受感动。

吉隆沟佛教圣地首次迎来十一世班禅

8 月中下旬在美丽的佛教圣地吉隆沟，十一世班禅前往帕巴寺、强真寺、米拉日巴出生地、曲德寺、卓玛拉康、查嘎寺等佛教圣地朝拜礼佛。

2003 年，吉隆沟的达曼人经国务院批准，正式加入中国国籍，成为最新的中国公民。现如今他们的生活怎么样？教育怎么解决？养老医疗有后顾之忧吗？这些问题一直牵动着十一世班禅的心。8 月 22 日，十一世班禅亲切看望生活在吉隆的达曼人。在达曼村村民云旦家里，干净整洁的庭院、现代生活设备一应俱全的客厅，展示着云旦家庭幸福美好的新生活。十一世班禅说：“你们过上的幸福美好新生活，是因为有党和政府的好政策。你们生在了最好的时代，一定要通过自己勤劳的双手进一步改善自己和家人的生活状况；一定要把孩子送到学校，学到一技之长，今后能为家乡多做贡献；要注重团结，把邻里之间关系处理好、团结好、关心好。”

2015 年 4 月 25 日，邻国尼泊尔发生里氏 8.1 级大地震，地震波及吉隆县，造成了巨大的经济损失。走进如今的吉隆镇玛嘎村，满目疮痍的灾区变成了美景如画的景区，群众住房宽敞了、道路畅通了、环境美化了、笑容增多了，迎来了凤凰涅槃、浴火重生的新生活。十一世班禅在吉隆县玛嘎村参观了地震展览馆，观看了受灾及救灾建设的纪录片，详细了解了地震受灾情况以及灾后重建工作。

十一世班禅来到玛嘎村村民普尼玛家里，与普尼玛一家促膝长

十一世班禅在吉隆县达曼民族团结示范村了解当地手工制造产品情况（郑朔摄）

谈，共话今天的幸福生活。十一世班禅说："当我看到地震的新闻时，非常担心大家，地震灾害牵动着全国各族同胞的心，但我们身后有伟大祖国做坚强的后盾，有党的领导和政府的好政策，有全国各族人民的支援，灾后重建的家园会更加美好。咱们村里既有年迈的 90 多岁的老人，又有茁壮成长的孩子，村里老人的数量可以说明村里的生活水平有质量，孩子数量众多说明村子未来的发展有更美好的前景。"

几个月以来，在西藏开展的各项社会活动中，十一世班禅始终心系民生、关注广泛，通过实地走访，亲身感受西藏各地发生的喜人变化，与当地群众围坐在一起，问收成、话家常、谈发展、送祝福，充分展现了十一世班禅在信教群众心中与日俱进的威望和藏传佛教大活佛弘法利众、慈悲为怀的精神风范。

十一世班禅在吉隆县玛嘎村与村民亲切交谈（郑朔摄）

在一系列佛事活动中，十一世班禅心怀慈悲利乐众生，尽量满足每一位信众的期盼，信教群众倍感殊胜而美好。广大僧众聆听十一世班禅的教诲，也纷纷表示要弘扬爱国爱教、护国利民传统，为宗教和睦、佛事和顺作出积极贡献，祈愿一切众生离苦得乐、伟大祖国繁荣昌盛。

原载《中国西藏》2019 年第 5 期

附　录

五年，清晰而坚实的脚印

春天，当拉萨河畔杨柳返青的时候，《中国西藏》杂志已经走过了整整五年的路程。回头看看，我们的脚印是清晰而坚实的。

五年来，由于社会各界的爱护和扶植，新闻媒体的关注和介绍，《中国西藏》已走出国门，拥有一批热情而稳定的读者。他们是国内外藏胞、藏学家、关心西藏的政治家和倾心探索“那片神秘土地”的旅行者……一封封读者来信，架起了读者和编者的桥梁，藏区建一座电站、修一座寺院、出版一本藏学专著，都会引起他们热情的回响。一位美国读者，两次来信希望我们刊登最详尽的西藏地图，好让他在上面找到文章中提到的地方，这些使编者感动而且欢欣。凡是读者希求的，我们都会努力去做。《中国西藏》汉、英文版从 1994 年起，由季刊改为双月刊，将向读者报道更多西藏的新情况，交流更多西藏和其他藏区的新信息。

一些读者来信，希望更多、更快地了解西藏现实发展建设情形和西藏人民的生活状况。从本期起，我们将利用更多的篇幅向大家介绍西藏在社会主义市场经济建设过程中，全体人民齐心协力建设家园及中央政府、全国各族人民支持帮助西藏加快发展的情况。

本期我们刊发的邓小平同志《立足民族平等，加快西藏发展》一文，是他 1987 年 6 月 29 日会见美国前总统卡特时谈话的一部分。邓小平参与了从进军西藏、平叛改革、成立自治区、开展社会主义建设的重要决策和组织领导工作，其民族平等思想贯彻始终，加快西藏发展，正是邓小平建设中国特色社会主义理论的重要体现。这篇文章的公开发表，对西藏的建设和发展将会产生重大意义。

本期我们用较大篇幅，与西藏旅游局合编了“西藏旅游专号”。改革开放以来，西藏向世界各国敞开了大门，海内外旅游者纷至沓来，西藏旅游事业随之蓬勃兴起。旅游业作为一项新兴的产业，在西藏发展是非常可观的。西藏古老的文化、神秘的宗教、瑰丽的景观、独特的风俗，早已是世界各国旅游者热烈向往与追求的目标，今天这种向往与追求已经变成了现实。西藏现有各类涉外宾馆、饭店等 24 家，客房 1836 间，床位 4100 张，其中被评定为星级的宾馆、饭店 7 家。开放国家级风景名胜区、历史名城、文物保护地 27 处，山峰 44 座，景点 50 余处。交通条件得到明显改善。旅游机构日臻完善，以藏族为主体的导游、翻译、服务、管理人员队伍初步形成。海内外旅游者已由单一的文化观光转向观光与特种旅游相结合。文化旅游、民俗旅游、登山、探险以及徒步旅游正在蓬勃兴起，吸引了越来越多的旅游者。从 1980 年到 1992 年，海外观光者达 17 万之多，最多的一年有 43000 多人次。50 年前，外国人在拉萨还被当作怪物一样围观，如今，藏北纳木湖边、藏南青浦峡峪，以及许多鲜为人知的地方，外国观光客随处可见，拉萨就更不用提了。西藏欢迎更多的国外朋友和港澳台同胞，到西藏来进行赏心悦目的高原之旅。

原载《中国西藏》1994 年第 1 期

《中国西藏》十年纪事

1999年2月15日，是《中国西藏》杂志创刊10周年，是这本年轻刊物的10周岁生日，我们并不想高燃红烛庆贺，只是想回顾一下10年走过的路。做了些什么，还没有做的又是什么；有哪些满意之处，又有哪些遗憾。平心而论，杂志社仅有几个人，十年如一日勤奋地工作着，已经尽了心，尽了力了。但是，今后的日子，还有更多的事情在等着我们。生日，只是下一个10年的新起点。我们将始终牢记把一个真实的西藏告诉整个世界的初衷，和支持我们的作者、热爱我们的读者一起走向新的21世纪。也许，记下10年间我们做过的一些有意义的事情，并不是多余的吧。

1989年（藏历土蛇年）

2月15日，汉文版春季号（试刊）问世，刊出华子撰写的《评中央政府与达赖喇嘛的谈判》，在国内外引起广泛的关注和重视。

《卷首语》表明了本刊的宗旨："这是中国出版的一种向海外发行的专门报道今日西藏详情的综合性刊物。""中国西藏季刊能为您开启一扇认识西藏的窗户，为您架设一座沟通心灵的桥梁。"

刊物付印之际，传来十世班禅额尔德尼·确吉坚赞逝世的噩耗，于是赶紧增页，报道治丧情形。班禅大师圆寂和转世自然而然成为当年本刊的重要主题。余下各期连续刊载怀念大师的文章和回忆录，还刊发了《关于活佛转世的历史资料》《达赖、班禅的转世与封号》（拉巴平措）、《寻访灵童史话》（国庆）、《班禅转世问题面面观》（明华）、《活佛转世制度的形成及其传统做法》（石山）等，哀悼大师逝世，同时介绍活佛转世的大量背景性材料。

秋季刊《藏学硕士》（德吉）一文，介绍中央民族学院王尧、王辅仁、李秉铨、苏晋仁、吴丰培教授等指导的 12 位硕士研究生，9 名藏族、2 名汉族、1 名回族。他们是：王维强、褚俊杰、王定朴、阿旺、拉毛措（女）、冯智（洛桑居勉）、王文静（女）、杨清芬（丹巴拉姆，女）、张文林、袁明之、欧声明、苏发祥。当年他们还是初出茅庐作腼腆状，如今大都成为在学术领域崭露头角、成果丰硕的中青年藏学家了。

1990 年（藏历铁马年）

铁马奔腾，90 年代第一春，汉英文版（季刊）正式出刊。4 月 15 日，本刊和民族出版社在民族文化宫礼堂举行创刊座谈会，国家民委主任司马义·艾买提出席。全国人大常委会副委员长阿沛·阿旺晋美发表讲话热烈祝贺。之后国内外新闻媒体广为报道，海外读者也争相来信支持。巴黎《欧洲时报》报道："中、英两种文版的《中国西藏》杂志季刊，最近在北京正式创刊，从而结束了 40 年来西藏没有一份面向世界并在国际上发行的刊物的历史。”香港读者王先生在来信中热情洋溢地说：“四十年来我一直十分关注我们国家的对外宣传工作，如今看到我们国家能够出版这样高水平的对外宣传杂志，实在值得祝贺。”美国加州一位读者在来信中说：“《中国西藏》在美国这种被神话与谎言禁锢的环境中送来一阵受人欢迎的新鲜空气。”总之，国内外读者都对本刊的出版热烈欢迎并寄予厚望。

1989 年 6 月 15 日，十四世达赖喇嘛在法国斯特拉斯堡发表了一个所谓解决“西藏问题”的“新建议”，其实质仍然是坚持“西藏独立”的主张，这一“建议”被西方某些人士和新闻媒体炒得很热，本刊有责任对西藏历史和现实两方面的事实进行澄清。春季号刊沙舟《斯特拉斯堡“建议”的实质是什么》，夏季号刊尼玛次仁《西藏与祖国关系的历史渊源》、洛桑《论西藏历史上的供施关系》，秋季号刊浩明《是民族关系，更是政治隶属关系》、罗群《评“西藏人民自治权”》等。

连载余梅《拉萨人》系列报道，把读者带进一户户普通拉萨居民的家，一年后结集成书，由新星出版社出版。刊发郭翠琴、索朗白姆《西藏十一位小活佛》，记述策墨林、热振、达扎、洛桑巴、扎唐等 11 位格鲁派、噶举派活佛的经历，引起读者浓厚的兴趣。也有读者反映：“他们都是大活佛，不是小活佛！”

秋季号为昌都专页，冬季号为阿里专页。时逢马年，冈底斯神山，玛旁雍错圣湖有 12 年一度的大规模朝山转湖活动，《西藏日报》记者益西加措为阿里专页写了 3 篇报道，语言质朴、文笔流畅。此公擅长写作，但身材较矮，自称“袖珍藏人”。

是年亚运会在北京举行，本刊与西藏群艺馆合作，在民族文化宫展览馆举办《西藏民间艺术藏品展》，首次向海内外推出西藏美术家叶星生民间艺术藏品300件，阿沛·阿旺晋美、司马义·艾买提、热地等为展览剪彩。中外参观者络绎不绝，30余家新闻媒体作了报道。此次展览受到文化部嘉奖。同年全国期刊评奖，本刊获总体设计二等奖。

冬，派记者赴藏采访。召开座谈会征询各界人士意见，正式聘请新华社西藏分社记者朗杰、中央人民广播电台驻拉萨记者旺堆、西藏日报社记者郝桂尧为特约记者，并聘请特约通讯员多人，走一条“小编辑部大社会”之路。

1991年（藏历铁羊年）

羊年是吉祥年，40年前西藏和平解放。从春季号开始刊物便热闹起来，大量刊登这一伟大历史事件的亲历者、当事人的文章和回忆，还有许多老照片。阿沛·阿旺晋美，西藏地方政府首席全权代表；雪康·索朗达杰，当年陪同中央人民政府代表张经武到拉萨的地方政府官员，朋措扎西，张经武的主要助手；江平，当年中央人民政府首席全权代表李维汉的秘书；黄明信，《十七条协议》草拟时的藏文翻译；热地，西藏和平解放后成长起来的一代藏族代表。回忆往事让他们青春焕发、倍感光荣，也使广大读者深受教益。本刊嘉仁所写《阿沛·阿旺晋美和他的儿女们》，记录了这位历史老人的家庭琐事和儿女亲情，从侧面反映了40年来西藏的深刻变化。多家报刊转载，并获征文奖。

刊物是丰富多彩的，有严肃的政治评论，也有轻松的文化话题、民俗风情、生活情趣，读者如入林间花地，有目不暇接之感。边多、张鹰通过本刊首次向外界公布“日土岩画”的发现，武振华在本刊发表了世界上海拔最高的湖泊是西藏的纳木湖，而不是玻利维亚的的的喀喀湖的新见解。多穷、彭树杰向世界报告：拉萨，中国污染最轻的城市。本刊编辑吴祎写了几篇文章，讲怎样抽鼻烟，炼酥油，抓糌粑，都是西藏最普通的事，但是她讲得娓娓动听，妙趣横生，具有民俗和生活内涵，读之真切可信，表明她对西藏生活的谙熟。

刊物开辟新栏目，系统介绍西藏高级知识分子，诸如学者东嘎·洛桑赤列、群培多吉、钦绕维色、益西强秋；画师安多强巴、益西西绕；艺术家大旺堆、洛桑多吉；藏医专家强巴赤列、崔成坚赞、嘎玛群培、米玛益西、大益西坚赞等。

5 月，本刊编辑张晓明进藏采访西藏和平解放 40 周年庆典。其余人员留京与西藏摄影家协会同仁联合举办《雪域风情摄影展》，费孝通、司马义·艾买提、杨静仁、赵朴初、平措旺杰等为摄影展题词作赋、馈赠墨宝。

此后，本刊编辑廖东凡、丹巴拉姆进藏，深入堆龙德庆县农村调查采访近两个月，统计了 90 户农民 33 年间的生产、生活、社会地位变化，调查了十四世达赖家族的色新庄园的今昔。他们与当地农民同吃同住，促膝谈心，认真记录了基层干部和群众方方面面的意见和要求。农民们说："这样下来好，希望你们多来！"

1992 年（藏历水猴年）

本刊在这一年里充满吉祥与丰收，藏历新年，举行盛大歌舞联欢会，宣布藏文版创刊。接着主办"西藏的历史与现状理论研讨会"，全国数十位藏学家、法学家宣读论文 20 余篇，从史实和法理两个方面批驳达赖喇嘛的"法律顾问"范·普拉赫歪曲西藏历史和现状的种种谬论。年内陆续发表恰白·次旦平措《略述新旧西藏人之人权》、柳陞祺《评范·普拉赫先生的西藏史观及其他》、吴丰培《谈民国时期西藏地方政府与中央的关系》、索朗班觉《供施关系的实质是政治上的隶属关系》、洛桑格勒《也谈西藏的地位问题》、直云《评范·普拉赫的“西藏自决论”》《西藏人权问题的实质何在？》等文章，在国内外引起广泛的反响。

开辟《高原农家》新栏目，先后刊发《我东嘎次珠赶上了好时光》《格列的三起三落》《降伏冰雹的咒师仁增朗杰》《色新村，五位农民的述说》等，展示了西藏农民的新生活、新视角，为多种文摘报刊摘登。

特约记者旺堆和郝桂尧连续发表人物特写，写拉萨江洛金一家，写哲蚌寺下面的丹玛森康女巫，写著名的六弦琴弹唱艺人益西卓玛，写当代藏医大师措如·次朗，这些特写很受读者欢迎，他俩被称为“黄金搭档”。此外，仁真洛色的《夏克刀登传奇的一生》、喜饶尼玛的《南京政府的女特使》，介绍了现代史上颇有知名度的人物，很受人们青睐。

六世热振活佛·单增晋美多次为本刊撰稿，并对杂志十分关心，春季号刊发他撰写的《热振寺的“帕邦塘廓”节》，稿子长达万言，发表时删去一半，活佛1997年不幸圆寂，本刊发表了吴雨初《人与活佛，难忘的隔世之谊——追忆故友六世热振·单增晋美活佛》，以寄托哀思。

今夏，本刊记者吴祎、周爱明进藏，报道西藏第四次人口普查和“一江两河”开发。秋，编辑《西藏文化专辑》，介绍中国藏学今昔（拉巴平措）、西藏考古发现（晓浩）、神奇的藏医藏药（多吉占堆）等。连续报道十七世噶玛巴活佛寻访、认定、坐床情况，在国内外引起热烈反响。

1993年（藏历水鸡年）

编辑部改成杂志社，独立编辑出版，各项工作均有进展，国内外订户稳步上升。秋天，派记者张晓明、丹巴拉姆进藏采访，主要报道十世班禅大师灵塔开光盛典。出版“扎什伦布寺专号”。冬天，组织拉萨市歌舞团赴台演出，廖东凡、张晓明随行采访，历时一个月，演遍大半个台湾、开海峡两岸藏族文化交流之先河，也增进了刊物在彼岸的影响。

1994年（藏历水狗年）

汉、英文版改为双月刊。第一期刊登邓小平会见美国前总统卡特的谈话《立足民族平等，加快西藏发展》，配发程然撰写的评论《平等的政策，发展的政策》。此前，程然还为本刊撰写多篇评论。本期推出“西藏旅游专号”，刊发了马晋康《西藏旅游答客问》等多篇文章，详细讲解进藏手续办理、交通工具、旅游路线、旅游设施、旅游注意事项等等，介绍阿里、藏北、雅鲁藏布江沿线人文等和自然景观，引导国内外读者进行赏心悦目的雪域之旅。此前，刊发已故西藏旅游局局长阿沛·仁青的《雪域的大门向全世界旅游者敞开》。

本刊编辑周爱明负责的《自然与资源》栏目从本年开始推出，连续5年持之以恒，许多著名学者、专家均为本栏目热心作者，它导引读者在西藏高原进行生态旅游。杨逸畴教授关于雅鲁藏布江大峡谷的多篇专题文章，周正教授连续报道云南藏区梅里雪山中日登山队员遇难、寻找和发现的经过，为本栏目增色。

巴桑罗布撰写的《从一九九三年换届选举看西藏人民之人权》，列举大量数据证明西藏人民充分享有选举权和被选举权，引起国内外广泛注意。同年第4期推出“布达拉宫维修专辑”，向世界介绍这项历时5年，耗资5000万人民币的伟大维修工程，引导读者沿着巨石垒成的蹬道进入这座被联合国教科文组织列为“世界文化遗产”的神宫秘阙中，里里外外观瞻一回。

1995年（藏历木猪年）

中央召开的第三次西藏工作座谈会，决定各部委和各省市、自治区援助西藏建设62项工程，本刊开设专门栏目，跟踪报道援藏工程进展情况。多吉占堆采写的《四十三项工程惠泽今日高原》、张晓明采写的《援助西藏六十二项工程已隆隆启动》，揭开报道序幕。同期还刊发丹增、陈立健、洛桑坚赞采写的《贡唐仓活佛时轮灌顶大法会》，向世界表明雪域藏族人民享有充分的宗教信仰自由。

西藏是文艺之乡、歌舞海洋，近40年来特别是改革开放以来，文化艺术日趋繁荣昌盛，传统文化得到很好的保护和弘扬。但是国外某些人总是不厌其烦地宣扬“西藏文化毁灭了”“传统文化荡然无存”。本刊与西藏文联共同编辑“西藏文学艺术专号”，向世界打开西藏文化艺术之窗，让广大读者特别是海外读者看看神奇瑰丽、百花争艳的雪域高原文坛风景线。西藏文联主席强巴平措发表《走向世界的西藏文学艺术》一文。我国当代最负盛名的文艺家冰心、曹禺、钟敬文欣然命笔题词，中国文联负责人高占祥也题词祝贺。

是年正值西藏自治区成立30周年，本刊出版专号，自治区政府主席江村罗布专门撰文回顾了30年的伟大成就，专号还发表了自治区政府副主席吉普·平措次登的专访文章。封面刊发自治区5位政府主席的照片：阿沛·阿旺晋美、天宝、多杰才旦、多吉才让、江村罗布。

十世班禅大师圆寂已经6年，扎什伦布寺通过诵经、占卜，圣湖观影等宗教仪轨，并派出多批高僧活佛在西藏各地和青海、四川、甘肃、云南藏区寻访，发现具有灵异特征并属相符合的儿童多名，中央决定通过金瓶掣签的历史定制认定班禅大师的转世灵童，在国内外引起极大兴趣和关注。本刊专门出增刊“金瓶掣签专号”，介绍这一历史定制的形成和实施过程，刊发各地藏传佛教代表人物的意见和建议。11 月，派记者赴藏，实地采访灵童认定、坐床的 20 世纪难得一睹的佛门盛事。

是年，本刊荣获全国优秀社科期刊称号，获此殊荣的全国仅 21 家。

1996 年（藏历水鼠年）

5 月，本刊与西藏社科院联合组织汉译《西藏通史——松石宝串》，经过一年反复审校、修改之后，终于与读者见面了。这部长达百万字的史学巨著，是由恰白·次旦平措、诺章·吴坚、平措次仁编写，陈庆英、格桑益西、何宗英、许德存汉译，出版后在广大藏学爱好者中引起强烈反响，书籍供不应求。本刊将出版经过再次认真校审的修订本。

世纪末将至，流亡国外的西藏分裂主义势力加紧了“西藏独立”和“变相独立”的宣传。“本刊论坛”和“藏事漫评”专栏，连续刊发文章进行揭露和批判。诸如《从国际视野看达赖喇嘛》（直云）、《达赖喇嘛与麻原勾结的实质》（沙舟）、《是利藏，还是害藏？》（王贵、旺堆）、《评达赖喇嘛在班禅转世问题上的表演》（多杰才旦）、文章一经刊出，国内外读者争相传看，影响相当广泛。年内，本刊记者分别到了欧洲、美洲和印度、尼泊尔诸国，广泛接触了各地的藏胞，更加深切地感受到他们反对分裂、心向祖国、思念故乡的强烈愿望。本刊记者嘉任发表的旅印、旅尼藏胞印象，真真切切地写出了许多海外藏胞内心的向往和苦衷。

1997 年（藏历水牛年）

牛年，意味着辛勤耕耘。新年伊始，稿件从西藏和其他藏区传来、寄来，杂志社小小的房间与高原雪域紧紧相连，弥漫着盈盈喜气。女作家马丽华和周明江的《来自那曲草原的报告》、社会学家徐平的《帕拉庄园朗生村的变迁》，特别是本刊特约记者朗杰深入人迹罕至的喜马拉雅山区，采访了数十位普通人和特殊人物，为本刊供稿 14 篇，使广大读者有机会接触到这个地球上最为偏僻的角落里当代人的生产生活和精神面貌。

夏天，记者廖东凡、文群太进藏采访 62 项援藏工程，历时 45 天，行程数千公里，走过拉萨、山南、林芝、日喀则 15 个县，实地察看了 34 项工程，在各地开了调查会和座谈会。他们此行看了西藏新面貌，掌握了第一手材料，收获颇丰。然而，在高原藏地采访并非万事顺遂。在海拔 5200 米的布丹拉雪山，大雨滂沱，几乎无法行进；在米林路段，山洪暴发，十数公里一片汪洋，冒险从索桥上过雅鲁藏布江；在东久河边，泥石流阻塞，下车与道班工人、过路游客并肩排险 8 小时之久。这时会想："不经历一些艰险，怎么会对西藏加深记忆呢？"

在拉萨，召开座谈会，听取拉萨各界人士的批评建议。自治区人大常委会主任热地作了《把真实的西藏介绍给世界》的长篇发言，对本刊很有启迪。多年来，西藏自治区干部群众对本刊非常关心爱护，给予多方支持鼓励，自治区领导热地、江村罗布、列确多次接受本刊记者的采访，丹增、拉巴平措、次仁卓嘎、龚达希都是本刊最热心的作者。

初冬在成都举办首届特约通讯员培训班，培训来自西藏、青海、甘肃、四川、云南的学员 20 多人。聘请四川藏学专家任新建（多吉）、仁真洛色、谢刚政等讲课，本刊编辑亦走上课堂，开设采访、写作、编辑、摄影等讲座。学员们回到所在地后，在组稿、写稿、发行等方面做了大量的工作。

1998 年（藏历土虎年）

9 年耕耘，今年应是收获年。3 月，杂志社被全国妇联、国家民委授予民族团结妇女先进集体称号；5 月，杂志社被中国妇联命名为三八红旗单位。这是本刊全体同仁的光荣，也标示本社女性的地位和所发挥的能量。

藏文版改为双月刊。第 1 期发表华子的《评中央政府与达赖喇嘛的谈判》，指出近年来谈判迟迟未能实现的症结所在。同期开始连载阎振中长篇报道，介绍了投资 10 亿、历时 5 年的西藏“一江两河”整治工程。10 年前的荒凉河谷风沙库，如今已成河清树绿惬意洲了。丹巴拉姆、周爱明、廖东凡采写的我国第一代藏族飞行员访问记，通过他们从地上的苦孩子到云间吉祥鸟的经历，生动地体现了新时代藏族人的命运。四川大学霍巍教授和李永宪教授、国家文物局侯石柱先生，西藏文物局索朗旺堆先生是本刊文物考古方面的资深作者，本年第 1 期发表霍巍教授写的《东嘎皮央：佛教王国昔日的辉煌》，向国内外读者揭示出一个鲜为人知的佛教艺术宝库。此前，他还介绍过藏尼古道上考古新发现的公元 7 世纪的唐碑。

美国好莱坞摄制了反华电影《在藏七年》，一些国际舆论大肆吹捧、煞有介事。3 月，全国政协副主席阿沛·阿旺晋美会见香港《南华早报》记者白克尔先生，以其亲身经历指出这部电影是违背历史、违反事实、胡编乱造、黑白颠倒的，其目的是为达赖一伙搞“藏独”张目。本刊全文刊载了这篇谈话，不少读者反映，读了这篇谈话明白了许多历史问题和政治问题。

本刊记者编辑廖东凡、张晓明、周爱明，摄影作者陈宗烈历时3年，精心编写的大型图册《图说西藏古今》，8月由香港三联书店出版发行。该书通过76个专题、350多幅珍贵图片，深入浅出地介绍了西藏两千多年来的政治、经济、社会、宗教、文化、艺术等方面的发展和变迁，可以说是对西藏的一次全方位的整体性展示。出版后仅3个星期，即售出三分之二，为三联书店销售最快的少数几种书之一。

8月，本刊出版“中甸专号”。

9月，组织西藏藏医专家赴台参加海峡两岸藏医汉医研讨会。

时光流逝、岁月悠悠，今年是本刊创刊10周年。全社同仁正在编辑第1期“西藏民主改革四十周年专号”，同时努力编写《西藏，六十二项大庆工程》图文集、《图片：西藏百年》，以纪念这个具有历史意义的日子和本刊创刊10周年。

原载《中国西藏》1999年第1期

《中国西藏》杂志十五周年大事记

今年是《中国西藏》杂志创刊 15 周年，本着一个宗旨：把一个真实的西藏告诉世界，我们十数年如一日勤奋地工作着，先后出版了《中国西藏》汉、藏、英文版刊物共计 212 种，数千万文字和数千张图片，见证了西藏近十多年的巨大变化，介绍了西藏的政治、经济、历史、文化、民俗、旅游，真正成为读者认识西藏的窗口和沟通西藏的桥梁。

在这里，我们记下的是刊物 15 年走过的一个个足迹。

1989 年

2 月 15 日，《中国西藏》汉文版春季号（试刊）问世，刊出华子撰写的《评中央政府与达赖喇嘛的谈判》，在国内外引起广泛关注和重视。《卷首语》表明了本刊的宗旨："这是中国出版的一种向海外发行的专门报道今日西藏详情的综合性刊物。"刊物付印之际，传来十世班禅额尔德尼·确吉坚赞逝世的噩耗，班禅大师圆寂和转世，成为当年本刊的重要主题之一。

1990 年

2 月，《中国西藏》中文版和英文版（季刊）正式出版。

4 月 15 日，《中国西藏》编辑部在北京民族文化宫礼堂举行创刊座谈会，国家民委主任司马义·艾买提出席，全国人大常委会副委员长阿沛·阿旺晋美发表讲话热烈祝贺。之后国内外新闻媒体广为报道，海外读者也争相来信支持。巴黎《欧洲时报》报道："中、英两种文版的中国西藏杂志季刊，最近在北京正式创刊，从而结束了 40 年来西藏没有一份面向世界并在国际上发行的刊物的历史。"美国加州一位读者来信中说："《中国西藏》在美国这种被神话与谎言禁锢的环境中送来一阵受人欢迎的新鲜空气。"

7 月，《中国西藏》杂志获新闻出版署期刊整体设计二等奖。

9 月，《中国西藏》与西藏群艺馆合作，在民族宫展览馆举办"西藏民间艺术藏品展"，首次向海内外推出西藏美术家叶星生民间艺术藏品 300 件，全国人大常委会副委员长阿沛·阿旺晋美、国家民委主任司马义·艾买提、西藏自治区党委副书记热地等为展览剪彩，中外参观者络绎不绝，30 余家新闻媒体作了报道。此次展览受到文化部嘉奖。

1991 年

适逢西藏和平解放 40 周年。西藏 40 年的深刻变化是《中国西藏》三种文版刊物全年的重要主题。

3 月，《中国西藏》杂志藏文版试刊，当年 3 月与 9 月分别出版两期。

5 月，为纪念西藏和平解放 40 周年，杂志社与西藏摄影家协会同仁联合举办《雪域风情摄影展》，费孝通、司马义 · 艾买提、杨静仁、赵朴初、平措旺杰等为摄影展题词作赋，馈赠墨宝。

7 月，本刊编辑廖东凡、丹巴拉姆进藏，深入堆龙德庆县农村调查采访近两个月，统计了 90 户农民 33 年间的生产、生活、社会地位变化，调查了十四世达赖家族的色新庄园的今昔，公布了达赖家族的人权记录。

1992 年

2 月 2 日藏历新年，编辑部举行盛大歌舞联欢会，并宣布藏文版正式出版。

3 月 14 日，编辑部主办“西藏的历史与现状理论研讨会”，全国数十位藏学家、法学家宣读论文 20 余篇，从史实和法理两个方面批驳达赖喇嘛的“法律顾问”范 · 普拉赫歪曲西藏历史和现状的种种谬论。年内陆续发表恰白·次旦平措《略述新旧西藏藏人之人权》、柳陞祺《评范 · 普拉赫先生的西藏史观及其他》、杨公素《1911—1951 西藏是所谓独立国家吗？》、吴丰培《谈民国时期西藏地方政府与中央的关系》、索朗班觉《供施关系的实质是政治上的隶属关系》、洛桑格勒《也谈西藏的地位问题》、直云《评范·普拉赫的“西藏自决论”》《西藏人权问题的实质何在？》等文章，在国内外引起广泛反响。

8 月，本刊记者进藏，报道西藏第四次人口普查和“一江两河”

开发。

1993年

《中国西藏》杂志社正式成立，独立编辑出版发行三种文版《中国西藏》。各项工作均有进展，国内外订户稳步上升。

8月，十世班禅大师灵塔祀殿开光盛典。本刊记者赴日喀则专访，并策划编辑出版了“扎什伦布寺专号”。

12月，杂志社组织拉萨市歌舞团赴台演出，历时一个月，演遍大半个台湾，开海峡两岸藏族文化交流之先河，也增强了刊物在彼岸的影响。

1994年

2月,《中国西藏》汉、英文版改为双月刊。

4月，由本刊编辑周爱明负责的《自然与资源》栏目从第2期开始推出，连续5年持之以恒，许多著名学者、专家均为本栏目热心作者，它导引读者在西藏高原进行生态旅游。杨逸畴教授关于雅鲁藏布大峡谷的多篇专题文章，周正教授连续报道云南藏区梅里雪山中日登山队员遇难、寻找和发现的经过，为杂志增色。

7月，中央召开第三次西藏工作座谈会，本刊记者驻会采访，第一时间报道了中央关于西藏工作的新精神。

8月，历时10年的布达拉宫维修工程全面竣工，杂志第4期推出《布达拉宫维修专辑》，向世界介绍这项耗资5000万元人民币的伟大维修工程，带领读者沿着巨石垒成的蹬道进入这座被联合国教科文组织列为“世界文化遗产”的神宫秘阙中，里里外外观瞻一回。

1995年

正值西藏自治区成立30周年，本刊出版专号，自治区主席江村罗布专门撰文回顾30年成就，自治区政府副主席吉普·平措次登接受本刊专访。第4期封面刊发自治区历任五位政府主席的照片：阿沛·阿旺晋美、天宝、多杰才旦、多吉才让、江村罗布。

10月，十世班禅大师圆寂6年，扎什伦布寺通过诵经、占卜、圣湖观影等宗教仪轨，并派出多批高僧活佛在西藏各地和青海、四川、甘肃藏区寻访，发现具有灵异特征并属相符合的儿童多名，中央决定通过金瓶掣签的历史定制认定班禅大师的转世灵童，在国内外引起极大兴趣和关注。本刊专门出版“金瓶掣签专号”，介绍这一历史定制的形成和实施过程，刊发各地藏传佛教代表人物的意见和建议。

11月，派记者赴藏，实地采访灵童认定、坐床的20世纪难得一睹的佛门盛事。

12月，本刊荣获全国优秀社科期刊称号，获此殊荣的全国仅21家。

1996年

3月，本刊记者分别到欧洲、美洲和印度、尼泊尔诸国，广泛接触各地藏胞，更加深切地感受到他们反对分裂、心向祖国、思念故乡的强烈愿望。本刊记者发表的旅印、旅尼藏胞印象，真真切切地写出了许多海外藏胞内心的向往和苦衷。

5月，本刊与西藏社科院联合组织汉译《西藏通史——松石宝串》，经过3年翻译、审校，终于与读者见面。这部长达百万字的史学巨著，由恰白·次旦平措、诺章·吴坚、平措次仁编写，陈庆英、格桑益西、何宗英、许德存汉译，出版后在广大藏学爱好者中反响强烈。

当年，流亡国外的西藏分裂主义势力加紧了“西藏独立”和“变相独立”的宣传。“本刊论坛”和“藏事漫谈”专栏，连续刊发文章进行揭露和批判。诸如《从国际视野看达赖喇嘛》（直云）、《达赖喇嘛与麻原勾结的实质》（沙舟）、《是利藏，还是害藏？》（王贵、旺堆）、《评达赖喇嘛在班禅转世问题上的表演》（多杰才旦），文章一经刊出，国内外读者争相传看，影响相当广泛。

1997 年

7 月，记者廖东凡、文群太进藏采访 62 项援藏工程，历时 45 天，行程数千公里，走过拉萨、山南、林芝、日喀则地区 15 个县，实地察看 34 项工程，在各地召开调查会和座谈会。在海拔 5200 米的布丹拉雪山，大雨滂沱，几乎无法行进；在米林路段，山洪暴发，十数公里一片汪洋，冒险从索桥上过雅鲁藏布江；在东久河边，泥石流阻塞，下车与道班工人、过路游客并肩排险 8 小时之久。

8 月，在拉萨召开座谈会，听取拉萨各界人士的批评建议。自治区人大常委会主任热地作了《把真实的西藏介绍给世界》的长篇发言。

10 月，在成都举办首届对外宣传西藏研讨会暨通讯员培训班，培训来自西藏、青海、甘肃、四川的学员 20 多人。聘请四川藏学专家任新建（多吉）、仁真洛色、谢刚政等讲课，本刊编辑亦走上课堂，开设采访、写作、编辑、摄影等讲座。

11 月，出版“林芝专号”。

1998 年

2 月,《中国西藏》藏文版改为双月刊。

3 月，杂志社被全国妇联、国家民委授予“民族团结妇女先进集体”称号。

5 月，全国妇联命名本社为三八红旗单位。这是本刊全体同仁的光荣，也表明本刊妇女的地位和所发挥的能量。

8 月，由本刊编辑廖东凡、张晓明、周爱明，摄影作者陈宗烈历时 3 年，精心编写的大型图册《图说西藏古今》，由香港三联书店出版发行。该书通过 76 个专题、350 多幅珍贵图片，深入浅出地介绍了西藏两千多年来的政治、经济、社会、宗教、文化、艺术等方面的发展和变迁，是对西藏的一次全方位的整体性展示。

8 月，本刊出版“中甸专号”。

9 月，组织西藏藏医专家赴台参加海峡两岸藏医汉医研讨会。

1999 年

1 月，在人民大会堂举行《援助西藏六十二项工程》大型画册首发仪式，江泽民总书记、李鹏委员长、李瑞环主席为画册题词。

2 月，杂志社召开创刊十周年纪念座谈会。

7 月，入选第一届全国百种重点社科期刊。

2000 年

1 月，大型图册《百年西藏》出版发行。这本图册在新世纪之初，用 60 个专题、近 500 张图片、52 个图表和百年大事记记录了 20 世纪西藏人民走过的漫漫长路和社会沧桑巨变。

2 月,《中国西藏》汉、藏、英三种文版全部改为彩页印刷，以崭新面目迎接新世纪。

8 月，出版“甘孜藏族自治州建州五十周年专号”。

10 月，出版“纪念昌都解放五十周年专号”。

2001 年

1 月，本刊连载印度《前线》杂志总编辑拉穆专访西藏的文章《西藏——真实与谎言的实地检验》，在国内外引起很大反响。

6 月，中央召开第四次西藏工作座谈会，本刊记者到会采访，发表《新世纪西藏跨越式发展的行动纲领》，与文化部、中央外宣办共同举办“全国援助西藏成果展”。

7 月，记者随以胡锦涛为团长的中央代表团赴藏参加西藏和平解放五十周年纪念活动，并第一时间进行报道。

8 月，本社与中国民族博物馆共同举办“纪念西藏和平解放五十周年书画展”，国内各著名书法家为展览题词作画。

9 月，入选新闻出版署组织的期刊方阵，被评为双效期刊。

11 月，《中国西藏》第 6 期首次作为中国西南航空公司民航班机上的随机读物，在西南航空公司 14 条国际航线和所有进出西藏航线以及数十条国内航线上发行。

2002 年

1 月，本刊第 1 期《复评达赖喇嘛与中央政府的谈判问题》，这是本刊就此问题第四次发表评论。

7 月 2 日至 20 日，在拉萨举办第三届对外宣传工作研讨会暨“藏西经济、人文、环保综合考察采访”活动，西藏自治区党委副书记李立国、自治区政府副主席次仁卓嘎等出席研讨会并发表讲话。

这次会议成功的宣传报道，在西藏产生了很大影响。

研讨会结束后，部分与会者前往日喀则和阿里地区考察，参加杂志社和西藏自治区阿里地委共同举办的“2002 藏西人文、生态、环保工作考察采访”活动。考察组经日喀则地区的江孜县、日喀则市、拉孜县、昂仁县、萨嘎县至阿里地区的普兰县、札达县、噶尔县、狮泉河镇、改则县、措勤县，行程近 4000 公里，考察了沿途的风俗民情，就所到地方的经济发展、生态、环保等方面与地方各部门进行座谈，采访有关专家和学者，组织了一批关于西藏环保的文章，拍摄了上千张图片。《中国西藏》网站连续刊载的“藏西考察手记”，一日一篇，十多万字，吸引了许多读者。

2002 年是藏族史诗格萨尔千周年纪念。9 月，本刊与西藏社会科学院共同协商策划，联合编辑、出版“格萨尔千周年专号”，集中展示了我国对藏族传统文化的弘扬和保护，产生了积极的影响。

2003 年

5 月 23 日是人类登顶珠峰 50 周年，本刊特约周正先生撰写《因为它在那里》，回顾人类登顶珠峰 50 年，获得极大反响。

7 月，十一世班禅青海甘肃行，这是十一世班禅第一次来到十世班禅大师的故乡，拜见十世班禅大师的母亲，本刊记者吴祎随行采访并第一时间报道。

8 月，“中国西藏视点”丛书开始启动。

12 月，历时 3 年，重新修订的汉译本《西藏通史——松石宝串》正式出版。

原载《中国西藏》2004 年第 1 期

《中国西藏》创刊二十周年纪念座谈会隆重举行

艾米

2009 年 12 月 18 日，《中国西藏》杂志创刊 20 周年纪念座谈会在北京西藏大厦隆重举行。全国政协副主席、中央统战部部长杜青林出席并发表讲话。

杜青林部长指出，党中央始终高度重视西藏工作，在新中国成立后各个历史时期，制定并采取了一系列特殊优惠政策和务实措施，极大地调动了西藏各族群众的积极性、主动性和创造性，西藏面貌发生了翻天覆地的变化。西藏的发展已站在新的历史起点上，进入一个新的发展阶段。《中国西藏》杂志作为中央涉藏宣传的重要刊物，创刊 20 年来，由单一文种发展到汉、藏、英三种语言文字，由纸介文版发展到网络电子版，发行范围扩大到全世界 100 多个国家和地区，走过了很不平凡的发展历程。20 年来，《中国西藏》杂志充分发挥自身特点和优势，广泛传播党和国家的声音，生动反映西藏日新月异的发展变化，与国外分裂势力进行针锋相对的斗争，对其分裂言行进行深刻剖析和有力批判，为维护西藏发展稳定作出了重要贡献。

杜青林部长指出，当前国际国内形势发生着深刻的变化，对新时期涉藏宣传提出了新的、更高的要求。做好《中国西藏》杂志工作，搞好涉藏宣传，要始终不渝地坚持正确的政治方向，掌握工作主动权，注重宣传实效。提高科学化水平，不断推动涉藏宣传实现新的发展。《中国西藏》杂志要坚持正确的舆论导向，把握舆论宣传规律，扩大影响力，增强亲和力和感染力，努力成为宣传西藏的重要力量，同时，要着眼长远，立足当前，合理配置资源，树立精品意识，进一步拓展影响力，提高知名度。努力使杂志成为广大读者了解西藏、认识西藏的重要窗口以及涉藏领域对外宣传的重要品牌，并为推动落实中央关于支持西藏和四省藏区发展的各项政策，为推进西藏跨越式发展和长治久安作出新的贡献。

中央统战部常务副部长朱维群主持座谈会。中央统战部副部长斯塔、国务院新闻办公室副主任董云虎、国家民委副主任丹珠昂奔、中国藏学研究中心党组书记游洛屏、总干事拉巴平措，西藏自治区政府副主席甲热·洛桑丹增，西藏自治区原党委书记阴法唐等出席，董云虎和拉巴平措等分别讲话。

董云虎在讲话中指出，《中国西藏》杂志是我国为数不多的外宣期刊之一，是我国以对外宣传西藏为主要任务的多文种的最有影响力的专业刊物，也是一本在国内外广受读者喜爱和欢迎，受到各驻外使领馆普遍称赞和肯定的优秀刊物，可以说是涉藏外宣的一个重要品牌。20 年来，在中央统战部的强有力领导下，《中国西藏》杂志坚持正确的办刊方针和舆论导向，及时准确地传达中央的西藏政策和中央在涉藏问题上的立场、观点，生动形象地反映西藏和四省藏区的发展变化，针锋相对地驳斥达赖集团和西方反华势力的造谣歪曲，为对外介绍一个真实的、发展变化的西藏作出了重大贡献，立下了汗马功劳。20 年来，《中国西藏》已成为我们对达赖集团舆论斗争的重要阵地，杂志是在国际风云变幻、涉藏斗争异常尖锐激烈的背景下诞生的，也是伴随着国际涉藏斗争的风风雨雨而成长壮大起来的。杂志发表了大量有说服力的文章。这些文章用大量确凿的事实和透彻的说理，驳斥达赖集团在“西藏问题”上散布的“种族灭绝”“文化灭绝”“宗教灭绝”“破坏环境”等各种谎言。对于引导世人认清达赖集团的本来面目发挥了很好的作用。

拉巴平措在讲话中指出，20 年来，《中国西藏》杂志积极宣传党和政府关于西藏工作的方针政策，如实反映民族区域自治制度在西藏的实施情况，广泛报道西藏的民族、宗教、文化艺术、自然景观、旅游景点及独特风情，深刻阐述西藏与祖国的关系史，有力驳斥分裂主义分子和外国反华势力有关西藏问题的各种反动谬论，成为对外宣传西藏的重要窗口，在海内外起到了积极的作用。《中国西藏》的“藏学研究”专栏举重若轻，以轻松的语言向广大海内外读者普及藏学知识；“论点摘编”从国内众多刊物刊发的有关藏学研究的文章中选择数篇重点文章向读者推荐，“新书博览”及时向读者提供藏学界最新的出版成果信息，使读者可以迅速而便捷地了解藏学研究的最新动态。中国西藏杂志社还与诸多藏学专家、多家出版社联合编辑、出版了《中国西藏》视点丛书、《图说西藏古今》《百年西藏》《六十二项工程》《天路——青藏铁路建设纪实》等汉文图书，以及《重彩西藏——西藏十人作品集》《二十世纪的人和事》等汉英文图书，尤其值得一提的是，中国西藏杂志社独具慧眼，与西藏社科院合作翻译出版、修订再版了《西藏通史——松石宝串》，2005年，汉译本获得第一届“中国藏学研究珠峰奖”一等奖，这些都是中国西藏杂志社全体同志始终坚持与时俱进、不断创新的结果。

此外，中央统战部、国务院新闻办、国家民委、新闻出版总署等中央和国家机关有关部门负责人，西藏自治区政府、中国藏学研究中心，以及首都藏学界、新闻出版界、全国各藏区有关部门和高等院校代表近200人参加了座谈会。座谈会上，中国西藏杂志社社长兼总编张晓明、国家新闻出版总署新闻报刊司副司长丁以绣、杂志社前任社长廖东凡、中央统战部信息中心主任王丕君、西南民族大学党委书记罗布江村、中国科学院院士郑度、中央民族大学副校长喜饶尼玛、中国社会科学院学部委员郝时远及作者代表周正（原国家体委国家登山队总教练、研究员）、陈丹（中国藏学研究中心博物馆）和本刊合作代表王博轩（北京列车段宣传部）先后发言，对今后办刊提出了有益的意见和建议。

在创刊纪念座谈会召开之际，杂志社还收到来自西藏自治区及各地市、四川省、青海省和北京市等有关单位以及国内外数十家机构和媒体发来的贺电和贺信，西南民族大学校长赵心愚、中央民族大学教授李秉铨等专家学者也发来了贺信。

原载《中国西藏》2010年第1期

后　记

本辑名为《雪域人生》，展示的是“世界屋脊”的宗教文化和人物故事。古老的青藏高原拥有雄伟的海拔、辽阔的地域、悠久的文化、独特的风俗以及虔诚的宗教信仰。本书介绍藏传佛教里的一些文化现象，解读宗教迷雾下的“特别”和神秘，探究宗教文化对藏族生活的影响，从中体味藏族热爱生活、敬畏万物、善良勇敢的民族精神，以及对美好生活的向往。历史的年轮隆隆推进，藏族的发展日新月异。历史长河中总能出现一些熠熠生辉、令人难忘的人物，他们或对西藏历史的铸造与发展起到了巨大的推动作用，或在拼搏与贡献中实现了非同寻常的人生价值。本书另外也精选了杂志创刊三十年来人物栏目的精品文章，向读者展示藏地古今人物的精神风貌。

在此次编辑过程中，得到了家人和同事们的大力支持，在此表示真诚的感谢。同时，感谢中国藏学出版社的洪涛社长、徐华兰等各位编辑老师，也正是因为他们的鼎力支持，使得丛书顺利出版。

易文文

2019 年 7 月 15 日

图书在版编目 (CIP) 数据

雪域人生 / 中国西藏杂志社编 . —北京 : 中国藏学出版社，2019.11
（《中国西藏》杂志 30 年精选集）
ISBN 978-7-5211-0191-1

Ⅰ . ①雪… Ⅱ . ①中… Ⅲ . ①人物 – 生平事迹 – 西藏 Ⅳ . ① K820.875

中国版本图书馆 CIP 数据核字（2019）第 237201 号

雪域人生
XUEYU RENSHENG

中国西藏杂志社　编

责任编辑	徐华兰
装帧设计	海龙视觉
出版发行	中国藏学出版社
印　　刷	中国电影出版社印刷厂
版　　次	2019 年 11 月第 1 版第 1 次印刷
开　　本	787 毫米 ×1092 毫米　1/16
印　　张	21.5
字　　数	248 千字
书　　号	ISBN 978-7-5211-0191-1 / K・566
定　　价	85.00 元

E-mail: dfhw64892902@126.com　电话: 010-64892902